李 佑 光 답

2010. 3. 22

일 본
재발견

일본 재발견

2010년 3월 15일 초판 1쇄 인쇄
2010년 3월 19일 초판 1쇄 발행

지 은 이 | 이우광
펴 낸 곳 | 삼성경제연구소
펴 낸 이 | 정기영
출판등록 | 제302-1991-000066호
등록일자 | 1991년 10월 12일
주   소 | 서울시 서초구 서초2동 1321-15 삼성생명 서초타워 30층
          전화 3780-8153(기획), 3780-8084(마케팅)
          팩스 3780-8152
          http://www.seri.org   seribook@seri.org

ISBN | 978-89-7633-416-9   03320

삼성경제연구소 도서정보는 이렇게도 보실 수 있습니다.
인터넷 홈페이지에서 → SERI 북 → SERI가 만든 책

일 본

日 本 再 發 見

과대평가와
과소평가
사이에서
제자리 찾기

재발견

이우광 지음

삼성경제연구소

이제는 있는 그대로의 일본을 바라볼 때

이제는 일본을 객관적으로 볼 때도 되었다. 사실 일본에 대해 한국만큼 관점이 제각각인 나라도 흔치 않다. 그 관점이 양극단으로 나뉘어 더 문제라는 생각이다. "일본을 더 배워야 한다"거나 "일본을 깔봐서는 안 된다"는 시각이 오른쪽 극단에 있다면, "더는 일본으로부터 배울 게 없다"는 시각이 왼쪽 극단에 있다. 사람들 대부분이 약간의 차이는 있겠지만 양극단에 몰려 있는 듯하다. 어느새 우리는 일본을 객관적으로 보는 균형 감각을 잃어버린 것은 아닐까.

연령이 높은 사람일수록 일본의 장점에 주목하는 편이다. 그들은 지금 일본이 어려운 상황에 처했지만 언젠가는 다시 일어설 것이라고 믿는 것 같다. 엄청난 기술력을 보유한 나라이므로 쉽게 주저앉을 리가 없다는 관점이다. 나는 일본의 장점이 과대평가된 면이 많다고 생각한다.

한편으로 젊은 사람들을 중심으로 일본을 과소평가하는 경향이 있다. 아마도 그것은 일본의 '영광의 시절'인 고도성장기보다 '잃어버린 10년'을 더 많이 보고 자란 탓일 게다. 하지만 실제 일본은 그 중간, 즉 '고도성장'과 '잃어버린 10년' 사이에 자리 잡고 있지 않나 생각한다.

나는 일본에 대한 시각에서 양극단이 아닌 가운데를 취하고 싶다. 일본에 대해 이제는 중용의 관점을 지향해야 한다는 것이다. 일본을 무시하지도 않지만 무조건 배워야 한다며 앞장서고 싶지도 않다. 일본을 그냥 있는 그대로 바라보고 싶다. 이제 그럴 때도 되었다. 그러지 않으면 일본 연구가 한걸음도 앞으로 나아가지 못할 것 같다. 일본에 대한 연구를 가장 많이 해야 하는 나라는 바로 가까이에 있는 한국이다. 아무래도 우리는 세계 어느 나라보다 일본으로부터 많은 영향을 받을 수밖에 없다. 그런데도 일본 연구의 체계가 제대로 잡혀 있지 않은 것은 사람들이 저마다 각자의 렌즈로만 일본을 보려 하기 때문이다. 주관적 시선이 아닌, 좀 더 객관적 시선으로 일본을 바라보아야 한다.

일본과 인연을 맺은 지도 어느덧 30년 이상이 흘렀다. 1978년 유학을 위해 처음 일본에 갔다. 이후 10년가량 도쿄에서 살았고 귀국 후에는 삼성경제연구소에서 일본을 연구하며 20년 세월을 보냈다. 그럼에도 "일본은 이렇다"고 명확히 말할 자신은 별로 없었다. 지역 전문가로서의 능력 문제도 있었겠지만 그보다는 아무리 시간이 흘러도 일본이란 나라를 알기가 참으로 어렵다고 느껴져서다.

2007년부터 삼성경제연구소의 유료 경영정보사이트인 'SERICEO'에서 〈일본 재발견〉이라는 프로그램을 맡게 되었다. 이 프로그램에서 일본에 대한 나름의 소신과 이를 뒷받침하는 최신 자료들을 정리해 발표하기 시작했는데 반응이 예상보다 훨씬 좋았다. '잃어버린 10년' 이후, 그리고 중국이 부상하면서부터는 일본에 대한 관심이 크지 않으리라는 추측과 달리 회원들이 큰 호응을 보여준 것이다. 일본에 대해 알고자 하는 욕구가 왕성하다는 걸 절감했다. 그래선지 그 후부터 "일본은 이렇다"고 말할 용기가 조금 생겨났다. 더욱이 그간 쌓인 콘텐츠를 엮어 출판해보자는 삼성경제연구소 정기영 소장의 권유로 더 큰 용기를 낼 수 있었다.

일본은 우리에게 여러 가지 모습으로 다가온다. 사이좋게 지내야 할 이웃이자 치열하게 경쟁해야 하는 경쟁자이다. 선진국으로서 우리가 배워야 할 벤치마킹 대상이면서 우리 제품을 팔아야 할 시장이기도 하다. 나아가 역사적 앙금이 어떻든지 간에 미래에는 동반자여야 할 필요도 있다. 이렇듯 복잡한 얼굴로 다가오는 나라가 우리에게 일본 말고 또 있을까?

이 책은 인문서보다는 경영서를 지향한다. 주로 소비 트렌드, 경쟁력, 기업 전략, CEO, 시스템 등에 관한 주제를 다루며, 기업 입장에서 일본을 보는 관점을 채택했다. 나 자신이 기업에 속해 있어 아무래도 그런 측면에서 바라본 일본 및 일본 기업들의 경쟁력이 주요 테마이다. 일본 기업이 여전히 경쟁력을 지닌 부분이 있다면 그 원천이 무엇인지 알아보려 했고, 최근 경쟁력을 잃어가는 부분에 대해서는 그렇게 된 배경을 분석하고자 노력했다.

또 하나의 큰 테마는 '시장으로서의 일본'이다. 우리는 "일본 시장을 뚫으면 세계 시장도 뚫을 수 있다"는 말을 곧잘 해왔다. 하지만 우리는 일본 시장을 뚫지 않고도 세계 시장을 이미 뚫었다. 다시 말하면, 다른 시장은 다 뚫었지만 일본 시장만은 아직 뚫지 못한 것이다.

　사람들은 일본 시장이 매우 특수한 시장이라고 생각한다. 정말 그럴까? 나는 그렇지 않다고 믿는다. 왜냐하면 구미 기업들은 일본 시장에서 잘하고 있기 때문이다. 네슬레가 그렇고 P&G가 그렇다. 우리가 강점을 가진 전자산업에서도 애플과 IBM은 일본 시장에 이미 안착하지 않았는가. 그럼 혹시 일본 시장은 한국 상품을 차별 대우하는 것일까? 그것도 절대 아니다. 유통이나 비관세 장벽 탓도 아니다. 나는 우리 기업들이 일본 시장을 뚫을 전략을 짜지 못했기 때문이라고 생각한다. 일본에서 가져온 상품 콘셉트로 일본 기업들과 유사한 제품을 만들어 더 싼값에 제공해도 일본 소비자들이 외면하기 때문인 것이다. 기업들 역시 다른 시장보다 마케팅 비용은 더 드는 반면 단기에 효과를 볼 수 없는 일본 시장은 공략하려 들지 않는 탓이다.

　또 하나 이유를 들자면 아직도 일본을 제대로 모르기 때문이다. 이해하기가 어려우니까 이해하려는 노력을 게을리하는 것은 아닐까. 우리는 더욱더 일본을 알고 그들의 현 위치를 제대로 파악할 필요가 있다. 이 책을 통해 일본을 객관적으로 보려는 시각이 조금이라도 확산되기를 바라는 마음이다.

　지난 3년간의 방송 콘텐츠를 엮은 이 책의 특성상 현재의 상황을 기민하게 반영하지 못한 점에 대해 독자들에게 양해를 구한다. 특히 도요타와 JAL의 경우 원고를 넘기고 수정하는 동안 큰 변화를 겪었다. 도요타는 대규모 리콜 사태로 명성에 돌이킬 수 없는 상처를 입었고 JAL은 결국 법정관리에 들어갔다. 현재는 상황을 수습하고 기업을 되살리기 위한 과정에 있어 어떤 결론에 이를지는 좀 더 지켜봐야 할 것이다.

이 책에 언급된 내용이 비록 시기적으로는 약간 과거형이지만 현 상황을 이해할 수 있는 단초를 제공해준다는 데 의의를 두고 싶다. 나 역시 위기란 어느 날 갑자기 오는 것이 아니라 분명한 조짐이 곳곳에 나타난다는 것을 원고를 다시 보며 뼈저리게 느꼈다. 현재 순항하고 있는 듯 보이는 우리 기업도 주변의 상황을 다시 한 번 주의 깊게 살펴야 한다는 교훈을 독자들과 나누고 싶다.

마지막으로 이 책의 출간을 권유해준 삼성경제연구소 정기영 소장님, 매번 원고를 검토하고 조언해주는 SERICEO 콘텐츠팀과 이유림 PD, 동영상 콘텐츠가 한 권의 책으로 나올 수 있도록 꼼꼼하게 지도해준 출판팀, 그리고 항상 일본에 대한 인사이트를 주시는 전 상사(上司) 정준명 상임고문님(리인터내셔널)께 진심으로 감사의 뜻을 전한다.

2010년 3월
이 우 광

차 례

1장 :: 사회·문화 재발견

2장 :: CEO 재발견

3장 :: 경쟁력 재발견

4장 :: 기업·전략 재발견

5장 :: 시스템 재발견

1장

사회·문화 재발견

일본의 변화는 젊은 층에서 시작되었다. 일본의 기성세대들은 성공해본 경험을
갖고 있어서 지나치게 자신만만하고, 변화에도 둔감하다. 젊은 세대들은 한 번
도 성공을 경험해본 적이 없다. '잃어버린 10년'과 함께 청춘을 보냈고 최근에
는 '하류'가 그들의 삶을 엄습하고 있다. 그래서 젊은 세대의 눈에 일본은 늘 불
안한 나라로 비칠지 모른다.

일본 젊은 층의 변화는 이제 마그마가 되어 일본 전체를 뒤바꾸고 있다. 이들을
알지 못하면 오늘날의 일본 역시 제대로 알지 못한다고 할 수 있다. 그런데도 우
리는 일본에 대해 말할 때면 여전히 중년층과 고령층 위주로 보는 습관에 젖어
있어서 일본 내면의 변화를 놓치기 십상이다.

이 책의 첫 장에서는 일본의 젊은이들이 어떻게 변화하고 있고 그 결과 일본 전
체가 어떤 사회적·경제적 변화를 겪고 있는지에 주목한다. 일본의 변화가 단지
일본만의 변화는 아니라고 느끼기 때문이다. 무엇보다도 일본 시장이 어떻게 바
뀌고 있는지에 대한 시사점을 찾고자 한다. 난공불락의 일본 시장 공략에 조금
이라도 도움이 되기 위해서이다.

지금 일본에선 '하류'가 흐른다

《하류사회》, 《하류지향》, 《하류동맹》, 《하류 잡아먹기》, 《하류사회여 안녕》처럼, 최근 일본에서는 '하류(下流)'라는 말이 들어간 책의 출간이 줄을 잇고 있다. 2005년에 미우라 아츠시(三浦展)의 《하류사회: 새로운 계층집단의 출현》이 출판된 이후부터이다. '하류'는 최근 일본 사회의 변화, 특히 일본 젊은 층의 변화를 이해하는 가장 중요한 키워드 중 하나이다. 사실 '하류' 현상은 1980년대까지의 일본에서는 상상조차 어려웠던 일이다. 이러한 변화는 젊은이들로부터 시작되고 있다.

이 책에서 미우라는 '하류'의 의미를 "단순히 소득이 적다는 것뿐만 아니라 커뮤니케이션 능력, 생활 능력, 일할 의욕, 배울 의욕 등 삶에 대한 의욕이 총체적으로 낮은 사람"이라고 정의한다. 여기서 특히 중요한 것은 '의욕'이다. 삶에 대한 의욕이 낮은 젊은이들이 최근 10여 년간 일본에서 다수 출현하고 있으며, 그것이 하류라는 말이 유행하는 배경을 이룬 것이다.

하류의 주류라고 할 수 있는 사람은 역시 '프리터'와 '니트'이다. 프리터는 영어의 'Free'와 독일어의 'Arbeit'를 합성한 일본식 조어로, 정확한 정의는 '학생과 주부를 제외한 15~34세 인구 중 파트타임이나 아르바이트를 하는 사람 또는 취업을 희망하는 무직자'이다. 또한 니트(NEET)는 Not in Education, Employment or Training의 머리글자를 따서 만든 용어로 '학교에도 가지 않고 구직도 하지 않는 무직 젊은이'를 가리킨다.

하류는 자발적인 선택의 결과

일본 후생노동성 통계에 의하면 2008년 일본의 프리터 수는 170만 명으로 그 세대 전체 인구(학생과 주부 제외)의 10%에 육박한다. 또한 니트는 64만 명으로 3% 정도를 차지하는데, 정확한 숫자를 파악하기가 쉽지 않은 탓에 실제로는 이보다 훨씬 많을 것으로 추정된다. 아울러 프리터에 파견직과 계약직을 포함시킨 내각부 통계는 417만 명으로 그 세대의 20%를 넘는 수준인데 2001년 이후에는 통계를 발표하지 않고 있다. 아마도 이 수치가 일본 사회에 준 충격이 컸기 때문이 아닌가 싶지만, 통계 발표를 하지 않은 이유는 분명치 않다.

그런데 재미있는 것은 후생노동성이 프리터를 '정규직이 되기 싫어서 자발적으로 비정규직을 선택한 사람'으로 정의하고 있다는 점이다. 내각부 역시 비정규직을 선택하지 않을 수 없는 사람까지 프

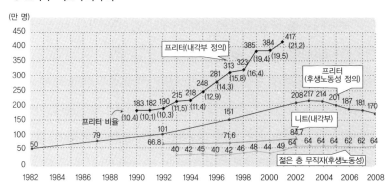

● 프리터·니트 수의 추이

(만 명)

프리터(내각부 정의)

프리터 비율

프리터
(후생노동성 정의)

니트(내각부)

젊은 층 무직자(후생노동성)

자료 : 사회실정데이터도록.

리터 통계에 포함시켜 정의하고 있다. 즉 일본의 프리터 개념은 한 국의 청년실업과는 그 성격이 좀 다르다. 일본의 프리터는 자발적 실업의 성격이 훨씬 강하다는 이야기다.

프리터와 니트에 관한 통계에서 관심을 끄는 사실은 어느 통계든 지 간에 최근 10년 사이에 그 수치가 2배 이상 늘었다는 점이다. 또 한 1990년대 초반에는 20대 초반의 프리터가 많았으나 10여 년이 지난 2000년대에는 20대 후반이 가장 많은 수를 차지한다. 프리터 생활이 장기화되고 있는 것이다.

프리터나 니트의 수가 많은 것을 두고 '잃어버린 10년'에 따른 장 기 불황의 여파로 생각하기 쉽지만, 일본 경제는 2002년부터 2007년 까지 사상 최대의 호경기를 구가했다. 그럼에도 니트의 수는 좀처 럼 줄지 않고 있는데, 그 이유는 무엇일까?

후생노동성 통계에서 보듯이 2008년에도 정규직이 싫어서 자발 적으로 프리터나 니트를 선택한 사람이 170만 명이나 된다. 이는 단순히 청년실업과 같은 고용 불안의 문제가 아니다. 프리터나 니트가 많은 이유를 밝힌 것으로 2007년에 출간된 우치다 타츠루(內田樹)의 《하류지향: 공부하지 않아도, 일하지 않아도 자신만만한 신인류 출현》이라는 책을 주목할 필요가 있다. 학습과 노동에 대해 지금까지와는 전혀 다른 의식구조를 가진 새로운 타입의 신세대 집단이 일본에서 대거 출현하고 있기 때문에 젊은 층의 하류화가 급속히 진행되고 있다는 것이 저자의 주장인데 꽤 설득력 있게 들린다. 도대체 일본의 젊은이들은 어떤 의식구조를 갖고 있기에 일본 사회에 이토록 급속히 하류가 확산되고 있는가? 우치다의 견해를 따라가 보자.

학습으로부터의 도주, 노동으로부터의 도주

우치다는 젊은 층이 하류화하는 원인에 대한 분석을 교육 현장에서 시작하고 있다. 그리고 젊은이들의 학습 저하 현상이 심각하다는 사실에 도달한다. 우치다가 소개한 바에 따르면 1999년 일본의 중학교 2학년생의 교외 학습 시간은 1.7시간으로 37개국 평균인 3시간에 훨씬 못 미치며, 순위도 35위에 머물렀다. 또한 고교생의 60%는 교외 학습 시간이 '0시간'이었다.

우치다는 이러한 학습 저하에 대해 일본 학생들이 전혀 문제 삼지 않는 것이 문제라고 지적한다. 왜 그럴까? 특별히 좋은 대학이 아닌 이상, 초등학생 실력으로도 어느 대학이든 입학할 수 있는 환경이기 때문이다. 실제로 대학생의 60% 정도가 중학생 수준의 실력밖에 갖추고 있지 않다는 것이다. 그런데도 학생들이 불안해하지 않는 것은 학력 저하 현상이 집단적으로 나타나고 있어서 이를 자기 자신만의 문제로 자각하거나 통감하지 못하기 때문이라고 한다. 표준편차치(등급)로 대학 입학이 결정되기 때문에 무리해서 실력을 갖출 필요가 없다는 이야기다. 또한 학생들은 '공부를 하면 구체적으로 어떤 혜택을 얻는지'를 납득하지 못하면 절대로 공부를 하지 않아 그 심각성이 더욱 크다. 일종의 '공부하지 않을 권리'를 주장하는 셈이다. 일본 젊은이들이 의식적으로 '학습으로부터의 도주'를 하고 있다는 것이 우치다의 판단이다.

우치다는 일본의 젊은이들이 이렇게 된 배경에 '등가교환(等價交換)'이라는 경제합리성에 기초한 의식구조가 자리 잡고 있다고 본다. 즉 그들은 수업 시간의 고통과 인내를 화폐로 간주하여 이를 지불하고 자신들이 얻는 대가가 무엇인지 항상 따진다. 나중에 훌륭한 사람이 되고 좋은 직장을 얻기 위해서라는 애매하고 장기적인 대가에 대해서는 결코 학습의 고통을 지불하지 않는다는 것이다. 어릴 때부터 물질적으로 풍족한 가정에서 자란 탓에 경제합리적 사고방식에 젖은 일본의 젊은이들은 당장의 교환가치가 없으면 그 대가를 절대 지불하지 않는 의식구조를 갖고 있다는 주장이다. 요컨대 우치다는 일본의 젊은이들이 학습으로부터의 도주, 즉 의식적으로 배우지 않을 권리를 주장하기 시작한 것이라고 분석한다.

일본 젊은이들의 이러한 의식구조는 학습의 경우에서와 마찬가지로 노동에 대해서도 작동한다. 최근 일본 기업에서는 비정규직 중 능력 있는 사원에게는 정규직 전환을 권유하는데도 이를 사양하는 사례가 많다고 한다. 이유는 "책임지는 게 싫어서", "언제든 그만둘 수가 없으므로", "출세보다 자유가 중요하기 때문" 등이다. 자신의 일은 스스로 결정한다는 주체적 의식을 가진 젊은이들이 프리터나 니트가 되는 경우가 많다는 것이다. 또한 취직을 하더라도 약 30%가 조기에 퇴직하고 여러 직장을 전전하는 사이에 이른바 '하류'가 되어버린다는 것이다.

계속해서 우치다는 그들이 노동으로부터 도주하는 데도 등가교환 의식이 작용한다고 본다. 직장에서 자신이 제공하는 노동에 비해 평가를 제대로 못 받거나 월급이 낮다고 생각하기 때문에 자기 판단과 결정에 따라 이상적인 직장을 찾아 헤맨다는 것이다. 학교에서 그랬듯이, 장기적으로 노력해서 승진하고 월급이 올라가는 것에는 그다지 관심이 없고 당장 내가 손해를 보는 의사결정은 하지 않으려는 것이다. 결국 자신의 노동에 대한 대가가 불합리하다고 여기기 때문에 노동으로부터 도주해버린다는 주장이다.

하류화는 경제 문제가 아닌 의식의 문제

일본 젊은 층의 하류화는 정도 차이야 있겠지만 향후에도 계속 진행될 것이다. 왜냐하면 하류화는 경제의 문제가 아니라 젊은 층이 가진 의식의 문제이기 때문이다. 게다가 획기적 교육 개혁도 기대하기 어려운 현실이다. 이에 따라 개성과 자기다움의 생활방식을 중시하며 현재지향적 생활에 젖은 일본 젊은이들의 의식구조는 심각한 사회 문제로까지 파급되고 있다.

우리가 일본 젊은이들이 주장하는 '배우지 않을 권리', '일하지 않을 권리'에 무관심할 수 없는 것은 한국의 교육 문제나 청년실업 문제가 물론 그 성격은 다르지만 바탕은 일본과 별반 다르지 않다고 판단되기 때문이다. 한국의 기성세대들은 이러한 일본 젊은이들을 이상하다고 여길지 모르지만, 한국의 젊은이들은 이웃 나라의 젊은이들에 대해 별로 특이할 것도 없다고 생각할지 모른다. 이것이 바로 우리가 일본의 하류를 눈여겨봐야 할 이유이다.

❷ 초식성 남자
:: vs.
:: 육식성 여자

일본 젊은이들에게서 나타나는 또 하나의 큰 변화는 남성의 여성화와 여성의 남성화 현상이다. 일본에서는 2009년 1월부터 남성 잡지 《플레이보이(PLAYBOY)》가 휴간에 들어갔다. 그런 한편 《논노(nonno)》, 《모어(MORE)》, 《위드(With)》같은 여성 잡지에서는 '남자 꼬시는 법' 등의 특집 기사를 쏟아내고 있다. 그 배경에 일본 젊은 남성의 여성화와 여성의 남성화가 자리 잡고 있다.

2008년 무렵부터 일본에서는 이런 현상을 '초식계(草食系) 남자', '육식계(肉食系) 여자'라는 표현으로 설명하고 있으며 책, 신문·잡지, 블로그 등 각종 미디어에서도 큰 화두가 되고 있다. 후카사와 마키(深澤眞紀)가 2007년 《헤이세이단시 도감》[헤이세이단시(平成男子)는 단카이(團塊) 주니어라고도 불리는 1970년대 출생의 남자를 가리킨다]이라는 저서에서 처음으로 명명한 것이 유행의 계기가 되었는데, 한국 미디어에서도 '초식남(草食男)'이라는 키워드를 흥미 삼아 보도하곤 한다. 이제는 여기서 한발 더 나아가 '초식성 소비'니 '초식성 기업'이라는 말까지 등장했다. 이렇듯 초식성 남자는 일본 사회의 트렌드 변화를 대표하는 아이콘이다.

일본의 젊은 남자 4명 중 3명이 초식남

우선 '초식성 남자'란 어떤 타입의 남자를 말할까? 일반적으로는 '협조적이고 가정적이며 상냥하지만 연애에 적극적이지 않은 타입의 20~30대 남자'를 지칭한다. '술집보다는 카페를' 좋아하고 '정기적으로 스킨케어를 받는 것'은 물론 '단 음식을 좋아하고', '남과 다투기를 싫어하며', '연애는 소극적이다'… 대충 이런 이미지를 가진 젊은 남자를 가리키는 듯하다. 여성과 사귀는 것은 물론이고 대인관계에서도 소극적이며 대체로 무기력하다는 특징이 있다. 야망이라는 게 별로 없고, 심지어 자신이 남자라는 의식조차 없는 사람들이라는 것이다.

'파트너 에이전트'라는 일본의 한 결혼상담소는 30대 미혼 남성 400명을 대상으로 "초식 남자와 육식 남자 중 어느 쪽입니까?"라고 묻는 설문조사를 했는데 "초식 남자 쪽"이라고 대답한 사람이 61%, "완전히 초식 남자"라고 대답한 사람은 13%였다. 이 정도라면 일본의 젊은 남성 4명 중 3명은 초식성이라고 볼 수 있다. 수치 자체를 그대로 믿을 수는 없지만 가히 놀랄 만한 정도가 아닐 수 없다.

유튜브의 동영상 자료 '초식계 남자 vs 육식계 여자'(www.youtube.com/watch?v=q885V)나 블로그 등을 보면 초식성 남자에 대해 더욱 노골적인 표현을 내놓기도 한다. '여자를 꼬시기보다는 여자가 꼬셔주기를 기다리는 남자', '마지막 전차가 끊겨 여자친구와 러브호텔에 가도 밤새 게임만 하다 나오는 남자', '육식 짐승인 여성이 마치 초원의 육식 동물처럼 8.2초간 째려보면 꼼짝 못하고 잡아먹힐 준비를 하는 남자', '터키탕에 가기보다는 피부 마사지를 받으러 가는 남자' 등이 그런 표현들이다.

반면 젊은 일본 여성들은 상반된 모습을 보인다는 것이 후카사와의 견해다. 요즘의 젊은 여성들은 일에서 추진력도 있고 책임감도 강하며 목표도 높게 잡는다는 것이다. 이렇게 어느 정도 경제력을 갖춘 여성의 입장에서는 상냥하면서 가사도 잘 도와주고, 게다가 딴 여자에게는 전혀 관심도 두지 않는 초식성 남자가 결혼 상대로서 적격이라고 여기게 된다는 것이다. 그런 의미에서 초식성 남자의 상대어로 육식성 여자라는 말이 파생되었다는 설명이다.

경쟁이 싫고 상처받기도 싫은 초식남들

초식성 남자가 늘어나는 가장 큰 이유로 어릴 때부터 남녀평등 사상에 젖어서 자란 것이 꼽히고 있다. 그들은 여성을 성적(性的) 대상, 즉 성욕과 연애와 결혼의 대상으로 인식하기보다는 독립된 인격체로 바라본다. 또한 형제도 없이 자라고, 입시 전쟁도 느슨해진 환경에서 자라나 경쟁을 싫어하고 상처받기도 싫어하기 때문이라는 해석도 나온다. 아울러 버블 붕괴 및 경제의 장기 침체기에 성장기를 지낸 탓에 미래에 대한 과잉 기대가 소멸되어 현실지향적이라는 해석도 있다.

이들의 출현에 대한 사회학적 관심은 차치하더라도 기업이 이들의 행태에 특별한 관심을 보이는 이유는 살펴볼 필요가 있다. 이른바 '초식남'들이 어떤 새로운 소비 트렌드를 보이는지, 그에 따라 어떤 상품을 개발해 이들을 대상으로 어떻게 팔아야 할지를 판단하고 전략을 세워야 하기 때문이다. 나아가 이들을 고용할 경우에 어떻게 효율적으로 일을 시킬 것이냐에 대한 관심도 높을 것이다.

우선 소비 트렌드부터 살펴보자. '초식성 소비'의 가장 큰 특징은 물건을 소유하려 들지 않는다는 점이다. 40대 이상인 기존의 육식

이런 남자가 초식남이다!

- 맥주로 건배하는 것보다 좋아하는 드링크를 마시는 것을 우선시한다.
- 소식(小食)을 하고 몸이 날씬하다.
- 단 음식을 좋아한다.
- 패션에 관심이 많다.
- 환경 보호에 열심이다.
- 부모와 사이가 좋다.
- 휴대전화를 손에서 놓지 않는다.
- 호텔비를 낼 때도 더치페이를 하려 한다.

자료 : 우사구보 메구미(牛窪惠, 2008).

성 남자들은 고급 자동차, 고급 시계, 명품, 해외여행 등 남에게 보여주거나 자랑하기 위한 소비에 열심이었다. 그런데 초식성 남자들은 자신의 쾌적한 생활과 자신이 납득하는 수준의 실질소비를 중시할 뿐 남에게 보이기 위한 소비에는 한 푼도 쓰지 않는다.

최근 일본 젊은이들이 자동차를 기피하는 현상도 초식성 남자가 늘어난 탓으로 볼 수 있다. 자동차를 사더라도 파워나 스피드가 살아있는 스포츠카보다는 친환경적이고 쾌적한 차를 선호하는 추세다.

기성세대들은 직장에서 만난 이런 초식 남자들을 의아해 한다. 이들이 대체 무슨 생각을 하고 있는지 이해하기 어렵고, 그래서 기성세대에게 초식성 남자들은 '다루기 어려운 존재'로 비쳐지는 것이다. 예를 들어 급한 업무로 야근을 해야 할 때, 초식남들은 밤을 새워서라도 맡은 업무를 끝내는 것이 아니라 한두 시간 정도만 추가로 근무하고는 퇴근해버린다. 오죽하면, 이들을 남성이 아닌 별개의 성(性)으로 취급해야 한다는 말까지 나오고 있다.

초식성 소비의 출현 – 정보나 안락함 추구

이들의 존재를 긍정적으로 보는 견해도 있다. 이들의 소비 및 행동 패턴이 물질이 풍요롭고 소비가 성숙해지는 시대의 소비 트렌드를 선도하리라는 것이다. 이들의 내향적 소비 선호가 앞으로는 패션·부동산·가구·가전·인테리어·음악 등 자기만족적 소비를 활성화, 다양화할 것이라는 예측이다. 초식성 동물의 특징은 몸집이 크고 활동 시간이 길며 자손을 많이 낳는 것, 암컷보다는 수컷이 화려하다는 점이다. 어쩌면 '육식성 시장'보다도 더 큰 시장일 것이라는 억지 섞인 예측도 눈에 띈다.

이들은 정보를 왕성하게 소비하는 경향을 보이기 때문에 그에 걸맞은 '초식성 기업'의 발상도 필요하다는 주장이 있다. 소비자의 소유욕, 대량 소비를 전제로 경영하는 기업을 '육식성 기업'이라고 한다면 소비자에게 정보나 안락함을 제공하는 기업을 초식성 기업이라고 부르는 것이다. 그런데 지금 일본에서는 이러한 초식성 기업들이 심각한 불황 속에서도 히트를 치고 있다. SNS(Social Network Service)상에서 상대방에게 엽서를 대신 보내주는 서비스, 필요 없는 물건의 사진을 찍어 인터넷에 공개하면 필요한 사람이 착불로 비용을 지불하고 물건을 구입하는 서비스, 아마존의 '킨들(kindle)', 명품을 한 주 동안 빌려주는 서비스, 악기 및 애완동물 대여 서비스 등이 그런 예들이다. 이런 서비스의 공통점은 고객에게 '정보'나 '안심'을 제공하는 것으로, 다시 말해 리스크를 회피하는 상품이나 서비스를 제공하는 회사가 현재 번성하고 있다.

그럼 과연 한국의 젊은이들은 어떨까? 추측하건대 일본보다 그 수는 적겠지만 하나의 사회 트렌드인 것만은 틀림없다. 얼마 전에 방영된 TV 드라마의 주인공도 바로 초식남이지 않았는가. 때문에 우리도 이들의 행동 및 소비 트렌드에 좀 더 관심을 가질 필요가 있을 것이다.

03 20대가
일본을
망하게 한다!?

하류나 초식성 남자의 출현은 과연 일본 경제에 어떤 영향을 미치고 있는가? 기업 경영자들에게는 초미의 관심사가 아닐 수 없다. 최근 일본에서는 '미니멈 라이프(minimum life)'라는 말이 널리 회자되고 있다. '미니멈 라이프'란 일본 20대들의 의식구조와 소비 패턴을 나타내는 키워드로서 일본의 소비 트렌드를 가장 잘 표현하는 말이기도 하다. 생활에 필요한 돈이나 시간을 최대한으로 절약하는, '필요 최소한의 생활'을 의미하는데 일본의 소비가 좀처럼 늘지 않는 것과도 무관하지 않은 개념이다. 왜 하필이면 일본의 20대가 이런 소비 패턴을 보이게 되었을까? 그 이유가 궁금하지 않을 수 없다.

위기의식이 낳은 '미니멈 라이프'

일본 후생노동성의 '2009년 인구동태 통계 연간 추계'에 의하면 1981년부터 1990년 사이에 태어난 일본의 20대는 그 수가 1,150만 명으로 일본 전체 인구의 약 10분의 1 정도이다. 이들의 성장 과정을, 현재 28세인 젊은이들을 예로 들어 살펴보자. 이들은 초등학교 시절에는 버블 붕괴를 경험했고, 이른바 '잃어버린 10년' 기간에 사춘기를 보냈으며, 그중 일부는 졸업 후에도 취업난 탓에 프리터나 니트로 전락했다. 뿐만 아니라 성장 과정에서 고베 대지진(1995년), 아시아 금융위기(1998년), 9·11 테러(2001년) 같은 엄청난 사건을 경험했기 때문에 남보다 위기의식이 높아져 굉장히 자기방어적 성향을 띤다. 미래에 어떤 큰일이 닥칠지 모르니 스스로 대비해야 한다는 인식이 강한 것이다.

이들은 노후를 앞둔 고령층보다도 위기의식이 더욱 강하다. 내각부가 1989년과 2008년에 각각 실시한 '국민생활에 관한 여론조사' 결과를 비교해보면 "저축이나 투자로 장래에 대비하고 있다"고 대답한 20대의 비율이 43.5%에서 57.4%로 증가했다. 또 "매일 매일의 생활을 충실하게 보낸다"가 43%에서 36.3%로 줄었다.

고이즈미(小泉) 내각에서 금융 담당 대신을 역임한 게이오(慶應) 대학의 다케나카 헤이조(竹中平藏) 교수는 재정 적자와 연금 문제 등 일본의 구조적 문제점을 짊어지고 가야 한다는 스트레스 때문에 아직 20대에 불과한데도 돈이나 인간관계, 생활 패턴에서 축소 지향적 사고를 하게 되었다고 주장한다. 이들은 안정적이고 편안함을 추구하며 상처받기를 싫어한다. 일본의 리서치 사이트인 '구(goo, http://research.goo.ne.jp/)'와 포털사이트 '올어바웃(All About, http://allabout.co.jp/)'이 2008년 일본 젊은이들이 휴일을 어떻게 보내는지를 조사했는데, 그 결과에 따르면 일본의 젊은이들은 남에게 방해받는 것을 극도로 싫어해 휴일에도 집에만 있는 비율이 43%나 되었다. 주로 인터넷이나 집안일을 하고, 게임을 하거나 녹화한 영상을 감상한다. 20대 부부의 경우, 남성이 집안일을 담당하는 비율도 급격히 늘고 있으며 스스로 도시락을 싸기도 한다.

이들의 소비 특성은 우선 돈을 쓰지 않는다는 점이다. 조금이라도 낭비라고 생각되면 절대로 돈을 쓰지 않으므로 자연스레 저축률이 높다. 총무성이 2004년에 실시한 전국 소비실태 조사에서 '30세 미만의 근로 단신 세대의 평균 소비 성향 추이'를 보면 남자의 경우 1970년대에는 20대의 소비 성향이 90% 수준으로 높았으나 최근의 20대는 70% 정도로 낮아졌다.

자동차도 필요 없고 친구도 최소한으로

야후 리서치가 2009년 3월에 실시한 '남성의 소비와 연애의식'이라는 조사에 의하면 20대의 소비의식이 확연해진다. 예를 들어 "자동차를 소유할 의향이 있는가"라는 질문에 "절대 소유하고 싶다", "가능하면 소유하고 싶다"는 답변을 합쳐도 50%로, 70%인 40대와 20%p의 큰 차이를 보였다. 20년 전만 해도 젊은 남녀가 자동차를 타고 스키장에 가거나 해안을 드라이브하는 것이 데이트 트렌드여서 이를 위해 젊은 남자들은 돈을 빌려서라도 폼 나는 자동차를 사려고 했다. 그런데 지금은 상황이 아주 달라진 것이다.

자동차뿐만 아니라 손목시계, 휴대전화 등에서도 나이가 젊을수록 물건을 소유하겠다는 관심도가 약한 것으로 나타났다. 같은 조사에서 그 이유를 묻는 질문에 "소유하는 것에 책임이나 리스크가 따른다면 굳이 소유에 집착하지 않겠다"고 답하고 있다. 이러한 현상은 20대 중에서도 젊은 나이일수록 그리고 남성일수록 강하게 나타난다.

물건을 소유하는 것뿐만 아니라 해외여행이나 편의점 이용에서도 20대의 소비가 줄고 있다. 이들은 친구도 최소한으로 사귀기 때문에 술도 잘 안 마신다고 한다. 일본 국세청 자료를 보면 일본 전체 주류세가 2001년 1조 7,000억 엔에서 2006년에는 1조 4,000억 엔으로 약 15% 줄었는데 이는 20대가 술을 별로 마시지 않기 때문이라는 이야기다.

사회 공헌에는 돈을 아끼지 않는다

특이하게도 이들은 자동차나 술은 소비하지 않으면서도 어떤 일에 의의를 느끼거나 목적의식이 생기면 돈을 아끼지 않고 쓰는 이율배반적 경향을 보인다. 쉽게 말해 NGO 활동 같은 것에는 상당히 관심을 보인다. 금융위기 이후 일본에서는 불황 속에서도 사회 문제를 해결하는 제품이나 서비스 혹은 NGO 활동을 지원하는 채러티 (charity) 상품의 인기가 높다고 한다.

사회 공헌을 지향하는 소비행동을 일본에서는 '소셜(social) 소비'라고 부르는데 일부 중년층을 포함해 20대 젊은이들 사이에서는 이미 메가트렌드로 자리 잡은 소비 패턴이다(소셜 소비는 중요한 트렌드이므로 1장 10절에서 보다 상세히 설명한다). 즉 일본의 20대는 자신의 존재감을 나타내려는 욕구 또한 강하므로 그들을 단순히 '하류'나 '초식성'이라는 개념으로 제한해 무기력하게만 보아서는 안 될 것이다.

지금 일본에서는 이들이 중심세대가 되었을 때 과연 일본 경제에 어떤 영향을 미칠지를 절반은 걱정스럽게 절반은 흥미롭게 지켜보고 있다. 걱정하는 쪽에서는 "장래에 대한 리스크를 과대하게 생각하는 경향이 있는 이들에게 소비하는 즐거움을 가르쳐줘야 한다. 앞으로 더욱 발전할 수 있으며 다양한 일을 할 수 있다는 자신감을 불어넣어야 한다"는 처방을 내놓고 있지만, 이미 성장 과정에서 자연스럽게 형성된 의식이고, 성공 경험도 갖고 있지 못한 탓에 바꾸기가 쉽지는 않은 것이 현실이다.

한편 기업들도 이들을 대상으로 해서는 매출을 올리기가 여간 어려운 게 아니라고 실토한다. 이와 관련해서는 일본의 대기업을 비판하는 목소리도 나오고 있다. 특히 자동차업체들이 인건비 절감을 위해 임시직이나 비정규직을 많이 고용한 것이 비난을 받고 있다. 임시직이나 비정규직 젊은이는 수입도 적을 뿐만 아니라 해고당하기도 쉬워 그만큼 소비 여력이 적다는 것이다. 최근의 금융위기 때에도 이들이 대량 해고되어 큰 사회 문제가 되었다. 결국 하토야마 정권은 제조업에서는 임시직을 쓸 수 없도록 노동법을 개정할 계획이다.

　일본 젊은이들에게서 나타나는 이런 문화는 이제 한국에서도 남의 나라 이야기만은 아니다. 청년실업 문제가 심각하고, 초식성 남자도 하나의 트렌드가 될 조짐을 보이고 있으니까 말이다. 앞으로는 점차 한국의 젊은이들도 일본의 젊은이들과 유사한 소비 성향을 띨 수 있다. 한국의 20대도 성장 과정에서 외환위기, IT 버블 붕괴, 신용카드 버블 붕괴, 금융위기 등을 경험했으므로 이들에게도 '미니멈 라이프' 의식이 잠재해 있을 것이다. 정부는 물론 각 기업들도 사전에 이런 심리적이고 내면적인 문제를 통찰해 젊은이들의 가치관 변화의 심층을 파고들어, 이들의 가치관에 호소할 수 있는 마케팅 전략을 준비해야 한다.

오타쿠와 아키하바라 그리고 소프트파워

::
::
::
::
::
::
::
::
::
::
::
::
::
::
::
::
::
::
::

프리터, 니트, 초식성 남자… 이들이 지향하는 것은 과연 무엇일까? 사회 공헌과 같은 새로운 트렌드를 만들어내기도 하지만 기존의 가치관에 더욱 몰입하기도 하며, 또 새로운 문화 창출의 주역이 되기도 한다.

도쿄의 아키하바라(秋葉原)는 일본의 젊은이들에게는 아주 특별하고 인기가 많은 곳이다. '전자제품을 싸게 살 수 있는 상가 지역'이라는 아키하바라의 이미지는 기성세대의 것일 뿐이다. 현재 아키하바라가 일본은 물론 전 세계 젊은이들을 매료시키는 것은 바로 그곳이 '오타쿠(お宅)' 문화의 메카이기 때문이다. 1997년경 만화·애니메이션·게임 동호인들이 동인지(同人誌) 등을 팔기 시작했고, 이것이 아시아는 물론 전 세계 젊은이들에게 알려지면서 아키하바라의 오타쿠 문화에 대한 열광이 일어났다.

전자제품 상가에서 오타쿠 문화의 성지로 거듭난 아키하바라에 서양 젊은이들의 발길이 이어
지고 있다.

만화, 애니메이션, 게임, J팝 등으로 표현되는 오타쿠 문화는 19세
기 말 목판화 회화인 '우키요에(浮世繪)'로 서양 인상파 화가들에게
영향을 미친 자포니즘(Japonism) 이후 국제적으로 가장 주목받는 일
본 문화이다. 2003년 8월 《타임》이 오타쿠에 관한 특집 기사를 실었
고 이후 〈매트릭스〉, 〈킬빌〉, 〈라스트 사무라이〉, 〈트랜스포머〉 등
오타쿠 문화의 영향을 받은 할리우드 영화가 여러 편 개봉되었다.
영화 소재를 찾기 힘들 때 일본 대중문화를 검색하는 것이 할리우드
영화 제작자들에게 습관이 되었을 정도라고 한다.

시장(市場)의 주목을 받는 오타쿠 문화

'오타쿠'란 용어는 한국에서도 잘 알려졌는데, 흔히 '한 분야에 열

중하되, 마니아보다 더 심취한 사람'이라는 의미로 통용된다. 사실 오타쿠는 '상대'라는 2인칭의 높임말인 '댁'의 일본어 발음을 그대로 쓴 것이다. 1980년대 초반까지 '오타쿠'는 만화와 애니메이션 등 '일반인은 그 가치를 이해하기 어려운 서브 컬처에 몰두하면서 커뮤니케이션 능력이 결여된 사람'이라는 부정적인 뜻으로 쓰였다. 하지만 최근에는 '특정 사물에 강한 관심과 지식을 가진, 일종의 엑스퍼트(expert, 전문가)'라는 긍정적인 의미로 쓰인다.

오타쿠는 대체로 병적 집착을 가진 오타쿠, 연구자로서의 오타쿠, 관련 상품을 지지하는 오타쿠 등으로 분류되지만, 그들이 가진 지식의 깊이와 폭이 워낙 방대하고 다채로워서 단순히 분류하기는 쉽지 않다고 한다.

그렇다면 오타쿠의 어떤 점이 세계적 공감을 끌어내는 것일까? 미국의 저널리스트 더글러스 맥그레이(Douglas McGray)가 오타쿠 문화에 배어 있는 일본적 감성을 "쿨(cool)하다"고 표현한 이후 '쿨재팬'이라는 말이 확산되었다. 귀여움을 중시하는 문화, 한적한 정서[侘(わ)び, 와비], 오래된 것에 대한 미련[寂(さび), 사비], 깊이 연정을 품음[萌え(もえ), 모에]처럼 표현하기 어려운 일본인의 미적 감성에 대해 전 세계 젊은이들이 멋지다며 공감하는 것이다.

오타쿠의 관심 분야는 다양하다. 애니메이션이나 게임은 물론 인형(피규어), 프라모델, 철도, 자동차, 카메라, 밀리터리, 패션, 아이돌, 조립PC 등 거의 모든 분야에 오타쿠가 존재한다. 이들은 전문성과 정열을 가지고 새로운 것을 창조해낸다. 일본인의 장인적 기질이 오타쿠에서 잘 드러나고 있는지도 모르겠다. 오타쿠들은 자신들이

● 분야별 오타쿠 시장 규모 내역

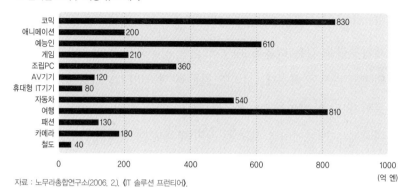

자료 : 노무라총합연구소(2006. 2), 《IT 솔루션 프런티어》.

공감하는 상품에 대해서는 높은 충성도를 보이며 돈을 아끼지 않는
다. 일본 기업들이 오타쿠 문화에 더욱 주목하는 이유다.

　일본에서는 《오타쿠 산업 백서》도 발간된다. 2008년판 백서에 따
르면 그해 오타쿠의 시장 규모는 1,866억 8,000만 엔이었다. 전년
보다 2.5% 성장한 수치다. 좀 더 구체적인 산업 및 마켓 점유율을
보면, 출판이 21.8%, DVD/CD(애니메이션)가 18.2%, 피규어 등이
15.1%, 동인지가 14.9%였다.

　노무라총합연구소(野村總合硏究所)는 오타쿠 산업을 훨씬 넓고 깊게
보고 있다. 2005년 노무라총합연구소의 예측 자료에 의하면 오타쿠
의 시장 규모는 4,000억 엔이 넘는다. 어느 쪽이 정확한지는 차치
하더라도 엄청난 시장임에는 틀림없다.

'잃어버린 10년' 이후 오타쿠가 수면 위로 부상한 이유

오타쿠는 특정 상품이나 서비스에 강한 열정과 극단적 소비 성향을

드러내고 이를 확산시키기 때문에 그 영향력이 기대 이상으로 크다. 이들이 무엇을 추구하는지는 상당히 중요하다. 일본 제품이 국제경쟁력을 갖는 이유가 내구적 품질보다 표면적 디자인에 있다는 의견도 나오곤 하는데, 이러한 일본적 디자인의 특이성에는 오타쿠 문화가 많은 기여를 한 게 사실이다. 예를 들어 도요타가 2003년 미국에서 애니메이션 요소를 가미해 개발한 소형차 '사이언'의 매출이 좋았던 것도 미국의 20대 젊은이들이 오타쿠 문화를 동경한 덕분이라는 분석이 있다.

오타쿠가 '잃어버린 10년'이 지난 2000년대에 표면 위로 부상한 이유는 무엇일까? 이는 창조성을 갈구하는 사회적 니즈와 무관하지 않은 듯 보인다. 일본은 그동안 구미 선진국을 따라잡으려고 (catch up) 전력질주를 해왔다. 창조적인 것보다는 효율적인 것, 값싸고 품질 좋은 것을 만드는 데 올인함으로써 마침내 1980년대에는 구미 따라잡기에 성공했다.

'모난 돌이 정 맞는다'라는 속담처럼, 일본에서는 오랫동안 집단주의가 보편화되어 오타쿠 같은 이단주의자를 인정하지 않는 분위기였지만 '잃어버린 10년'을 경험한 후 창조의 중요성이 부각되면서 오타쿠 같은 '집단 이단주의자'를 인정하기 시작한 것이 그 배경이라고 생각된다. 특히 한국과 대만 기업들의 일본 기업 따라잡기가 표면화하면서 따라잡히지 않는 것, 독창적인 것, 일본만의 독자적인 것에 가치를 두게 된 듯 보인다. 이제 오타쿠 문화는 상품의 콘텐츠와 디자인 등 소프트파워로서 그 빛을 발하고 있다.

'오타쿠 정신'은 문화력의 원천

2003년 무라카미 다카시(村上隆)의 미소녀 피규어 '미스 코코(Miss ko2)'가 뉴욕의 한 옥션에서 일본 현대미술 작품으로서는 최고액인 50만 달러(약 6억 4,700만 원)에 낙찰되자 일본의 오타쿠 문화에 대한 관심이 전 세계적으로 불붙었다. 무라카미는 소년 시절부터 애니메이션에 몰두해온 만화가이자 화가이다.

최근에는 일본 정부나 기업들도 오타쿠 문화를 일본의 소프트파워로 인정하고 육성하려는 움직임을 보이고 있다. 일본 정부는 '21세기 비전'을 통해 일본의 '창조적 문화 입국'을 지향한 바 있으며, 실제로 아키하바라를 오타쿠 문화의 메카로서 더욱더 키우려 해왔다.

그러나 이런 정책에 대한 비판도 만만치 않다. 아소 전 정권은 미디어 예술의 국제 거점으로서 '미디어 전당'을 세울 계획이었으나, 새로 정권을 잡은 민주당이 사업 중단을 결정했다. 일본 국내에서 생각하는 것만큼 외국에서는 오타쿠 문화가 별로 열광적이지 않을뿐더러 시장 자체도 별로 크지 않다는 판단 때문이다. 말하자면 일본의 '자기만족'에 불과하다는 비판이다. 예를 들어 JETRO(일본무역진흥기구)의 조사에

무라카미 다카시의 피규어 '미스 코코'

의하면, 2008년 일본은 만화 관련 시장의 규모가 5,000억 엔이었지만 미국은 기껏해야 1억 7,500만 달러로 200억 엔 이하였다. 또 2007년 프랑스는 57억 엔 정도였다. 애니메이션 DVD를 중심으로 한 패키지 매출도 2008년 북미 시장이 고작 375억 엔에 불과했다.

이처럼 오타쿠 문화에 대한 비판이 없지 않지만, 오타쿠가 일본을 대표하는 브랜드임에는 틀림이 없다. 18세기 조선의 실학자 박제가(朴齊家)는 《백화보서(百花譜序)》에서 오타쿠와 유사한 사람의 이야기를 언급한 바 있다. 박제가는 그런 사람을 미친 사람, 즉 '벽자(癖者)'라고 표현하면서 "창조력이나 독창적 기술을 습득하는 일은 '벽자'만이 가능하다"고 했다. 예나 지금이나, 한국에서나 일본에서나 한 시대의 문화력, 즉 소프트파워 뒤에는 비록 그 표현은 다를지라도 이른바 '오타쿠 정신'이 있는 것이다.

세계를 매혹시킨 일본 '망가'

오타쿠 문화를 대표하는 장르이자 일본 소프트파워를 상징하는 것이 바로 망가(もんが), 즉 만화(漫畵)이다. 일본의 만화는 어쩌면 오타쿠 문화에서 벗어나 이미 일반 대중문화의 영역으로 진입했는지도 모른다. 일본에서 지하철을 탔을 때 어른들이 만화에 심취한 모습을 보고 이상하다고 느낀 적이 있을 것이다. 실제로 일본에서는 아이들은 물론 어른들도 만화를 즐겨 읽는다. 그러므로 일본 만화는 일본을 이해하기 위해 빼놓을 수 없는 요소이다. 11월 3일은 일본에서 '문화의 날'이기도 하지만 곧 '만화의 날'이기도 하다.

일본의 지식인들 중에도 만화광이 많다. 전 외무대신과 국무총리를 지낸 아소 다로(麻生太郎)는 정계에서 유명한 만화광으로 알려졌으며 일주일에 20권 정도의 만화를 읽는다고 한다. 한국에도 번역된 베스트셀러 《바보의 벽》의 저자 요로 다케시(養老孟司) 도쿄대 명예교수도 《만화를 더 읽으세요》라는 책을 냈을 정도다.

그렇다면 일본 소프트파워의 대표주자 '망가'의 위력을 살펴보자. 우선 일본인들은 대체 만화를 얼마나 많이 볼까? 일본 출판과학연구소(出版科學研究所)의 〈출판지표연보(出版指標年報)〉에 의하면 만화가 가장 많이 팔렸던 1995년에는 총 발행 부수가 약 14억 7,000만 권이었으며 판매액도 3,357억 엔에 달했다. 이후 만화 시장이 매년 조금씩 축소되어 2007년에는 13억 5,000만 권을 발행했고 시장 규모는 2,600억 엔을 기록했다. 국민 한 사람이 연간 10권 이상의 만화를 사는 셈이다. 최근 일본도 출판 불황을 겪고 있지만 만화가 영화화되고 드라마화되면서 만화 단행본 매출은 조금씩 늘어나고 있다고 한다. 일본은 만화 단행본뿐만 아니라 만화 잡지도 300개 이상이라고 하니 가히 '만화 대국'이라 할 만하다. 일본의 대표적 만화 주간지 《주간소년 점프》는 1995년에는 역대 최고인 653만 부 판매를 기록했다.

외교 수단으로까지 이용되는 '망가'의 저력

최근에는 만화 잡지 판매가 줄고 있다고 하지만, 여전히 큰 시장이다. 만화 없이는 일본 출판계가 명맥을 유지하기 어려울 정도라는 이야기까지 들린다. 일본 출판계 최후의 보루가 만화인 셈이다. 일본은 현재 3대 출판사인 슈에이샤(集英社), 고단샤(講談社), 쇼가쿠간(小學館)이 만화 잡지를 거의 독점하는 체제인데 이는 그 세 회사가 유능한 작가를 많이 확보했을 뿐만 아니라 기획력과 마케팅력에서도 유리한 입장이기 때문이다.

만화 출판 시장만으로 일본의 만화 시장을 가늠할 수는 없다. 왜 냐하면 오히려 출판은 만화산업의 일부에 불과하기 때문이다. 일본의 만화는 단지 만화의 영역에 머물지 않고 드라마화, 영화화는 물론 휴대전화 콘텐츠 등으로 그 영향력을 확산시키고 있다. 만화, 애니메이션, 게임 시장은 3조 엔 규모에 불과하지만 인쇄, 미디어, 문화, 관광, 디자인 등 관련 시장을 포함하면 100조 엔 시장이라는 분석도 나와 있다. 일본의 로봇산업 발전도 만화와 무관하지 않다.

또한 일본 만화는 일본 국내에 국한되지 않고 해외로도 널리 파급되고 있다. 전 세계 TV 애니메이션의 60%가 일본제이다. 〈포켓몬스터〉는 67개국에서 방영되었고, 2002년에는 〈드래곤볼〉이 라이코스(Lycos, http://www.lycos.com) 검색어 1위를 차지했다고 한다. 대히트를 기록한 영화 〈트랜스포머〉의 원작이 일본 만화인 것은 이미 잘 알려진 바이고 〈기동 전사 건담〉도 지금 할리우드에서 영화화를 기획 중이다. 최근에는 〈나루토〉라는 닌자 액션 만화가 전 세계적으로 인기를 끌고 있다. 주인공인 나루토는 '세계가 존경하는 일본인 100'에도 뽑혔으며 누계 발행 부수가 1억 권에 육박한다.

일본은 여기서 한발 더 나아가, 만화를 위시한 대중문화를 외교수단으로 삼으려 하고 있다. 아베 전 총리는 각종 대중문화를 개발하고 체계화하여 일본을 '문화자원 대국'으로 만들고 이를 바탕으로 '일본의 매력'을 해외에 적극 발신하여 일본의 이미지 개선은 물론 관련 산업 수출에 이바지한다는 '아시아 게이트웨이 구상'을 추진한 바 있다.

세계의 젊은이들은 왜 그토록 일본 만화에 공감하는 것일까? 일본 만화는 우선 스토리가 재미있다. 매력적인 캐릭터는 또 하나의 강점이다. 장르도 다양하다. 1970년대부터 다루는 소재가 세분화되기 시작해 SF, 스포츠, 개그, 연애, 학교, 요리, 역사 등 현재는 무려 175개 장르로 나뉜다고 하니 성인들이 만화에 심취하는 것도 무리가 아니다.

'망가'는 쿨 재팬의 핵심 코드 : 전투 국가에서 문화 국가로

일본 만화가 재미있고 경쟁력이 있는 것은 관련 인프라가 두텁고 치열한 경쟁 시스템이 만화 제작 과정에서 작용하기 때문이다. 일본에서는 동인지 판매 행사인 '코미케(코믹 마켓의 약자)'가 1년에 2번 열린다. 코미케에서는 상업지가 아닌 동인지 작가가 자신의 작품을 직접 인쇄해 판매하는데, 2009년 여름 코미케(夏コミ)에는 3일간 3만 5,000개의 동호회와 일반 참가자 약 56만 명이 모여들어 세계에서 규모가 가장 큰 실내 이벤트가 되었다.

행사 참여자들의 10~20%가 작가 지망생이라고 해도 그 수는 무려 3만 명이나 된다. 이 가운데 수천 명이 작가로 데뷔해 만화 잡지에 자신의 작품을 연재하기 위해 치열한 경쟁을 벌인다. 이들이 자신을 특화하기 위해 새로운 분야를 찾아내고 개성을 살리려고 노력하는 경쟁 과정에서 대형 히트작이 탄생하는 구조가 바로 일본 만화산업의 특징이다.

만화 잡지 중에는 수백만 부가 팔리는 것도 있다. 따라서 유명 잡지의 톱5 안에 들면 대부분이 애니메이션화된다고 볼 수 있다. 결국 일본의 애니메이션은 치열한 경쟁과 수많은 스크린을 통과한 작품들이기 때문에 자연히 리스크가 적고 성공 확률은 높은 것이다. 이것이 일본의 만화와 애니메이션이 재미있고 경쟁력을 갖추게 된 배경이다.

더불어, 일본인들은 그림 그리기를 문화인의 소양으로 생각한다. 그래서 19세기의 우키요에가 서양에서 호감을 얻었는지도 모르겠다. 만화 역시 그 뿌리는 일본의 전통문화에 있다. 또한 만화 제작 시의 세밀한 작업 스타일이나 디자인이 제조업에서도 발휘되어 일본 제품의 경쟁력에 일조했다는 견해도 있다.

분명한 것은 일본 '망가'가 '쿨재팬(매력적인 일본)'의 핵심 코드라는 점이다. 지금 전 세계로 확산되고 있고, 공감을 얻고 있는 일본 대중문화의 중심에 바로 만화가 있는 것이다. 지금까지 대외적으로 일본은 전투적 이미지가 강했다. 태평양전쟁은 일본에 '전투 국가'라는 이미지를 각인시켰고 전후에는 맹렬한 수출로 '전투 기업'이라는 부국강병 이미지를 각인시켰다. 그런데 최근 세계의 젊은이들은 일본에 대해 '쿨재팬', 즉 소프트한 문화 국가의 이미지를 갖고 있다. 만화를 포함한 일본의 여러 소프트파워가 거둔 성과이다.

신타쿠 준지로(新宅純二郎) 도쿄대 경제학부 교수는 "일본은 만화가 경쟁력이 있고 한국은 드라마가 경쟁력이 있는데, 그 이유는 둘 다 치열한 경쟁을 거치는 제작 시스템을 갖고 있기 때문이다"라는 인상적인 말을 했다. 제품이든 서비스든 콘텐츠든 경쟁력은 역시 치열한 경쟁 시스템을 통해서만 가능하다는 교훈을 되새기게 해주는 이야기다.

　간혹 일본 만화가 선정성이나 잔혹성 때문에 비판을 받기도 하지만, 현재는 이러한 문제점을 뛰어넘어 일본을 더 큰 문화 대국으로 발돋움시키는 밑거름이 되고 있는 것이 사실이다.

일본은 지금 '더블싱글사회'

최근 일본에서는 비혼(非婚)이 또 하나의 화두가 되고 있다. 비혼이란 미혼 혹은 이혼을 말하는데 젊은 층에는 미혼이 많고 장년층에는 '황혼 이혼'이 많다. 2005년 국세조사(國勢調査)에 따르면, 독신세대 수가 1,446만 가구로 부부와 자식이 있는 표준세대 1,465만 가구와 맞먹는다. 요즘 일본에서는 젊은이는 미혼으로, 노인은 이혼으로 싱글이 되는 '더블싱글사회' 또는 '독신 대국'이라는 말이 회자되고 있다.

결혼하고 싶어도 할 수 없는 현실

사실 일본의 이혼율은 그다지 높은 수준이 아니다. 2007년 이혼율은 2.02(인구 1,000명당 이혼 건수)로, 3.6(2005년)인 세계 최고의 이혼

대국 미국보다 훨씬 낮고 한국(2.5)보다도 낮은 수준이다. 그러나 젊은 층의 미혼율은 극단적으로 높다. 결혼 적령기인 30대 전반 남자의 미혼율은 47.7%이고, 20대 후반 여성의 미혼율은 59.9%이다. 법률혼(法律婚) 통계로는 스웨덴과 프랑스의 뒤를 잇고 있지만 이들 국가에는 사회보장 혜택을 받을 수 있는 동거혼이 많기 때문에 실제로는 일본이 세계 최고인 셈이다. 결국 일본 젊은이 두 사람 중 한 사람은 미혼자인 셈이다.

문제는 미혼자들이 독신 생활을 좋아해서가 아니라 결혼하고 싶어도 할 수가 없는 상황이라는 점이다. 시즈오카 현이 20~49세까지의 독신 남녀 3,000명을 대상으로 2009년 봄에 실시한 조사를 보면 "결혼하고 싶다"고 대답한 비율은 78.9%이며 26.1%(2위)가 "결혼하고 싶지만 경제적 이유로 쉽게 결혼하지 못하고 있다"고 응답했다. 이는 2004년 조사 때의 15.6%(6위)보다 급상승한 수치이다. 미혼 여성이 요구하는 상대의 최소 연봉은 "400만 엔"이라는 대답이 46%, "600만 엔"이 38%이지만 실제 그런 연봉을 받는다고 답변한 미혼 남성은 각각 45%, 12%에 불과했다. 또 애정만 있으면 가난해도 상관없다고 대답한 사람이 여성은 30%에 불과한 반면 남성은 50%나 되었다. 결국 일본 젊은 남성의 하류화, 남녀 간의 결혼관 차이가 일본을 점점 독신 대국으로 몰아가고 있는 것이다.

최근에는 패러사이트 싱글(Parasite single) 족이라는 말도 생겨났다. 학교 졸업 후에도 부모와 동거하면서 기초적인 생활 조건을 부모에게 의존하는 젊은이들을 가리킨다. '기생(parasite)'이라는 말까지 붙은 것을 보면 요즘 젊은이들을 비난하는 용어로도 쓰이는 듯하지만 부모에게 의존하지 않을 수 없는 것도 일본의 현실이다.

황혼 이혼 급증으로 무너지는 가부장제

더욱 심각한 사회 문제는 동거 기간 20년이 넘는 부부의 이혼, 즉 '황혼 이혼'이다. 특히 정년을 맞은 남편에게 부인이 갑자기 이혼하자고 하는 사례가 급증하고 있는데, 이런 이혼에 대한 사회적 저항감도 점차 낮아지고 있다. 후생노동성의 '인구동태 통계'에 의하면 전체 이혼은 2002년을 정점으로 감소 추세이지만 동거 20년 이상 부부의 이혼 건수는 1975년 6,800건으로 전체 이혼의 5.7%이던 것이 2008년에는 4만 2,000건으로 전체 이혼의 15%로 2.7배나 늘었다. 또한 국립사회보장인구문제연구소(國立社會保障人口問題研究所)는 2005년부터 2030년까지 25년간 단신세대 수가 26% 증가하여 50대, 60대 남성 4명 중 1명은 독신일 것이라고 예측했다. 이런 상황이 남의 이야기만은 아닌 것인지, 통계청의 '2007년 고령자 통계'에 따르면 한국도 2006년의 55세 이상 이혼율이 10년 전인 1996년보다 남자는 4.0배, 여자는 6.4배나 늘어났다.

일본에서 왜 황혼 이혼이 급증하고 있을까? 표면적으로는 여성의 의식이나 경제 자립도가 향상되었다는 점을 들 수 있다. 즉 가사는 전혀 돌보지 않고 아내에 대한 고마운 마음도 갖지 않는 남편에 대한 불만이 그 이유인 것이다. 그러나 문제의 실상은 이보다 더 심각하다. 집에만 있는 남편을 보면 낡은 가구처럼 여겨져 답답함을 느끼고, 심지어 '대형 쓰레기'로 보여 언젠가는 버려야 한다는 중압감이 각종 질병을 유발할 정도라고 한다. 이런 현상은 기존의 일본 가족제도가 붕괴되고 있다는 큰 변화의 시작을 알리는 증거다.

일본은 메이지(明治) 시대에 프랑스 민법을 벤치마킹한 호적법과 민법에서 가족 개념을 도입하고 가부장제를 채택했다. 메이지 시대 이전에도 일본에 가부장제가 존재했는지는 지금도 논쟁이 계속되고 있지만, 어쨌든 최근의 고도성장기까지도 '남편은 밖에서 일하고 아내는 집안에서 자녀를 양육한다'는 일종의 역할 분담이 성립해왔다.

일본의 가부장(家父長)은 혈통을 이어간다는 생물적 요소보다 가업을 보존하고 가족을 보호하는 경제적 요소가 더 강한 편이다. 그리고 자손에 대한 강한 집착은 오히려 여성에게서 더 많았다. 실제로 '마마보이'도 일본에서 생겨난 말이 아닌가. 즉 일본에는 지금까지 일종의 모계사회 DNA가 존재해왔다고 볼 수 있다.

그런데 핵가족화와 저출산, 자녀의 출가로 아내의 역할이 점점 모호해진 것이 요즘에는 사회 문제로 대두되고 있다. 더구나 경제적 역할을 맡아온 남편에 대해 '왜 같이 살아야 하는가' 하는 아이덴티티의 위기를 느끼는 아내가 늘고 있다. 미혼화, 저출산화, 고령화가 일본의 가족제도를 근간부터 뒤흔들고 있는 것이다.

안타깝게도 황혼 이혼은 앞으로도 계속 급증하리라고 예상된다. 2007년부터 전후세대가 본격 정년을 맞고, 또 후생연금법 개정으로 2007년 4월부터는 결혼 기간 중에 지불한 남편 연금액을, 최대 절반까지 아내가 수급할 수 있게 되었기 때문이다. 일본 제일생명연구소(第一生命硏究所)는 현재 일본의 황혼 이혼 대기자가 40만 커플이라고 추정한다. 전후 일본 경제의 고성장을 일군 전후세대의 비극이 시작되고 있는 것이다.

한편 평균수명 연장으로 인한 부부 사별도 싱글이 증가하는 이유 중 하나다. 일본인의 평균수명은 남성이 80세로 세계 4위, 여성은 84세로 세계 1위이다. 평균수명이 늘어나다 보니 고령의 독신세대 수도 증가하게 마련이다. 따라서 이들을 둘러싼 사회적 문제와 관련 비즈니스가 자연스럽게 부상하고 있다.

실리, 안심, 꿈이 싱글 마케팅의 포인트

독신 대국에 대응하고자 일본 기업들도 발 빠르게 움직이고 있다. 우선 식품업계는 '개식즉식(個食卽食)'을 키워드로 한 제품 개발을 서두르고 있다. 예를 들어 단독세대의 증가에 부응하고자 출시된, 즉시 먹을 수 있는 1인분 냉동식품이 인기를 끌었다. 또 대형 화면 TV보다는 20인치가 잘 팔리고 자동차도 소형화하는 추세이며 싱글을 위한 보험도 인기를 얻고 있다.

의외인 것은 싱글들의 소비 의욕이 꽤 왕성한 편이라는 점이다. 특히 이들은 자신들의 불안감을 해소해주고 꿈을 실현시키는 소비를 위해서라면 아낌없이 지갑을 연다. 5만 엔이나 하는 프라 모델이나 성인용 장난감이 불티나게 팔리는 이유가 여기에 있다. 고급 헬스장에 가는 것이나 오디오 구입 등 남에게 잘 보이기 위한 과시용 소비도 의외로 즐긴다. 따라서 이들 독신세대에게는 역발상의 마케팅이 효율적일 것이다.

'잃어버린 10년'을 지난 지금, 일본 사회는 그 심층에서부터 변화가 시작되고 있다. 물론 이런 현상이 일본만의 특별한 현상은 아닐 것이다. 과연 가부장제 붕괴가 일본만의 이야기일까? 한국은 지금까지 일본보다 더 강한 가부장제를 유지해왔기 때문에 그것이 붕괴된다면 아마 그 충격이 일본보다 훨씬 더 클 것이다. 그런데도 그다지 심각한 사회 문제로 고려하지 않는 것 같아 불안한 마음을 감출 수가 없다.

시마 과장, 드디어 사장 되다

일본에서 가장 유명한 샐러리맨은 누구일까? 바로 시마 고사쿠(島耕作)이다. 알다시피 시마는 1983년부터 일본 《주간 모닝》에 연재된 만화 《시마 과장》의 주인공이다. 60세가 된 2008년 4월, 《일본경제신문》과 《아사히신문》 등 일본의 주요 신문은 드디어 시마가 사장으로 취임했다고 일제히 보도했다. 또 《주간 아사히》는 전 수상 아소 다로(麻生太郎)와의 사장 취임 인터뷰까지 특집 기사로 내보냈다.

시마가 과장에서 부장, 이사, 상무, 전무 그리고 사장으로 승진해 가는 시마 시리즈 만화는 25년 동안 3,000만 부 이상 팔렸고, 드라마와 영화로도 제작되는 등 일본인의 '시마 사랑'은 뜨겁다. 물론 한국어와 영어로도 번역되었고, 영국 《이코노미스트》도 시마의 사장 취임을 보도했을 정도다. 《이코노미스트》가 만화 주인공을 기사로 취급한 것은 처음 있는 일이라고 한다.

그렇다면 일본 샐러리맨들이 시마에게 관심을 갖는 이유는 무엇일까? 시마 시리즈를 통해 일본 샐러리맨들의 기업관과 그 변화를 가늠해보자.

이 작품은 1980년대 전반부터 1990년대 초반 버블 전야까지 일본 경제의 동향, 대기업 간의 경쟁, 대기업 내부의 파벌 경쟁, 일반 샐러리맨의 군상 등을 리얼하게 묘사한 만화로 샐러리맨 층을 중심으로 상당한 호평을 받았다. 작가 히로카네 겐시(弘兼憲史)는 전후 베이비부머 세대(단카이 세대)로 대기업 전자업체에 근무하는 주인공 시마 고사쿠를 통해 그때그때 기업과 관련된 각종 시사 문제를 제기해왔다. 기업을 둘러싼 파벌 경쟁, 경영 전략, 여성 관계 등을 현실감 있게 묘사하여 전후세대의 마음을 뒤흔든 것이다. 작가는 실제 기업의 실패 사례를 연구하여 스토리를 구성한다고 밝혔다.

시마에게 공감하고 대리만족을 얻는 일본 샐러리맨들

시마 시리즈가 인기를 얻은 비결 몇 가지를 찾아보자. 첫째는 일본 샐러리맨들이 시마 시리즈에 자신들의 모습을 투영한다는 점이다. 1947년생으로 전후 베이비붐 세대인 시마가 1980년대 일본 경제의 황금기와 1990년대의 '잃어버린 10년' 같은 격동기에 맹렬 사원으로 활약하는 모습이 자신의 상황과 겹치는 것이다. 근면 성실한 데다 충성심과 겸손을 겸비한 시마는 일본식 가치관을 잘 나타낸다. 또 샐러리맨들의 기업 생활을 꾸밈없는 현실적 기법으로 묘사한 것에 독자들이 크게 공감하는 듯하다.

둘째는 일본인들의 양면성인 속마음과 겉마음, 즉 '혼네(本根)와 다테마에(建前)'가 잘 나타나는 작품이기 때문이다. 시마는 일본의 보통 샐러리맨과는 좀 다른 행동방식을 취한다. 그는 위험을 감수할 줄 알고 결단력도 있으며 상사의 비위를 거스르는 것조차 두려워하지 않는 독립성 강한 샐러리맨이다. "매는 발톱을 감추는 법이다"라는 속담으로 표현되곤 하는 일본의 기업문화 속에서 자신들은 비록 그렇게 행동하지 못하지만 시마의 행동을 통해 대리만족을 느끼며 박수를 보내는 것이다. 시마는 곧 자신들의 '희망의 별'이라는 등식이다. 시마가 일견 돌출된 행동을 하는 듯 보여도 고도성장을 이끌어온 맹렬 샐러리맨이란 점에서 일본의 샐러리맨들이 더욱 공감을 보내는 것이다.

현실을 앞서 묘사하고, 방향성도 제시

셋째는 만화의 스토리가 일본 기업의 현실을 리얼하게 묘사할 뿐만 아니라 '정보 만화'이기도 하다는 점이다. 만화를 읽으면 기업계의 정보를 소상히 파악할 수 있다는 점이 독자를 끌어들이는 것이다. 예를 들어 시마가 사장으로 취임한 회사는 '하츠시바·고요 홀딩스'라는 회사인데, 이 회사는 하츠시바(마쓰시타)와 고요(샤프+산요)가 합병해서 만든 지주회사이다. 액정과 전지사업이 필요한 마쓰시타와 기업 회생이 절실한 산요가 합병한다는 것은 현실적으로 충분히 가능성이 있는 이야기인데 실제로도 그렇게 되었다.

이야기는 여기서 그치지 않는다. 소무산(삼성)이 고요 사에 적대적 매수(TOB)를 걸자 이를 방어하기 위해 하츠시바와 고요가 뭉쳐서 지주회사를 만들고 이 과정에서 공을 세운 시마가 사장으로 취임한다는 스토리이다. 일본 전자산업이 경쟁력을 강화하고 기술 유출을 방어하려면 뭉치는 것만이 살길이며 일본 기업들이 힘을 합쳐 외부 세력을 퇴치해야 한다는 메시지를 강하게 담고 있는 것이다. 또한 전자업체는 전기자동차 시대에 대비해 전지사업을 강화해야 한다는 메시지도 전달한다. 만화의 스토리가 현실이 된 경우도 적지 않다. 아마도 그것은 작가가 업계 선두 주자들이나 정보 보유자들과 수시로 접촉하여 정보를 직접 수집하는 덕분일 것이다.

2008년 10월에 발매된 《시마 사장》의 내용은 회사의 사명을 변경하고 하츠시바 사와 고요 사의 통합 브랜드를 발표한다는 것인데 이는 마쓰시타 전기산업이 사명을 파나소닉으로 변경한 것과 그룹 전체 브랜드를 파나소닉 브랜드로 통일한 데 대한 묘사이다. 또한 2008년 11월에 파나소닉과 산요가 자본 및 업무 제휴를 하기로 했는데 이것이 만화에서 이미 예시된 내용이어서 관계자들을 놀라게 했다. 작가는 "내가 파나소닉 사장이라면 역사적 관계도 깊고 전지 기술이 앞선 산요를 다른 회사에 빼앗기고 싶지 않았을 것이기 때문에 양사의 제휴를 예상했다"고 밝혔다. 그리고 실제로 그 사실이 세간에 보도되기 전에 작품을 발표하느라 서둘렀다고 술회했다.

넷째는 이 만화가 일본 기업의 방향성을 제시하고 있다는 점이다. 시마 사장은 취임 일성으로 '싱크로 글로벌(synchro global)'을 슬로건으로 내세우며 일본 기업의 세계 시장 도전을 강조한다. 그동안 일본의 전자제조업체들이 국내 시장에 안주한 나머지 해외에서는 한국 기업에 시장을 내주고 말았다는 반성이 배어 있다.

또한 《시마 사장》에서는 향후 일본 기업의 CEO상을 제시하는데, 그에 따르면 현재 일본 기업에 필요한 CEO는 '조정형'이다. 즉 CEO 자신이 발안하고 실행하며 반대파를 제압해나가는 카리스마형보다는 기업을 통합해나가는 조정 능력이 더욱 중요하다는 메시지이다.

시마도 한국 기업을 강력한 경쟁자로 보다!

시마 시리즈가 일본의 기업과 샐러리맨의 실정을 이해하는 데 더없이 좋은 자료인 것은 분명하다. 재미있을 뿐만 아니라 글로벌 시대에 기업이 나아가야 할 방향성과 CEO의 역할까지 제시하고 있다는 점에서 깨달음도 제공한다. 그러나 《이코노미스트》는 시마가 60세에 CEO가 된 것이 어색하다고 지적한다. 기존의 규칙을 준수하는 것이 아니라 파괴함으로써 성공을 일구어온 시마는 일본의 현실을 생각하면 CEO가 아니라 좌천되어야 마땅하다는 것이다.

사장 취임 기자회견에서 싱크로 글로벌 기업을 지향한다고 했지만 주주의 이윤 추구를 중시하는 것이 아니라 종업원, 관련 기업, 소비자 등 이해관계자의 이익을 중시한다고 말한 것을 보면, 최근 일본 기업들의 속마음 '혼네'처럼 글로벌스탠더드는 도입해야겠으나 지금까지의 경영 관행을 쉽게 바꾸지 못하는 어정쩡한 모습이 드러난다.

또한 만화에서 한국 기업이 강하게 부각되고 있는 것도 주목된

다. 그동안 일본 샐러리맨들은 한국 기업을 한수 아래로 봤지만 이
제 강력한 경쟁상대로 보고 있음을 반영한다. 일본 기업들에게 강
력한 라이벌로 비쳐지고 있다면 한국 기업의 입장에선 더더욱 분발
하지 않으면 안 될 것이다.

일본의 자존심, '1억 총중류(總中流)'가 붕괴되고 있다

08

1980년대까지 일본 샐러리맨 대다수는 매년 소득이 증가하고 생활 수준이 향상되리라는 기대를 갖고 살았다. 그리고 60세 정년쯤에는 자연스럽게 중상류층이 될 수 있었다. 이것이 바로 '1억 총중류 사회('1억 총중류'란 일본인의 대다수가 스스로 중류 계층이라고 생각하는 의식을 말한다. 1970년에 일본 인구가 1억을 넘기고 자신이 중류 계층이라고 생각한 비율이 가장 높았던 1973년 이후 일본에서 널리 사용되기 시작한 용어이다)' 일본의 이미지다. 하지만 최근의 일본 샐러리맨들은 이런 기대를 품을 수 없게 되었다. 왜일까? 표면적으로는 고도성장이 멈추고 제로 성장 또는 마이너스 성장이 되풀이되었기 때문이다. 디플레이션 경제로 인해 월급이 줄어든 탓도 있다. 그러나 더욱 본질적인 원인은 일본 사회의 '하류화'가 급속히 진행되었기 때문이다. 지금까지 중류 사회를 자부해왔던 일본이 어쩌다가 하류 사회로 변질되고 있는지 살펴보자.

우선 '잃어버린 10년' 이후 근로자의 소득이 줄고 있다. 일본 국세청의 민간 평균 급여를 보면 정점인 1997년에는 467만 엔이었지만, 이후 계속 줄기 시작해 2008년에는 429만 6,000엔으로 1997년에 비해 38만 엔가량이나 줄었다. 절대소득이 올라가기는커녕 오히려 매년 4만 엔 정도가 줄고 있는 것이다. 우리로서는 상상하기가 쉽지 않은 이야기다. 이 역시 일본이 가진 특수성 중의 하나이다.

급여소득자의 80%가 중하류

더욱 심각한 것은 소득 감소뿐만 아니라 계층 간 이동도 격심하다는 점이다. 연 수입 300만 엔 이하를 하류로 본다면 2008년 하류층은 39.7%로 이는 1997년 이후 11년간 7.6%가 늘어난 것이다. 즉 급여 소득이 300만 엔 이하인 하류 계층이 40%나 된다는 말이다. 여기에다 600만 엔 이하인 중하류 계층 40.1%를 포함하면 거의 80%가 중하류층에 속하는 셈이다. 이것이 이제 더는 일본을 '1억 총중류 사회'라고 부를 수 없는 이유이다.

그렇다면 일본 사회 전체의 소득 격차는 어떻게 달라졌을까? 소

● 일본의 계층별 급여소득 추이

연도	상류 (1,000만 엔 이상)		중상류 (600만~1,000만 엔)		중하류 (300만~600만 엔)		하류 (300만 엔 이하)	
	1997	2008	1997	2008	1997	2008	1997	2008
구성비	5.9%	4.9%	19.3%	15.2%	42.8%	40.1%	32.1%	39.7%

자료 : 일본 국세청 '민간 급여통계 실태조사'를 바탕으로 작성.

득 격차의 정도를 나타내는 일본의 지니계수는 1980년대부터 조금씩 커지다가 1990년대 후반부터 갑자기 더욱 커져서 2005년 조사 시에는 0.5263을 기록했다. 인구의 4분의 1이 소득의 4분의 3을 차지하는 수치인 0.5를 초과한 것이다. 다만 세금이나 사회복지 등을 감안해서 계산하면 지니계수가 0.3873으로 조금 낮아진다. 참고로 한국의 지니계수는 2005년에 0.31이었다.

일본의 지니계수 상승은 비정규직이 확대되고 젊은 층의 노동자를 중심으로 급여 수준이 저하되는 한편 중년층과 고령층의 주식배당률이 상승해 불평등이 확대된 탓이다. 2000년대 초반 기업의 이익 분배 추이를 보면 임금 수준을 결정짓는 노동분배율은 계속 저하되는데 배당금은 확대되고 있다.

일본은 지금 영미형(英美型) 사회로 이행 중

일본의 지니계수는 유럽 국가들에 비해 상당히 큰 수치로 미국이나 영국에 거의 근접한다. 1980년대까지 일본은 학자들 사이에서 자본주의 사회 중 가장 평등하게 소득 분배가 이뤄진다고 여겨지던 나라가 아닌가. 그런데 이제는 일본 역시 격차를 당연시하는 영미형 격차사회로 빠르게 이행하고 있는 것이다. 실제로 일본 사회의 변화를 나타내는 키워드로 최근에는 '격차사회'라는 말이 자연스럽게 사용되고 있다.

물론 이렇게 된 요인으로 해고, 성과주의 강화, 비정규직 증가 등 기업 시스템의 변화를 꼽을 수 있을 것이다. 일본도 이제는 종신고용이나 연공서열에 기댈 수 없는 격차사회로 확연히 전환되어버린 것이다.

그런데 더욱 심각한 문제는 이러한 변화가 주로 젊은 층에서 일어나고 있다는 것이다. 일본 기업들은 불황기에는 신입 사원 채용을 자제하는 등의 방법으로 인력 구조조정을 추진하고 있다. 불황으로 인한 고용이나 소득의 변화를 젊은 층에서 가장 먼저 떠안는 구조인 것이다.

'잃어버린 10년' 동안 일본 기업들은 이른바 '3대 과잉'에 시달렸다. 설비 과잉, 부채 과잉, 인력 과잉이 그것이다. 따라서 지난 10여 년간 일본 기업들은 인력 감축 방안에 대해서도 골몰해왔다. 이런 상황이 바로 몇 년이 지나 경기가 회복되면 다시 원상태를 회복할 수 있었던 과거와 크게 달라진 점이다.

젊은 층의 하류화가 가장 심각한 문제

일본 정부는 지니계수가 세대소득으로 계산하는 것이기 때문에 고령화에 따른 고령자세대 증가와 미혼으로 인한 단독세대 증가로 지니계수가 높아졌다고 변명한다. 그러나 현실은 이와 다르다. 실제로는 젊은 층 지니계수가 점점 확대되는 반면 고령층 지니계수는 축소되고 있다. 일본은 동일 세대 내의 지니계수가 안정적인 편이었는데, 2000년대 들어 갑자기 젊은 층에서 격차가 확대되기 시작했다. 결국 일본의 하류화는 젊은 층에서 시작되고 있으며 이것이 시간이 흐를수록 전 계층으로 확산되는 양상을 보이고 있다.

만약 경기가 회복되고 일본 제조업이 부활하면 젊은이들의 소득 격차도 줄어들까? 그 역시 다음과 같은 2가지 측면에서 어려울 것으로 보인다.

첫째, 경제가 성장해도 소득 격차는 쉽게 줄지 않을 것이라는 예측이 나오고 있다. 기존에 일본은 고도성장기에 경기가 좋아지면 소득 격차가 축소되는 경향을 보였다. 그런데 최근에는 경기가 좋아져도 소득 격차는 줄지 않고 있다. 제조업과 비제조업 간의 1인당 부가가치 격차가 큰 탓에 소득 격차도 함께 커지는 것이다. 고도성장기에는 제조업이 좋아지면 농촌 등으로부터 노동력이 이동해 소득이 평준화되었지만, 지금은 경기가 좋아지더라도 제조업 고용은 줄고, 생산성이 낮은 비제조업 고용만 늘어나 소득 격차가 점점 벌어지는 것이다. 제조업에서는 학습 능력이나 기술력이 없는 젊은이를 채용하기가 어려우므로 임금이 낮은 비제조업 쪽에 젊은 노동력이 몰리게 된다.

둘째, 일본 기업의 행태가 바뀌었기 때문이다. 과거에는 일본 기업의 노동분배율, 즉 기업의 이익 중 인건비가 차지하는 비중이 높았지만 최근에는 이익을 투자나 M&A에 쓰려 하기 때문에 노동분배율이 낮아졌다. 또한 인건비를 나누는 방식에서도 성과주의를 중시하게 되어 성과급 등으로 인한 사원 간 소득 격차도 확대되고 있다.

경기가 좋아져도 소득 격차가 줄어든다는 보장이 없으니, 결국 일본 젊은이들의 학습 저하나 기능 부족, '잃어버린 10년' 효과가 맞물리면서 일본 사회 전체가 격차사회로 이행할 수밖에 없는 것이다.

이러한 일본의 선례를 통해 프리터나 니트, 청년실업과 관련된 문제는 간단히 대처할 문제가 아님을 깨달을 수 있다. 우리의 청년실업 문제도 다양한 지혜를 모아 심사숙고해서 해결하지 않으면 안 되는 것이다. 섣불리 생각하고 결정하다가는 일본보다 더 큰 격차 사회로 갈 수 있다는 점에 유의해야 한다.

'탈(脫)자동차' 사회가 열리기 시작한 일본

현재 일본은 선진국 가운데 최초로 탈(脫)자동차 사회를 맞고 있다. 도요타를 비롯하여 닛산과 혼다 같은 세계적 회사들이 즐비한데 정작 일본 국내에서는 탈자동차 사회가 열리고 있다니 조금은 어리둥절하다. 자동차 대국 일본이 왜 탈자동차 사회로 가는 것일까? 그 결과 어떤 일이 벌어질 것인가?

자동차 없는 사회가 오고 있다

일본의 자가용 승용차 세대별 보유율은 2006년 가구당 1.112대를 정점으로 점차 줄고 있으며, 2008년에는 1.095대였다. 신차 등록 대수도 2003년 402만 7,315대를 정점으로 줄어들기 시작해 2008년에는 321만 2,342대로 전년 대비 6.5%나 줄었다(일본 자동차판매협회

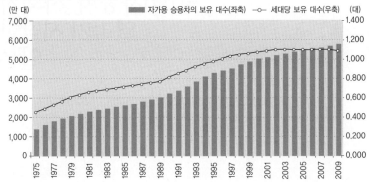

● 자가용 승용차의 세대당 보유 대수의 추이

(만 대)   ▬ 자가용 승용차의 보유 대수(좌축) ─○─ 세대당 보유 대수(우축)   (대)

자료 : (재)자동차검사등록정보협회; '주민기본대장에 의거한 인구동태 및 세대수'(총무성).

연합회 자료). 일본의 승용차 보유 트렌드를 보면 1975년 이후 세대
당 보유 대수가 증가하더니 버블 경제기인 1989년부터 가속도가 붙
어 1996년 최초로 1.00대, 즉 1가구당에 1대를 기록했다. 그리고
2000년 이후부터 총 보유 대수와 세대당 보급 대수의 증가율이 둔
화되어 2007년 처음으로 감소세를 보이기 시작했고 이후 줄곧 조금
씩 감소하는 추세이다.

이 수치만 가지고 '탈자동차 사회'라고 단정하는 것은 지나치겠지
만 이런 현상의 이유, 즉 탈자동차 사회로 가는 이유가 구조적 문제
라는 데 주목해야 한다. 탈자동차의 가장 큰 원인은 젊은 층과 고령
층이 자동차를 기피하기 시작했기 때문이다. 도쿄의 리서치업체 맥
크로밀(Macromill)이 2008년에 도쿄의 20대를 대상으로 한 설문조사
에서 "수중의 돈을 어디에 쓰고 싶은가?"라는 질문에 대해 "자동차"
라는 응답은 겨우 16위였다. 참고로 1위는 저축, 2위는 여행, 3위는
패션이 차지했다. 또한 일본자동차공업회(日本自動車工業會)에 따르면

20대까지의 전용차율(자택에 자신의 전용 자동차가 있는 사람의 비율)이 1993년 64.4%였으나 2009년에는 46.5%로 16년 만에 18%p가량 낮아졌다. 역시 2009년에는 자신의 이름으로 등록된 차가 18.2%에 그친 반면 가족과 공동으로 사용하는 경우는 28.3%였다. 자동차가 없는 젊은이 비율이 절반을 넘길 정도다. 이유는 한마디로 그들이 자동차를 필요로 하지 않아서이다. 한편 일본의 고령층에서도 자동차를 운전하지 않는 인구가 늘고 있다. 충실한 소비를 위한 고령층의 지출 항목 19개 중 자동차 구입은 17번째라고 한다.

이렇듯 일본 사람들이 자동차 소유를 기피하는 이유는 무엇일까? 크게 3가지를 들 수 있다.

첫째는 이전과 달리 자동차 없이도 생활에 별반 어려움이 없기 때문이다. 대문만 나서면 원하는 것을 손쉽게 구할 수 있고, 집까지 배달해주는 서비스도 증가하고 있다. 더욱이 일자리나 문화 인프라를 찾는 이들이 도심으로 모여드는데 이 도심에는 지하철 같은 대중교통 수단이 매우 잘 갖춰졌다. 유지비 또한 만만치 않다. T. K's 팩토리(Factory)라는 카 라이프(Car Life) 사의 통계에 의하면 자동차의 표준유지비는 배기량 1.5~2.0리터의 경우 1년에 45만 7,852엔이, 3년에 137만 3,557엔이 든다. 소득이 감소 추세인 젊은 층과 고령층에게 이 금액은 경제적으로 상당한 부담이 아닐 수 없다.

자가용이 없어도 불편하지 않다!

둘째는 굳이 자동차를 자기 소유로 하지 않더라도 언제든 자동차를 빌려 쓸 수 있다는 것이다. 어느 자동차든 정보단말기 기능이 갖춰져 있어서 내 자동차를 보유하지 않더라도 내가 원하는 시간에 원하는 장소로 여행할 수 있다. 휴대전화나 내비게이션 등 전자통신기기를 활용하면 필요할 때 언제든지 자동차를 빌려 쓸 수 있고 비용도 훨씬 저렴하다는 뜻이다.

셋째는 고유가와 환경규제 강화, 이로 인한 자동차의 전자화·전동화 진행 등이다. 전문가들은 잦은 고유가 문제가 탈자동차화를 가속화하는 계기로 작용한다고 보고 있다. 또한 환경규제 강화는 자동차의 전동화를 유도해 자동차산업의 지도 자체를 바꿀 전망이다. 전동화란 자동차를 엔진이 아니라 모터나 2차전지로 구동하는 것을 말한다. 자동차의 부품 수가 획기적으로 줄게 되고 가격도 낮아지므로 자동차산업의 구조 변화가 예고되는 것이다. 요컨대 이런 환경 변화로 인해 기존 자동차에 대한 매력이 감소하고 있다.

탈자동차 사회가 계속해서 진행된다면 비즈니스에는 어떤 영향을 줄까?

첫째는 그동안 자동차 소유자를 타깃으로 했던 슈퍼마켓, 편의점, 레스토랑, 의류 매장 등이 큰 타격을 입으리라는 것이다. 예컨대 일본의 패밀리 레스토랑 '사이제리아(Saizeriya)'는 최근 매출이 하락하고 있는데, 유동 인구가 많은 매장은 매출에 별 변화가 없으나 대로변 매장은 3% 정도 떨어졌다고 한다. 의류 판매업체인 '시마무라(しまむら)'도 10년 만에 처음으로 수익 감소를 경험했고 앞으로는 유동 인구가 많은 곳에 매장을 집중하기로 했다고 한다.

자동차 없는 사회의 주목받는 비즈니스 모델 :
이동매장과 카셰어링 서비스

이런 흐름에 발맞추어 일본 기업들은 이동매장에도 주목하고 있다. 고령 인구가 40%에 이르는 돗토리 현 고후 쵸에 있는 한 편의점은 도시락과 각종 조리음식을 판매 중인데 이것이 큰 인기를 끌며 매출이 증가하고 있어, 향후의 비즈니스 모델로 업계에서 주목받고 있다. 이 편의점은 일본의 거대 편의점 체인 회사인 로손과 프랜차이즈 계약을 맺은 아타치(安達) 상사가 '이동점포(移動店鋪)'라는 이름으로 운영하고 있다.

둘째로 자동차 없는 사람들의 수요가 대량 발생할 것이 예상된다. 이런 수요에 부응하기 위해 최근 일본에서는 카셰어링(car sharing) 서비스가 빠른 속도로 보급되고 있다. 아울러 지방의 노인들을 위해 철도 및 버스와 연계하는 DMV(Dual Mode Vehicle)도 출현하고 있다. 운전을 할 수 없는 노인들이 증가하자 각종 공공교통수단을 혼합하여 효율적인 교통 서비스를 제공한다는 것이다.

자동차 소유자가 자동차를 사용하지 않을 동안에는 다른 사람에게 빌려줄 수도 있다. 즉 자동차 서비스 제공업이 새로운 비즈니스로 각광받기 시작했다.

셋째로 자동차의 전자화·전동화가 자동차산업의 구조 자체를 바꿀 것이므로 그에 따른 상당한 변화도 예상된다. 기존의 자동차산업에 대한 진입 장벽이 낮아지는 것은 물론이고 전력 공급 서비스가 핵심 비즈니스로 자리 잡을 전망이다.

일본의 구체적 변화 양상과는 달리, 한국은 아직도 자동차 보유 대수가 늘어나고 있는 사회이다. 그러나 탈자동차의 원인인 저출산, 고령화, 청년실업, 도시집중, 고유가, 환경규제 등의 상황은 일본과 별반 다르지 않다. 자동차 보유를 당연한 전제로 삼고 비즈니스 모델을 펼쳐온 한국의 기업들도 탈자동차 사회에서의 비즈니스 모델을 한 번쯤 고민해봐야 할 때가 아닌가 싶다.

새로운 소비 트렌드, '소셜(social) 소비' ⑩

'소셜 소비'란 말은 일본 최대의 광고회사 덴쓰(電通)의 가미조 노리오(上條典夫) 국장이 2015년의 소비 트렌드를 예측할 때 사용되었다. 그가 향후 일본의 메가트렌드로 자리 잡을 소비 패턴을 '소셜 소비'라고 부른 것이다. 소셜 소비란 한마디로 사회 공헌을 지향하는 소비행동을 말한다.

물론 '사회 공헌'이라는 이름의 상품이 따로 있는 것은 아니다. 결국 소셜 소비란 각종 사회 문제의 해결과 연계되는 상품이나 서비스를 소비하는 것 또는 NGO 활동을 지원하는 채러티(charity) 상품을 소비한다는 뜻이다. 재미있는 점은 현재 일본에서는 금융위기 이후의 엄청난 불황 속에서도 이런 상품이 날개 돋친 듯 팔린다는 사실이다. 그리고 더욱 놀라운 것은 '미니멈 소비'를 지향하며 물건 안 사기로 유명한 하류층이나 초식성 남자가 많은 20~30대가 소셜 소비를 위해서는 지갑을 연다는 점이다. 주목하지 않을 수 없는 현상이다.

소셜 소비란 결코 부자연스럽거나 금욕적인 행위가 아니다. 오히려 복합적 만족감을 가져다주는 소비라고 할 수 있다. 예를 들어 환경을 배려하는 차원에서 헌옷으로 패션을 연출한다든지, 고향인 농촌을 생각하며 신토불이 식재료를 사는 것인데 사실 이런 소비 패턴에 대해 거부감이 있는 사람은 별로 없을 것이다.

타인의 행복을 위해 소비하는 사람들

종래의 마케팅은 기본적으로 '개인의 욕망'을 어떻게 자극할 것인가가 테마였다. '좋은 차를 타고 싶다', '화질이 좋은 TV를 보고 싶다'처럼 욕망을 자극해 소비를 확대시키는 것이 목표였다. 그런데 소셜 소비는 개인의 욕망보다는 '타인의 행복'을 위해 상품을 구매하는 것이므로 종래의 마케팅 상식과는 180도 다른, 코페르니쿠스적 역발상의 트렌드라고 할 수 있다.

소셜 소비는 이미 전 세계적 트렌드이다. '경영학의 신'이라고 불리는 마이클 포터(Michael E. Porter)가 2006년, "기업이 사회 공헌을 하면 돈도 벌 수 있다"는 내용의 논문으로 맥킨지상을 수상했는데, 이 논문에 충격을 받은 구미 경영자들이 그때부터 기업의 사회적 책임(CSR, Corporate Social Responsibility)에 열중하기 시작한 것이다. 사실 소셜 소비도 이런 흐름의 하나이다.

소셜 소비는 젊은이나 여성이 주도한다는 것이 큰 특징이다. 일본의 모 일류 여자대학 교수가 학생들에게 연구하고 싶은 테마를 블로그에 올리라고 했더니, 이전에는 패션·브랜드·미식과 관련된 소비행동 연구가 많았는데 최근에는 스트리트 칠드런, 마약, 매춘, 인신매매, 아동학대, 전쟁피해, 테러리즘, 소수민족 등 사회적 테마가 대부분이었다고 한다. 이는 일본 젊은이들의 가치관이 크게 바뀌고 있다는 증거이다.

이전에는 돈을 빌려서라도 멋진 자동차를 사려 했던 젊은이들이 이제는 돈을 빌려서라도 캄보디아의 지뢰 철거 현장으로 견학을 간다든지, 배로 각 나라를 항해하며 국제 평화 및 환경 운동을 실행하는 시민단체인 피스 보트(Peace Boat)를 통해 개발도상국 사람들과 교류한다. 자동차도 사지 않고 술도 마시지 않으며 옷도 사지 않고 데이트도 자택에서 하는 젊은이들이 사회 공헌에는 지갑을 열기 시작한 이 현상을 어떻게 이해해야 할까?

젊은이와 40대 여성이 주도하는 소셜 소비

소셜 소비를 주도하는 또 하나의 계층은 일본의 소비 트렌드를 주도하는 40대 후반 여성이다. 40대 후반 여성이 주요 독자인 고급 여성 잡지의 롤 모델은 이전에는 자택을 개조해 요리교실이나 꽃꽂이를 하는, 이른바 '자기실현에 성공한 여성'이 주류였다. 그런데 이제는 NGO 대표같은 사람이 잡지 모델로 등장하고 있다. 또한 여행 특집 코너에서도 밀라노나 파리보다는 말라리아 퇴치를 위해 모기장을 만드는 아프리카 공장을 견학하는 투어가 소개되곤 한다.

소셜 소비는 최근의 실제 소비에서도 분명히 드러난다. '불가리'에서 사회 공헌 상품으로 실버링을 3만 9,900엔에 출시했는데 첫날에 1,500개가 팔렸다. NGO 활동이나 CSR 관련 세미나에도 30~40대 여성이 차고 넘친다. 이제 패션도 사교도 자기계발도 모두 사회 공헌이라는 가치관을 기본으로 해야 함을 보여주는 사례들이다.

그렇다면 이에 대해 기업은 어떻게 대처해야 할까? 사실 일본 경영자들도 아직 이 트렌드를 명확히 이해하지 못해 비즈니스 기회를 놓치는 경우가 많다고 한다. 다만, 소비자의 가치관 분석에 정통한 명품 업체들은 소비자들의 이런 변화를 재빨리 알아채고 최근 들어서는 채러티 상품을 출시하거나 관련 파티를 빈번히 개최하고 있다.

코즈 마케팅이 유효

기업들이 쉽게 접근할 수 있는 소셜 마케팅 방안으로는 '코즈 마케팅(cause marketing, 대의명분 마케팅)'이 효과적이다. 우선 인기 있거나 주목받는 NGO와의 제휴, 즉 콜라보레이션(collaboration)을 하는 것이 좋다. 기업이 NGO를 지원하면서 브랜딩이나 상품 프로모션에 활용하는 것이다. 인기 스타를 쓰는 대신 NGO를 활용하는 방법으로 대표적 사례가 유니세프와 제휴한 볼빅(Volvic) 생수의 '1ℓ for 10ℓ' 캠페인이다. 볼빅 생수 1리터를 사면 아프리카에 음료 10리터를 제공하는 프로그램인데, 볼빅은 이 프로그램으로 2008년 매출을 전년 대비 131%나 올렸고 덕분에 시장점유율도 높아졌다.

요즘 일본에서는 '룸 투 리드(room to read)'라는 개발도상국 교육

지원 NGO가 주목받고 있다. 이 기관이 2009년 5월에 주최한 자선 이벤트에서는 2시간 만에 6,500만 엔이나 기부금이 모였고 구찌, 랄프 로렌, 마쓰자카야(松坂屋) 백화점, 다이너스클럽 카드 등과의 콜라보레이션도 성사되었다.

기업들이 이벤트에 참가한 것은 단순히 사회 공헌만을 위해서는 아니다. 기부금 모금으로 끝나는 행사가 아닌, 소비자와의 커뮤니케이션 장으로 여긴다. 즉 소비자에게 "우리 회사는 이런 사회적 가치관을 갖고 있다"고 적극 알리려는 것이다. 이는 일반적인 CSR과는 다르다. 대부분의 기업이 행해오던 CSR은 그저 자선사업의 영역에 머무는 것으로서 기업의 이미지 향상 수단 정도로 여겨져 불황이 닥치면 가장 먼저 예산 삭감의 대상이 되었다.

소셜 마케팅에서 중요한 포인트는 사회 공헌 활동과 본업을 통합하는 것이다. 기업의 비즈니스 자체가 바로 사회 공헌이라는 자각을 가질 수 있는 비즈니스 모델을 모색해야 한다는 말이다. 기업이 추구하는 가치관에 대해 소비자들과 커뮤니케이션이 잘되는 기업은 평판과 함께 매출도 오를 것이다. 그렇다면 이제 한국 기업도 소셜 마케팅에 좀 더 관심을 기울어야 할 때가 아닌가 싶다. 우리 기업인들의 분발을 기대한다.

2장

CEO
재발견

과거 일본의 유명 CEO들은 주력 산업에서 많이 탄생했다. 전자산업에서는 마쓰시타 고노스케(松下幸之助)와 소니의 모리타 아키오(盛田昭夫), 자동차산업에서는 도요타를 세계 기업의 반열에 올려놓은 도요타 에이지(豊田英二)와 혼다를 키운 혼다 소이치로(本田宗一朗)가 그렇다.

'잃어버린 10년'을 지난 지금은 주력 산업보다는 오히려 '주변 산업', 어쩌면 성숙 산업이라 할 수 있는 분야에서 새로운 경영자가 대거 등장해 새로운 비즈니스 모델을 구축하여 굉장한 업적을 이루어내고 있다. 이는 일본의 산업이 새로운 국면으로 돌입할 것이라는 예시처럼 느껴지기도 한다.

나아가 다양한 분야에서 새 리더들이 출현하고 있다. 정치계에서는 하토야마 총리처럼 지금까지와는 전혀 다른 타입의 정치가가 등장하여 정권 교체에 성공했다. 과연 일본의 정치는 변하고 있는 것일까?

교육·관광·음식 분야에서도 새 리더들이 출현하고 있다. 이 장에서는 최근 각광받고 있는 각 분야의 리더들을 통해 변화하는 일본을 조명해본다.

일본의 01 CEO가 변하고 있다?

일본 기업의 CEO들이 변하고 있다는 이야기가 자주 들린다. IT 버블 붕괴 이후 파나소닉과 도시바를 바닥에서 탈출시킨 나카무라 구니오(中村邦夫) 회장과 니시다 아쓰토시(西田厚聰) 회장이 2000년대에 일본의 새로운 경영자로서 주목받았다. 그들은 종전의 일본 경영자들과는 달리 의사결정이 빨랐고, 리스크가 따르는 '선택과 집중'의 전략을 과감히 추진하기도 했다. '잃어버린 10년'을 지나온 일본의 CEO들은 과연 진정으로 변하고 있는 것일까?

일본에서는 CEO란 말을 잘 안 쓴다. 오히려 '경영자'나 '사장'이란 표현을 즐겨 쓴다. 이는 일본 기업 대부분의 CEO가 내부 승진자 출신의 전문경영인이기 때문이다. 제2차 세계대전이라는 전시 체제하에서 일본 정부가 기업에 대해 상당한 통제를 가한 것이 그 배경으로 보인다. 당시 일본 정부는 전쟁 준비에 자원을 집중해야 했는데, 이를 위해 배당을 통제하는 방식 등으로 자본가인 오너 경영자를 경원시하였다. 대신에 기업을 종업원 중심의 공동체로 만들기 위해 내부 승진 경영자를 우대했다. 실제로 1930년대에는 대기업 경영자의 80% 이상이 전문경영인이었다. 이를 두고 일본은 일찍부터 '소유와 경영의 분리'가 이루어졌다고 주장한다.

일본의 고질병 '요코나라비' 의식

이에 박차를 가한 것이 제2차 세계대전 후 GHQ(연합군 최고사령부)에 의한 재벌 해체였다. 기존의 경영자, 특히 오너 경영자들이 대거 추방당하고 젊은 내부 승진 경영자들이 발탁되었다. 이들은 전후 혼란기를 수습하고 고도성장의 기반을 만들어내는 데 혼신의 힘을 다했다. 소니의 모리타 아키오, 혼다의 혼다 소이치로 같은 혁신적 경영자들이 이 시기에 배출된 대표 경영자들이다.

이들은 1970년대와 1980년대의 석유 위기와 엔고를 극복해내면서 단기 이익 극대화에 매달리는 미국의 CEO들을 비판하기도 했다. 일본에서 경영자를 CEO라고 잘 부르지 않는 이유는 일본 기업의 경영 방식이 미국 기업과는 다르다는 의식이 있기 때문일 것이다. 미국의 CEO들은 주주(stockholder)의 이익 극대화를 기업 경영의 최대 목표로 하지만, 일본 경영자들은 이해관계자(stakeholder)의 이익을 중시하는 경영을 하기 때문에 미국 기업과는 다르다는 것이다.

그러나 부동산 버블이 형성되었다가 붕괴되고, 이후 장기 불황으로 일본 기업의 실적이 저하되자 일본 기업의 CEO 시스템도 문제

점을 드러내기 시작했다. 일본의 사장을 곧잘 역전(驛傳) 마라톤 주자로 비유하기도 한다. 자신의 재임 시에 큰 과오 없이 다음 사장에게 무난히 바통만 넘겨주면 그만이라는 생각을 가진 경영자들의 모습이 마치 역전 마라톤 선수와 같다는 의미다. 큰 실수만 하지 않고, 고용을 유지할 정도로만 매출이 줄지 않으면 이익은 좀 낮아도 무난히 임기를 마칠 수 있었다. 다른 기업 수준으로만 하면 된다는 일종의 '대등(横竝び, 요코나라비) 의식'이 강했다고 할 수 있다. 더구나 미쓰이나 미쓰비시 그룹처럼 기업집단에 속한 기업들은 오너 없이 주식을 상호 보유하는 구조여서 큰 실수만 없다면 상대방의 잘못을 지적하지 않았다. 이러한 '서로 봐주기'식 지배구조가 일본 기업들의 고질적 문제에 한몫을 했다.

결국 CEO로 발탁되는 조건도 첫째는 현재 또는 전임 사장이나 회장과 잘 통하는 사람, 둘째는 동료나 부하로부터 평판이 좋은 사람, 셋째는 거래선, 주거래 은행, 노조, 감독관청, 매스컴 등 이해관계자들 사이에 평판이 좋은 사람이면 되었다. 실적보다 그 이외의 조건이 중시된 것이라 할 수 있다.

전략적 결단에 약한 일본의 CEO

그러나 바통만 무사히 넘겨주면 끝나는 CEO의 역할은 고성장 경제에서나 통했다. 고도성장기에는 CEO가 자신의 중요한 책무인 전략적 의사결정을 굳이 하지 않아도 큰 실수만 없다면 회사가 성장할 수 있었기 때문이다. 그러나 일본 경제가 저성장 단계로 돌입하고 불확실성이 증대하자 상황이 달라졌다. 일본 경영자 시스템의 문제점이 드러나기 시작한 것이다. 그동안 일본의 사장들은 관리적·업무적 의사결정에만 치중해왔을 뿐 전략적 의사결정은 하지 못했다는 비판이 일었다. 사장이 직접 의사결정을 내리기보다는 상무회(常務會) 같은 경영회의에서 합의하는 것이 관례였다. 더욱이 경영회의에서 간부들의 의견을 듣고 자신이 최종 결정을 내리는 것이 아니라 간부들의 의견을 조정해 다수의 의견을 이끌어내는 조정자 역할에만 머물렀다.

이와 관련해 대표적 사례로 곧잘 거론되는 것이 바로 리스크가 큰 반도체 설비투자다. 의사결정을 회피한 결과, 투자 시기가 늦어져 한국에 주도권을 빼앗겼다는 이야기다. 반도체 불황기에 설비투자 판단을 내리지 못해 호황기에 수익을 올릴 수 없었으며, 역으로 호황기의 과잉 설비투자로 불황기에 다시 손실을 떠안는 악순환 사이클이 계속되고 있다는 것이다.

리스크를 떠안기 싫어하고 모든 이해관계자의 평판에 일일이 신경 써야 하는 일본 기업의 사장 입장에서는 '선택과 집중'의 결단을 조속히 내릴 수가 없는 것이다. 어느 회사 사장이 그렇다기보다는 일본 기업의 CEO 시스템 자체가 그렇다고 할 수 있다. 그래서 외환위기 이후 한국 기업들의 재빠른 의사결정 시스템을 벤치마킹해야 한다는 논조가 매우 강해졌다. 소니와 닛산 같은 일부 기업들은 사외이사제를 도입하는 등 기업 지배구조를 영미식(英美式)으로 바꾸어 외국인 CEO를 영입하기도 했고, 일부 기업은 지주회사제를 도입해 의사결정의 신속화를 꾀하기도 했다. 아울러 CEO가 신속하고 과감한 의사결정을 할 수 있도록 경영자 시스템을 개선하는 노력도 병행해왔다.

일본 CEO의 변신 : 파나소닉과 도시바

파나소닉과 도시바가 그러한 변신의 사례가 될 수 있다. 2000년대 초반 IT 버블 붕괴로 일본 전자업체들의 실적이 바닥을 헤매자 경영자들이 변모한 모습을 보여주기 시작하였다. 빠른 의사결정, 과감한 선택과 집중, 주주 중시 경영 등 그동안 경원시하던 미국식 경영 방식, 즉 글로벌 스탠더드를 적극 도입한 것이다. 파나소닉의 나카무라 회장은 리더십을 발휘해 기업 개혁을 성공으로 이끌었다. 그의 가장 상징적인 개혁은 마쓰시타의 창업자 마쓰시타 고노스케가 창안해 약 60년간 마쓰시타의 도약에 힘을 발휘해온 사업부제를 과감히 폐지한 것이다. 사명(社名)조차 창업자의 이름에서 탈피한 파나소닉으로 바꾸었을 정도다.

또한 도시바의 니시다 사장은 취임 이후 곧바로 미국 전기회사 웨스팅하우스(Westinghouse)의 원자력 사업을 인수하는 데 5,000억 엔을 과감히 투자했고, 플래시메모리에도 2조 엔을 투자하는 등 신속한 의사결정으로 '선택과 집중'을 추진했다. 사업 집중을 위해 창업 당시부터 사용하던 긴자의 도시바 빌딩을 매각하였고, 액정패널 사업에서도 철수하는 등 재빠른 행보를 이어나갔다. 이러한 몇몇 CEO의 과감한 행보가 일본 전체의 CEO들에게 지대한 영향을 미친 것이 사실이다.

그렇다고 해서 일본의 CEO 시스템이 가진 구조적 문제가 완전히 해결된 것은 아니다. 일본의 CEO는 과연 누구를 위해 또는 무엇을 위해 리스크를 무릅쓰고 경영을 하는지, CEO의 인센티브 구조가 불분명하다는 것이 여전히 중요한 해결 과제로 남아 있다. 예를 들어 파나소닉 전기의 경우 2005년 3월 31일 당시 나카무라 사장의 보유 주식이 3,900주로 지주 비율은 0.00015%에 불과했다. 또 시가총액이 1,000엔 증가할 때 사장의 수입은 0.723엔 증가한다는 연구 결과도 나와 있다.

　'일본취체역회의(日本取締役會議: 임원협회)'의 2005년 통계에 의하면 일본의 시가총액 상위 100개사 경영자의 평균 소득은 7,900만 엔으로 미국 275개사의 평균 소득 11억 1,213만 엔의 14분의 1에 불과하다. 미국 기업과 일본 기업의 CEO 보수는 점점 격차가 확대되고 있다. 글로벌 금융위기로 일본 기업들의 실적이 최악인 것을 감안하면 경영자에게 인센티브를 부여하기가 쉽지 않을 전망이다. 아직도 미국 기업과 일본 기업은 서로 다른 잣대로 평가해야 한다는 이야기다.

전설의
진주왕(眞珠王)
미키모토 고키치

과거 일본 기업의 경영자 중에는 업계를 넘어 사회 전체에 지대한 영향을 준 경영자가 많았다. '경영의 3신'이라고 불리는 마쓰시타 고노스케, 혼다 소이치로, 이나모리 가즈오(稻盛和夫) 등이 그렇다. 여기서는 지금까지 별로 소개되지 않았던 경영자 미키모토 고키치(御木本幸吉)를 소개하고자 한다. 그는 일본 기업의 장기 분야인 자동차나 전자가 아닌, 오히려 약점 분야라고 할 수 있는 보석산업에서 양식진주산업을 일구어낸 장본인이자 경영자로서 존경받는 인물이다.

일본에 여행을 가는 여성들이 가장 사고 싶어 하는 물건 중 하나가 진주이다. 알다시피 일본은 양식진주산업의 대국이다. 일본만 양식진주를 생산하는 데 적합한 자연 조건을 가진 것도 아닌데, 어떻게 일본은 양식진주산업에서 대국이 되었을까? 우리도 1961년부터 통영에서 진주 생산을 시작했는데 40년이 지난 지금도 진주 대국의 길은 멀기만 하다. 이런 의문을 풀어주는 인물이 바로 '전설의 진주왕'이라고 불리는 미키모토이다.

진주는 살아 있는 조개에서만 얻을 수 있는 유일한 보석이다. 조개 안에 유입된 이물질을 진주질로 둘러싸는 조개의 생체 방어 작용으로 얻어지는 결과물이 바로 진주이다. 0.5마이크로미터 정도의 탄산칼슘 결정 구조가 1,000겹 정도 쌓여야 '천사의 눈물'인 진주가 생성된다고 한다. 바다에서 서식하는 조개로부터 자연적으로 채취하던 것을, 일본이 진주조개(아코야가이, 阿古屋貝)에서 원형(圓形) 진주를 양식하는 데 성공하면서 대량 생산이 가능해졌다.

세계 최초로 진주 양식 기술을 개발하다

미키모토가 미에(三重) 현 도바(鳥羽)의 오지마(相島), 지금은 '미키모토 진주섬'이라 불리는 작은 섬에서 세계 최초로 진주 양식에 성공한 것은 1893년이다. 진주 양식을 결심한 지 15년이나 지났을 때였다.

요코하마에서 천연진주가 고가로 거래되어 진주조개의 씨가 말라가는 것을 안타깝게 여긴 20살의 미키모토는 진주조개 양식을 시작하였다. 그러다 나중에는 진주조개보다 진주 그 자체를 양식하기로 마음을 바꾸었다. 도쿄대학의 '임해실험소(臨海實驗所)' 등으로부터 기술 지원을 받으며 온 재산을 진주 양식에 쏟아 부었지만 적조, 태풍, 저온 등으로 번번이 실패하고 만다.

그러나 좌절 끝에서 성공은 우연히 찾아왔다. 아고만(英虞灣)에서

일본을 양식진주산업의 대국으로 일군
미키모토 사의 창업자 미키모토 고키치.

4년이나 공을 들여 키우던 진주조개가 적조로 전멸되어 낙담하고 있을 때였다. 아내가 "차선책으로 다도쿠시마(多德島)에서 양식한 진주조개가 남아 있잖아요" 하며 위로했는데 실제로 여기서 세계 최초로 5개의 반원 진주가 발견된 것이다. 그 이후 연구개발을 거듭하고 여러 사람의 도움을 얻어 결국 원형 진주 생산에도 성공한다. 여기까지가 발명가 또는 벤처창업가로서의 미키모토의 면모다.

하지만 그의 꿈은 발명가로서의 성공에 머물지 않았다. 진주 양식에 성공한 후 얼마 지나지 않은 1905년, 진주 양식 연구를 인정받아 일왕(日王)을 알현할 영광을 얻은 그는 그 자리에서 "전 세계 여성의 목을 진주로 장식하겠다"라는 허황한 발언으로 동석자들을 당황하게 했다. 그러나 꿈을 실현하기 위한 부단한 노력을 시작했고 실제로 그 꿈을 이루어내고 만다.

위기를 반전시킨 '진주 재판'

진주 양식의 성공이 금세 산업화로 이어진 것은 아니다. 위기를 맞은 적도 있었지만 오히려 그것을 기회로 활용하여 양식진주를 산업의 차원으로 이륙시켰다. 미키모토의 양식진주가 유럽에 처음으로 소개됐을 때 유럽 보석상들은 "가짜 진주"라고 주장하며 영국과 프랑스에서 이른바 '진주 재판'을 시도했다. 영국에서는 나중에 재판이 취소되었으나 프랑스에서는 결국 재판에까지 이르렀는데 미키모토는 백방으로 뛰어다니며 전문가의 의견을 구하였다. 그리고 천연진주와 양식진주는 차이가 없다는 감정 결과를 얻어내 결국 재판에서 승소한다. 위기를 기회로 삼아 전 세계에서 양식진주가 진정한 보석으로 인정받도록 만든 것이다. 이를 계기로 양식진주시장은 다이아몬드 다음 가는 큰 보석시장으로 성장하게 된다.

1939년 뉴욕 세계박람회에서는 진주 1만 2,500개로 만든 '자유의 종'이라는 작품을 출품해 일본이 진주 대국임을 알리고자 노력했다. 결국 미키모토 사(社)는 2007년 기준 매출액 307억 엔을 기록해 티파니 다음 가는 세계 제2위의 보석업체로 성장했다. 이것이 바로 사업가로서 미키모토의 모습이다.

일본 정부도 양식진주산업을 육성하기 위해 적극 나섰다. 1952년 진주산업 보호 육성을 위한 '진주산업보호육성법'을 제정했는데 이 법에서 중요한 포인트는 '해외 진주 양식 3원칙'을 정했다는 점이다. 일본인이 해외에서 진주를 양식할 경우에는 자본력 확보, 기술 비공개, 생산한 진주를 전량 매수해야 한다는 내용이다. 1998년 규제완화로 폐지되기는 했지만 양식진주산업의 주도권을 유지하기 위해 기술 유출을 철저히 차단하려 한 일본 정부의 노력을 읽을 수 있는 대목이다.

1939년 뉴욕 세계박람회에 출품된 '자유의 종'.
1만 2,500개의 진주로 만들었으며, 미키모토
진주섬의 박물관에 전시되어 있다.

이후 미키모토는 일본의 초등학교 5학년 교과서에도 등장하는 전설적 인물이 되었다. 여기에는 그의 또 다른 면모가 담겨 있다. 그는 진주 양식 및 자연을 살리는 기술에 관한 박물관, 기념관, 플라자 등을 '미키모토 진주섬'에 조성해 1951년부터 많은 관광객을 유치했다. 산업·교육·관광의 삼위일체를 실현함으로써 고향에도 크게 기여한 인물로 각인되고 있는 것이다.

"옥의 티는 괜찮지만 티의 옥은 안 된다"

1927년 뉴욕 교외에서 미키모토는 발명왕 에디슨을 만났다. 이 자리에서 에디슨이 "내 연구소에서 만들지 못한 게 2가지다. 하나는 다이아몬드이고 다른 하나는 진주다"라고 미키모토에게 말했다는 일화는 유명하다. 또한 제2차 세계대전 패전 후 인간 선언을 한 일왕이 미키모토를 방문했을 때의 에피소드도 잘 알려져 있다. 미키모토는 일왕에게 "당신! 나를 방문해줘서 고맙소"라고 했다고 하는데,

아무리 인간 선언을 한 일왕이라고는 하지만 그 당시에 이 정도 배짱을 발휘할 인물은 많지 않았을 것이다. 일왕은 싫은 내색을 하지 않았을 뿐만 아니라 오히려 친근감 있어 좋다고 했다는 이야기가 전해진다. 미키모토의 인간미를 엿볼 수 있게 해주는 일화이다.

그는 평소 이런 말도 자주 했다고 한다. "좋은 진주는 반드시 흠이 있다. 하지만 가공하는 과정에서 없어진다. 그런데 애초에 보잘 것없는 진주는 어찌해볼 도리가 없다. 사람도 마찬가지이다. 옥에 티 있는 사람은 좋지만, 티의 옥은 문제다." 그는 흠이 있는 진주를 완벽하게 만드는 열정과 옥석을 가릴 줄 아는 안목으로 양식진주산업에서 일본이 시장점유율 80%를 차지하도록 만들었다. 이렇게 해서 일본은 '진주 대국'으로 알려지게 된 것이다.

우리나라도 진주 양식을 하기 좋은 조건을 갖춘 곳으로 통영이 꼽히고 있다. 그런데 통영의 진주 양식 사업이 일본의 기술 이전 미흡 등으로 개화되지 못하다가 2005년 대학·연구소·기업이 협력체제를 구축하면서 "일본보다 품질이 뛰어난 명품 진주를 생산해내겠다"고 나섰다. 부디 '한국의 미키모토'가 탄생해 훨씬 영롱하고 아름다운 진주를 생산할 수 있기를 기대한다.

마쓰시타 고노스케의 불황 극복법

03

뭐니 뭐니 해도 일본 최고의 경영자는 마쓰시타 고노스케(1894~1989)이다. 기업 경영이 어려운 때일수록 그는 더욱 빛나는 경영자로 되살아났다. 그래서 '경영의 신', '위기 극복의 신'이라 불리는 게 아닌가 싶다. 최근의 불황 속에서도 그의 존재는 여전히 반짝였으며 그에 관한 책은 더 많이 팔려나갔다. 23세에 창업해 94세 서거 때까지 70년여 동안 그가 깨달은 기업 경영의 지혜는 오늘날에도 경영자와 직장인들이 불황 때마다 참고하는 바이블이 되곤 한다.

고노스케는 과연 어떤 독특한 경영 철학을 발휘해 위기를 극복해 낸 것일까? 고노스케의 사례를 통해 불황을 극복하는 지혜를 얻어 보자.

"단 한 사람도 해고해선 안 된다!"

1929년 대공황 때 마쓰시타 전기(현재는 파나소닉으로 사명을 변경했으나, 이 글에서는 마쓰시타로 표기)도 창업 이래 처음으로 매출이 반으로 줄고 창고에 재고품이 넘치는 위기 사태에 직면하게 된다. 병상에 있던 마쓰시타 고노스케에게 회사 간부가 찾아와 "위기를 넘기기 위해서는 종업원을 반으로 줄여야 한다"고 보고했다. 잠시 생각에 잠겨 있던 고노스케는 "나는 장래에 마쓰시타를 더욱 키우려고 한다. 그러므로 단 한 사람도 해고해선 안 된다. 이런 원대한 뜻을 가진 마쓰시타는 모두가 힘을 합쳐 위기를 헤쳐나가야 한다"고 말한 후 다음과 같이 구체적 대안을 제시한다. "생산을 반으로 줄여라! 공장에선 반일 근무만 해라! 월급은 전액 지급하지만 대신 휴일에도 전 사원이 재고품을 팔아야 한다."

경영자의 이 같은 결단에 그동안 회사에 드리웠던 암운이 순식간에 걷히고, 종업원들은 사기가 충만해 열심히 영업에 매달린다. 그 결과 2개월 후에는 쌓인 재고를 모두 처분하고 다시 전일 생산 체제로 돌아갈 수 있었다. 생산량이 반으로 줄어든 대신 영업력은 배가되었으니 재고가 없어지는 건 당연했다. 일본에서는 지금도 불황기에 접어들면 잉여 인력을 영업으로 돌리곤 하는데 이런 관행은 바로 이때 생겨난 것이다.

1964년 도쿄올림픽 특수가 끝난 후 마쓰시타는 또다시 위기를 맞는다. 당시 마쓰시타는 과잉 설비, 수요 정체, 판매 부진에 직면한다. 게다가 관행으로 여겨지던 밀어내기식 영업으로 계열 판매회사

불황 때마다 되살아나 일본인들에게 경영의 지혜를 주는
일본 최고의 경영자 마쓰시타 고노스케.

와 대리점이 어음을 대량 발행하는 등 심각한 경영난에 허덕여야
했다. 사태가 심각하다고 판단한 고노스케는 판매점·대리점 경영
자들을 아타미(熱海) 호텔로 불러 모아 13시간 동안 단상에 서서 그
들의 불만을 듣고, 사흘에 걸쳐 열띤 토론을 벌인 후 회사의 잘못된
점을 인정하고 결단을 내린다.

과감한 결단으로 위기를 극복한 '아타미 회담'의 기적

당시 고노스케는 회장이었지만 지병으로 휴양 중이었다. 그런 고노
스케가 영업본부장 대행으로 일선에 복귀하여 직접 지휘봉을 잡는
다. 그는 이번 위기가 할부 판매로 인해 대리점이 소매점으로부터
어음을 받고 판매 실적을 올리는 폐단 때문이라고 진단하고, 대리
점의 어음 결제 관행을 없애는 '신(新)월부 판매제도'를 시행한다.
 고노스케가 우선 취한 조치는 판매점·대리점이 소매점으로 밀어

낸 제품을 전부 마쓰시타가 회수하고, 월부 판매회사를 설립해 직접 관리한 것이다. 대신 소매점이 물품 대금을 현금으로 지불하면 판매 장려금을 지급하기로 했다. 고노스케는 밀어내기식 영업과 어음 결제 관행의 악습을 없애기 위해 2년에 걸쳐 300억 엔의 손실을 각오하겠다고 선언했다.

아울러 전자계산기 대신 수판을 쓰라고 할 정도로 철저한 경비 절감 정책을 단행했다. 또 70개나 올라오는 보고서에 대해서도 "오늘 보고하지 않으면 내일 회사가 망하는 보고서 이외에는 올리지 말라"고 했는데 그러자 보고서가 당장 4개로 줄었다는 에피소드도 있다.

결과적으로 월부 판매회사 설립 비용은 7억 엔에 그치고, 300억 엔 손실을 예상했던 것이 경비 절감 효과로 1965년도에는 오히려 300억 엔의 이익이 났다. 또한 그 다음해에는 최고 이익 달성을 기록했으며, 이러한 성과가 일본 최초로 주5일 근무제를 실시하는 바탕이 되었다. 최고경영자가 위기를 경고하는 데 그치지 않고, 직접 최전선에 나서서 위기를 극복한 이 사례는 '아타미 회담'이라는 명칭의 일화로 전해 내려오고 있다.

고노스케의 불황기 경영 철학

마쓰시타 고노스케의 불황기 경영 철학은 무엇인가? 첫째, "불황은 기회다. 불황은 개선과 발전의 호기이므로 전향적으로 대처해야 한다"는 것이다. 호황 때에는 꼭꼭 숨겨져 있던 문제점이 불황 때 일거에 표출되므로 문제의 심각성을 절감하게 되고 또 사원들 사이에 위기감도 생기기 때문에 개혁에 호기라는 것이다.

둘째, "각오를 단단히 하고 대담하게 대처하라"는 것이다. 종업 원을 해고하지도 않고, 300억 엔이라는 손실까지 감수하는 대담한 결단은 "사람은 빈(貧)하면 둔(鈍)하다"라고 하듯이 불황 시에 어정 쩡하게 대처하다가 회사가 망할 수도 있다고 판단했기 때문에 나올 수 있었다.

셋째, "원점에서 생각하라"는 것이다. 무엇을 위한 사업인가, 왜 회사가 존재하는가와 같은 경영 이념을 항상 염두에 두어야 한다는 것이다. 불황 때에는 어려운 현실로 인해 경영의 기본 이념을 잊기 쉬우나 그런 때일수록 원점에서 다시 생각해야 한다고 강조한다.

넷째, "항상 책임은 나에게 있다"는 생각이다. 불황을 환경 탓으로 돌리면 발전이 없다는 것이다. 불황 때에도 착실하게 업적을 올리는 회사가 분명 존재하기 때문에 불황의 책임을 절대 남에게 전가하지 말아야 한다.

다섯째, "일상이 중요하다"는 마음가짐을 지니라는 것이다. 호황 때에는 크게 불거지지 않았던 품질, 서비스, 가격에 대한 고객의 불만이 불황 때에는 일시에 표출되어 기업 실적에 큰 영향을 미치기 때문이다. 그러나 역으로 생각하면, 평소 경영의 기본에 충실했다면 불황 때야말로 경쟁 업체를 따돌릴 수 있는 절호의 기회라는 이야기다.

물론 오늘날에 겪는 불황은 그 시절 고노스케가 겪은 것과는 원인도 처방도 다를 것이다. 하지만 불황을 헤쳐가기 위한 기본적인 마음가짐이나 경영 철학은 비슷하지 않겠는가? 마지막으로 일본 기업인들이 족자에 넣어서까지 보유한다는 마쓰시타 고노스케의 〈불황 극복을 위한 마음가짐 10조〉를 소개한다.

마쓰시타 고노스케의 불황 극복 마음가짐 10조

제1조 불황도 괜찮다.
불황에 직면해 어렵다며 우왕좌왕하는 것은 아닌가. 불황이야말로 개선의 기회라고 생각하는 전향적 발상을 가지면 새로운 활로가 열릴 것이다.

제2조 원점으로 돌아가서 뜻(志)을 견지(堅持)하라.
어려운 나머지 자칫 그릇된 판단을 하기 쉽다. 불황기야말로 원점으로 돌아가 새롭게 기본 방침에 비추어보고 가야 할 길을 정해야 할 때다. 이렇게 하면 굳건한 판단을 내릴 수가 있고 또 불황 극복의 용기와 힘이 솟아날 것이다.

제3조 재점검하고 스스로의 힘을 객관적으로 파악하라.
평소보다 냉정하고 치밀하게 자기 평가를 해보고 자신의 실력, 회사의 경영을 정확히 파악하라. 그릇된 평가가 파산을 부른다.

제4조 절대 물러나지 않는다는 각오로 도전하라.
어떻게 해서든지 이 어려움을 돌파한다는 강한 집념과 용기가 생각지도 않은 큰 힘을 불러온다. 불황을 발전의 기회로 바꾸는 원동력은 기백(氣魄)이다.

제5조 과거의 습관, 관행, 상식을 타파하라.
비상시라고 할 수 있는 불황기에는 과거의 경험칙만으로 사물을 생각하고 행동해서는 문제가 잘 풀리지 않을 것이다. 지금까지 당연하다고 생각해온 습관이나 사업 방식을 철저히 다시 파악하라.

제6조 때로는 잠시 쉬면서 기다려라.

조급해하지 마라. 억지로 무리하면 더 깊은 수렁에 빠질 수 있다. 무리하지 말고 힘을 키운다 생각하고 잠시 쉬어가라. 그렇게 마음을 정하면 어려움도 줄어든다. 끝이 없는 불황은 없는 법이다.

제7조 인재 육성에 힘을 쏟아라.

고생은 사서도 한다는데 불황은 일부러 그 귀중한 고생을 사지 않아도 바로 눈앞에 있다. 불황 때가 아니면 할 수 없는 일, 즉 인재 육성의 좋은 기회로 삼아야 한다.

제8조 책임은 나에게 있음을 자각하라.

실적 저하를 불황 때문이라고 여기지는 않는가? 어떤 경우라도 어떻게 하느냐에 따라 발전할 수 있는 길은 있다. 사업이 잘되지 않는 것은 자기 자신의 방식 어딘가에 문제점이 있기 때문이다.

제9조 바로바로 반응하는 조직을 만들어라.

외부 환경 변화에 민감하게 대응하고 좋은 정보가 사원들로부터 바로바로 들어오게 하려면, 상호 의사 표현이 자유롭고 상하좌우로 소통이 잘되는 조직을 만들어라.

제10조 평소에 해야 할 일을 철저히 해놓아라.

불황기에는 품질, 가격, 서비스가 냉혹하게 평가된다. 그 평가에 견딜 수 있으려면 평소에 해야 할 일을 철저히 해두어야 한다.

'일본 국민복'
유니클로의 창업자
야나이 다다시

04

과거 일본의 고도성장을 일군 기업 경영자는 많다. 앞서 언급했듯이 전자산업을 일으킨 마쓰시타 고노스케와 소니의 창업자 모리타아키오, 그리고 자동차산업을 일으킨 도요타 에이지와 혼다 소이치로 등이 그들이다. 그렇다면 '잃어버린 10년'을 겪은 이후의 일본에서 주목받은 경영자들은 누구일까? 여기서는 극심한 불황 속에서도 새로운 비즈니스 모델을 구축해 주목받은 경영자들 중 한 명을소개해보기로 한다.

미국 《포브스》가 2009년 일본의 최고 부자로 뽑은 사람은 주식회사 유니클로(UNIQLO)의 사장 겸 회장인 야나이 다다시(柳井正)이다. 일본의 부호 명단에 매년 이름을 올리는 모리빌딩의 모리 미노루(森稔) 사장이나 재일교포 손정의(孫正義) 사장도 아닌, 성숙 산업이며불황 업종이라고 여겨지는 의류산업의 야나이 회장이 2008년 6위에서 2009년에는 1위로 올라선 것이다(재산 총액 5,734억 엔). 불황으로 주가가 급락한 탓인지 대부분의 부호가 재산이 줄었는데, 야나이 회장만은 1년 동안 1,316억 엔이나 늘어났다. 이는 유니클로가 극심한 불황 속에서도 나 홀로 승승장구를 한 덕분이다.

불황에도 유니클로가 승승장구한 비결

'일본 국민복'이라 불리며 한국에도 46개(2010년 3월 현재)의 점포를 보유한 유니클로의 2009년 매출액(8월 예상치)은 전년보다 12.5%나 늘어난 6,600억 엔이며, 영업이익도 15.4% 늘어난 1,010억 엔으로 역대 최고이다. 저가 의류는 불황일수록 잘 팔린다지만 같은 저가 의류업체라도 대부분의 업체가 1년 전에 비해 매출이 대폭 줄었다.

따라서 유니클로의 약진은 저가 의류이기 때문이 아니라 유니클로만의 그 무엇이 있었기 때문이라고 할 수 있다. 그 무엇이란 바로 '공업제품으로서의 캐주얼 의류'라는 비즈니스 모델이다. 타깃시장을 대량 소비시장으로 정한 다음, 싸고 품질 좋은 제품으로 '의류산업의 도요타'를 지향한 덕분이라는 것이다. 품질에 비해 가격이 싼 제품으로 도요타처럼 전 세계 시장을 제패하겠다는 의지의 표현이다.

불황기에 가장 큰 경쟁자는 저축이라고 한다. 따라서 불황기에는 저축하는 것보다 소비하는 것이 이익이라는 생각이 들게 하는 상품이라야 팔릴 수 있다. 유니클로는 바로 그런 콘셉트를 가진 브랜드이다. 유니클로에서 3,990엔 하는 청바지가 비슷한 품질의 다른 브랜드에서는 1만 2,000엔 정도에 팔린다. 유니클로의 형제 브랜드인 '지유(G.U.)'에서는 990엔 청바지를 내놓았는데 큰 인기를 얻어 100만 장이나 팔렸다.

이처럼 불황기에도 유니클로가 브랜드 이미지를 확립하고 승승장구하는 비결은 무엇일까?

첫째는 상품의 기획·생산·판매를 한 기업에서 하는 SPA(Specialty store retailer of Private label Apparel, 제조 소매업) 업태를 잘 활용하여 저가격·고품질 제품을 소비자에게 제공하는 것이다. 백화점 판매는 위탁판매 형태여서 마진이 30% 정도에 불과하지만 유니클로는 직영을 하기 때문에 50%나 된다. 그만큼 품질에 충실할 여유가 생긴다. 또한 연구개발과 상품 기획은 일본에서 하지만 생산은 중국 등지에서 하고 판매는 주로 일본에서 하므로 다른 기업들처럼 엔고(円高)가 불리하게 작용하는 것이 아니라 오히려 유리하게 작용한다.

둘째는 유니클로가 철저히 좋은 원단만을 고집하고 이를 실현하기 위해 연구개발을 충실히 한다는 점이다. 고기능성 원단의 의류를 주력 상품으로 내놓으면서도 가격은 저렴하다는 것이 유니클로의 무기이다. 예를 들어 10여 년 전 유니클로의 브랜드 이미지를 높인 제품은 '플리스(Fleece)'라는 폴리에스테르 소재로 만든 방한복이다. 일본에서는 처음으로 이 방한복이 1,900엔에 출시되자 디플레이션 불황인데도 2,600만 장이나 팔렸다. 2006년에는 여성 스키니진을, 최근에는 흡습 발열 소재인 '히트테크(heattech)'를 일본의 신섬유 개발업체인 도레이(TORAY)와 공동 개발해 2,800만 장을 팔 수 있었다.

유니클로의 한국 런칭 행사 참석차 한국을 방문한 야나이 다다시 회장 (2005년 9월). 독특한 경영철학으로 사양 산업인 의류업에서 블루오션을 창출했다.

사람을 중시하는 '야나이즘' 전략

셋째는 철저한 현장중심주의를 관철시킨 것이다. 고객 니즈를 가장 잘 아는 곳이 현장이라는 것은 누구나 아는 사실이다. 고객이 무엇을 원하고, 실제로 무엇이 왜 팔리는지에 대한 정보는 모두 현장에 있게 마련이다. 그러나 점포가 100개가 넘으면 원활한 체인점 운영을 위해 본부가 상품-구매-물류-정보를 일방통행시키는 것이 일반적이다. 그러나 유니클로는 상권의 특성, 지역 환경 등에 대응하기 위해 점장에게 발주량 조정, 상품 진열, 점포 운영, 판촉 권한 등을 부여한다. 그 배경에는 이른바 '야나이즘'이라고 불리는 경영이념이 강조하는 '자주 독립 경영'이 자리 잡고 있다.

넷째는 역시 사람을 중시하는 경영과 교육 시스템이다. 다른 기업들이 비정규직을 대량 채용할 때도 유니클로는 '지역 한정 정규 사원(전근 등이 없는 정규 사원)'을 5,000명 채용하는 등 정규직을 안정적으로 채용하고 있다. 2010년의 1조 엔, 2020년의 5조 엔 목표를 달성하려면 사람이 가장 중요하다는 생각 때문이다. 또한 회사의 성장은 개인의 성장을 통해 가능하다는 방침에 따라 인재를 '유니클로 대학'에서 단기 속성으로 교육한다. 이 교육을 받으면 수억 엔의 매출과 10명의 종업원을 거느리는 점장이 되는 기간이 짧게는 1년, 평균적으로는 2년 정도 걸린다고 한다. 이를 위해 철저한 OJT (On-the-Job Training)도 실천하고 있다.

마지막 비결은 마케팅 전략이다. 유니클로는 고객이 아니라 상품에 포커스를 맞추는 타깃팅 전략을 구사한다. 예를 들어 고객을 성별, 연령, 기호 등으로 세분화하여 공략하는 것이 아니라 남녀 불문하고 모든 연령층과 폭넓은 기호를 만족시키는 상품을 추구한다. 그 대신에 카테고리를 '베이식(basic)'에다 맞춘다. 즉 유니클로의 포지셔닝은 '패션성을 도입한 베이식' 상품이다. '의류의 편의점'을 지향한다는 이야기다. 따라서 유니클로 CM에는 남녀노소가 모두 등장한다.

사양 산업에서 블루오션을 창출하는 법

야나이 회장은 유니클로의 상품에 대해 "생활필수품과 패션의 중간에 위치한다"고 말한다. 생활필수품으로서의 옷이나 패션은 이미 레드오션이지만, 그 중간 영역은 블루오션이라는 것이다. 일견 당

연하게 느껴지는 말이지만, 그동안 간과해온 시장이기도 하다. 그가 블루오션을 창출한 예는 매우 많다. '바바(バ/バ) 셔츠'라고 불리는, 그 누구도 거들떠보지 않던 여성용 속옷에 '패션'이라는 새로운 가치를 부가해 블루오션을 창출한 것이 대표적 사례이다.

야나이 회장은 65세에 은퇴하겠다고 천명했다. 그리고 자식이 아닌, 야나이즘이라 불리는 유니클로의 경영 이념을 충실히 이행할 수 있는 인물에게 바통을 넘겨줄 것이라고 단언한다.

유니클로의 이야기는 불황기의 상품 및 마케팅 전략에 대해 많은 시사점을 제공한다. 더욱이 야나이 회장은 성숙 산업인 의류산업 분야에서 블루오션을 창출해내고 고수익 비즈니스 모델을 만들어냈다. 우리가 야나이와 유니클로의 전략을 눈여겨봐야 할 이유다.

일본은 국가적으로 비교우위가 없는 산업이나 사양 산업 분야에서 우수 기업이 건재한 경우가 많다. 이 장에서 이야기한 유니클로를 비롯하여 소프트 분야의 닌텐도, 화학의 신에츠화학, 제약의 다케다제약, 자전거산업의 시마노 등이 그렇다. 이러한 일본 기업들의 사례는 우리에게, 종사하는 사업이 첨단이냐 사양이냐가 중요한 것이 아니라 어떻게 사업을 경영하느냐가 중요하다는 불변의 진리를 다시금 되새겨준다.

05 유통업계를 혁신한 '스즈키류(流) 경영학'

일본 경제는 2009년 1/4분기에 −15.2%(연율)라는 사상 최대의 불황을 겪었다. 게다가 특별히 사고 싶은 물건이 없는 '소비 포화'의 시대로 접어든 탓에 일본 기업들의 고민은 더욱 깊어가고 있다. 그런 가운데 일본 최대의 슈퍼마켓 체인 '이토요카도(イトーヨーカドー)'가 소비자의 심리를 꿰뚫는 기발한 '불황 극복 세일'을 실시해 대히트를 쳤다. 다른 유통업체들도 이를 모방하는 등 지금 일본 기업들은 불황을 극복하는 판매 전략 짜기에 혼신의 힘을 다하고 있다. 과연 이토요카도는 불경기에 어떻게 소비자의 마음을 사로잡았을까?

첫 번째 방법은 '캐시백 캠페인'이다. 의료품(衣料品)을 산 손님에게 물건 값의 20~30%를 현금으로 돌려주는 세일을 말한다. 물론 이론적으로는 20~30% 세일과 같은 효과이지만 돈을 되돌려 받는 즐거움에 일본 고객들은 "고맙습니다"를 연발한다. 만약 20%를 세일해주었다면 손님들이 "고맙습니다"라고 말했을까?

두 번째는 '현금 보상 세일'이다. 예를 들어 5,000엔의 의료품을 구매한 고객에게, 고객이 가져온 옷 한 점에 대해 1,000엔을 현금으로 보상 구매해주는 것이다. 집안에 널린 불필요한 옷을 처분하고 싶은 소비자의 욕구를 간파한 것이다. 이런 판매 방식이 히트를 치자 대상 품목을 가구, 핸드백, 냄비, 가전제품까지 확대하고 있다.

세븐일레븐을 성공시킨 스즈키류 경영학

'캐시백 캠페인'도 '현금 보상 판매'도 경제적으로는 할인 판매와 똑같은 효과를 갖는다. 오히려 더 불편할 수 있는데도 소비자들이 그걸 감수하면서까지 매장으로 몰리는 것은, 이제 소비가 경제적 이유뿐만 아니라 인간의 심리나 감정에도 좌우되는 행위라는 증거이다. 결국 미래에는 '물건 소유'를 꺼리는 소비자를 어떻게 설득하느냐가 마케팅 성공의 관건이라 할 수 있겠다.

이런 마케팅 아이디어를 계속해서 내는 사람은 이토요카도를 거느린 '세븐&아이 홀딩스'의 회장 스즈키 도시후미(鈴木敏文) 자신이다. 알다시피 스즈키 회장은 이토요카도 전무 시절에 편의점 세븐일레븐을 성공시킨 전설적인 인물이다. 일본에서 대량 소비의 전성기를 구가하며 슈퍼마켓이 대유행하던 1973년, "앞으로는 편의점 비즈니스 모델이 성행할 것"이라 예측하고는 본사의 반대를 무릅쓰고 미국 사우스랜드 사와 제휴해 세븐일레븐을 일본에 도입한다. 미국 것이라면 무엇을 도입하든지 성공하던 시대였지만, 스즈키 회장은 미국의 세븐일레븐 시스템을 과감히 파기하고 새로운 편의점 사업 시스템을 구축해 성공시킨다. 훗날 스즈키 회장은 "본사에서 반대하며 인적·물적 지원을 해주지 않아 오히려 기존 슈퍼마켓의 상식에서 벗어나 새로운 발상으로 세븐일레븐을 성공시킬 수 있었다"고 술회한다. 일본에는 스즈키 회장의 이런 경영 철학을 '스즈키류 경영학'이라고 부르며 추종하는 지지자가 상당히 많다.

과거는 히스토리, 미래는 미스터리 : 미래에 도전하라

스즈키 회장에 관한 책을 많이 써서 유명해진 저널리스트 가츠미 아키라(勝見明)는 2009년 스즈키 회장의 경영 철학을 담은 《왜 세븐일레븐에서 아르바이트를 하면 3개월 만에 경영학을 알 수 있는가》라는 신간을 발간해서 화제가 되고 있다. 세븐일레븐이 일본의 다른 편의점보다 한 점포당 하루 매출이 십 수만 엔이나 많은 이유를 파헤친 책이다. 그 외에도 이 책에는 역경을 기회로 만드는 법, 히트상품을 만드는 정보술 등 스즈키 회장의 마케팅 비법이 담겼다. 편의점은 아르바이트 고용이 불가피한 업종이다. 그러나 스즈키 회장은 아르바이트 종업원에게도 죽도가 아니라 진검으로 승부하도록 교육하라는 대목이 눈길을 끈다.

세븐일레븐에는 '발주분담(發注分擔)제도'가 있다. 이는 아르바이트라도 자신이 담당하는 상품에 대해서는 스스로 가설을 세워 다음 날 판매량을 예상하고 발주하며, 그 결과를 POS(판매시점 정보 관리)를 통해 검증하게 함으로써 매일매일 실전을 통해 경영 감각을 익히게 하는 제도이다. 즉 아르바이트에게도 답이 자명한 '작업'만 시키는 것이 아니라 스스로 답을 찾아가는 '일'을 시키는 것이다.

이때 스즈키 회장이 매장 직원에게 강조하는 경영 철학은 5가지이다. 첫째로 역발상을 요구한다. 통상 고객을 위해 고객들이 좋아하는 물건을 매장에 진열하는 것이 일반적이다. 그러나 스즈키 회장은 그게 바로 문제라고 지적한다. 고객을 위한답시고 과거에 고객이 좋아했던 상품만 진열하기 때문에 항상 같은 상품만 진열하게 되고 머지않아 고객이 싫증을 냄으로써 매출이 줄어든다는 것이다. 고객이 좋아한 물건이 아니라 고객의 입장에 서서 고객이 싫증내지 않을 만한 상품을 찾아 진열하라고 말한다.

둘째는 보이는 것이 아니라 "보이지 않는 것을 보라"고 강조한다. 마케팅의 기본이란 고객의 잠재 니즈를 간파하고 이에 부응하는 것이라는 주장이다. 이때 과거의 데이터는 별로 참고가 되지 않는다. 스즈키 회장이 곧잘 인용하는 말에 따르자면, "과거는 히스토리이고 미래는 미스터리"이다.

고객은 언행불일치(言行不一致) : 보이지 않는 것을 보라

셋째는 고객의 심리를 철저히 파악하는 것이다. '캐시백 캠페인'이나 '현금 보상 판매'는 고객의 심리를 파악한 판매 방식이다. 또한 황금연휴 때 가족 모두가 여행을 가지는 않는다는 점에 착안해 집을 지키는 노인들이 좋아할 만한 음식을 진열해 많이 파는 것이 그러한 예들이다. 고객은 근본적으로 언행이 불일치하므로 시장조사를 해봐도 잠재 니즈를 정확하게 파악하기란 어렵다는 데 주의해야한다.

넷째는 내일 비가 온다든지 연휴라든지 하는 것은 고객의 잠재 니즈를 파악할 수 있는 '선행 정보'인 셈인데 이런 정보의 양이 판매를 좌우하므로 항상 이에 대한 문제의식을 가져야 한다는 것이다. 그렇게만 한다면 의식적으로 정보 수집을 하지 않더라도 필요한 정보가 낚싯바늘에 딸려오듯 모여든다는 것이다. 예를 들어 매장 주위의 공사 일정표를 잘 살펴보고 공사가 있는 날에는 볼륨감 있는 도시락을 준비하면 매출이 오른다는 것이다.

마지막으로 스즈키 회장은 "가설(假說)이란 잠재 니즈를 가시화하는 것"이라고 주장한다. "팔렸기 때문에" 혹은 "팔리고 있기 때문이" 아니라 "팔릴 것이라고 생각할 때" 발주를 하라는 것이다. 제품 하나 하나에 대해 가설을 세워 발주하고 그 결과를 POS로 검증하는 사이클이 이어지는 것, 그게 바로 그가 말하는 '단품 관리(單品管理)'이다. 가설을 세워서 발주하는 것은 눈에 보이지 않는 잠재 니즈를 매출이라는 수치로 가시화하는 것이라는 생각이다.

과연 이토요카도와 세븐일레븐을 일본 최대의 유통업체로 만든 경영자답다. 이 놀라운 방법은 불황기나 소비 포화 시대를 극복할 마케팅 전략을 수립하려는 모든 현장 경영자들에게 큰 도움이 될 것이다. 마쓰시타 고노스케가 불황 극복을 위한 철학을 가르쳐주었다면 스즈키 도시후미 회장은 불황 극복의 전술을 가르쳐주었다는 느낌이다.

야마다 아키오의 반상식(反常識) 경영과 미라이공업 06

70세 정년, 연간 140일 휴가, 연말연시 연휴 20일, 하루 노동시간 7시간 15분(8시 30분 출근, 16시 45분 퇴근), 잔업 금지 등 획기적인 노동 조건에도 불구하고 그 지역에서 최고의 월급을 주는 회사가 있다. 일본 기후(岐阜) 현에 위치하며 전기설비 자재를 제조·판매하는 미라이(未來)공업주식회사다. 매출액 233억 엔, 종업원 767명(2009년 3월 말 기준)의 중견기업이며, 2008년까지 15%를 유지하던 영업이익률이 최근 불황의 여파로 약 5% 정도로 내려갔다. 그러나 도요타조차 50년 만에 적자를 기록하는 엄청난 불경기를 맞아도 창업 이후 40여 년간 단 한 번도 적자를 낸 적이 없는 회사다. 일본의 각종 미디어는 물론, KBS를 통해 한국에도 소개되자 공장 곳곳에 한국어 안내문이 붙었을 정도로 한국 방문자들이 줄을 잇는다고 한다. 대단한 기업임에 틀림없다.

미라이공업의 경영 방식에 대한 소박한 의문은 종업원에 대한 후한 처우에도 불구하고 어떻게 높은 이익을 창출할 수 있는가 하는 것이다. 더구나 취급하는 제품이 성숙 제품인 스위치박스 같은 전기 설비이고, 마쓰시타전공(松下電工) 같은 대기업 경쟁사가 도사리고 있는데도 고수익 경영을 지속하는 이유는 무엇일까 하는 점이다.

해답의 실마리는 미라이공업의 독특한 창업 과정에서 엿볼 수 있다. 창업자 야마다 아키오(山田昭男) 상담역은 아버지 회사인 야마다 전선 제작소에 17년간 근무했으나 연극에 심취한 나머지 회사 생활에 소홀하다는 이유로 퇴직금도 받지 못하고 쫓겨난다. 화가 난 야마다는 현재 미라이공업의 회장인 시미즈 쇼하치(淸水昭八) 등 3명과 함께 자신의 극단 미라이자(未來座)의 이름을 딴 '미라이공업'을 창업한다. 당시 전기 스위치박스는 사이즈나 재질이 법률로 정해져 있었고 대기업인 마쓰시타전공이 시장을 석권하고 있었다. 후발 주자인 미라이공업은 정공법으로는 승산이 없다는 판단에 따라 대기업과의 차별화에 혼신의 힘을 다한다. 야마다는 차별화를 위해 기존 업계의 상식을 뒤집는 '반상식(反常識)' 전략을 썼다. 하지만 그는 단순히 상식에 반하는 것이 아닌, 새로운 것을 창출하기 위해 항상 생각하는 경영에 주력하였다. 이렇게 미라이공업에는 '차별화', '반상식', '항상 생각하라'가 창업 초기부터 기업문화로 녹아 있었다.

반상식으로 대기업과 차별화

미라이공업의 첫 번째 차별화 전략은 '제품 차별화'이다. 사시(社是)

연극 포스터로 도배된, 기후 현 본
사 공장의 사무실 벽 앞에 선 야마
다 아키오 상담역. 창업 전에 연극
에 심취하여 극단 '미라이자'를
설립하고 단장을 지냈다.

이기도 한 '항상 생각하라'를 거듭한 결과, 매년 400개 이상의 신제
품을 시장에 출시할 수 있었으며 생산 제품의 98%가 특허를 받았
다. 그중 유명한 사례가 알루미늄박(箔)을 입힌 스위치박스이다. 스
위치박스가 벽 속에 감추어져버리면 설치 장소를 알 수가 없는데
미라이공업은 스위치박스에 얇은 알루미늄박을 붙임으로서 금속탐
지기로 그 위치를 찾을 수 있게 했다. 그 덕택에 미라이공업은 스위
치박스에서 80%의 시장점유율을 차지하게 된다. "법률이 허용하는
범위 내에서 고객이 즐거워할 제품을 내놓는 것"이 창업 이후 지금
까지 미라이공업의 변함없는 경영 방침이다. 현재 약 2,000건의 실

용신안권과 의장권을 소유하고 있다.

제품 차별화를 위해 야마다는 항상 상식을 의심하는 '반상식' 경영을 강조한다. 사원들이 상식을 의심하고 독창적 아이디어를 내도록 제도화하기 위해 '보장금(報奬金)제도'를 마련해놓고 있다. 이는 어떤 내용을 제안하든지 간에 1건당 500엔을 지불하고 만약 제안이 채용되면 1만~5만 엔을 현금으로 지불하는 정책이다. 회사 사무실의 온 벽에는 '항상 생각하라'라는 표어가 붙어 있고, 1년에 1만 건이 넘는 제안이 들어오는데 미라이공업은 이 아이디어들을 활용해 제품을 차별화한다.

미라이공업은 제품 개발뿐만 아니라 판매 방식에도 반상식을 도입했다. 그 대표적 사례가 2차 도매상과의 거래 방식이다. 조금이라도 고객 곁으로 다가가 고객의 의견을 제품 개발에 반영하기 위해 업계의 상식인 1차 도매상과의 거래보다는 2차 도매상과의 거래를 우선시해왔다. 그 결과 고객 의견 수렴은 물론 중간 마진을 절약하는 시너지 효과도 거두었다.

성선설 경영의 실천

둘째는 비용 구조를 차별화한 것이다. 단순히 비용을 삭감하려는 의도가 아니다. 종업원에게 후한 처우를 마다하지 않는 것도 실은 종업원의 의식만 바꾸면 후한 처우 이상으로 비용을 절감할 수 있다는 자신감 덕분이다. 미라이공업의 본사 건물 복도는 낮에도 어두침침하다. 좀 어두워도 상관없다고 생각해 평상시에는 전등을 끄기

때문이다. 인쇄비용을 아끼기 위해 식당의 식권을 없애고 자기신고
제로 바꾸었을 정도이다. 또 300명이 넘게 일하는 본사에 복사기는
단 1대뿐이다. 50매 이상을 복사할 때는 윤전기를 사용하도록 하고
있다. 회의를 할 때에도 자료를 배포하지 않으며 회의 참가자들이
사전에 자료를 회람하고 오도록 한다. 책상 위의 형광등 줄에는 이
름표가 붙어 있다. 자리를 비울 때는 반드시 형광등을 끄도록 습관
화하기 위해서다. 공장에서 작업할 때도 작업복을 지급하지 않는
다. 대신에 작업복 비용을 종업원에게 지불한다. 안전하게 작업하
는 것은 작업자 자신이 항상 생각해야 할 일이기 때문이다. 야마다
는 "빨리 귀가하지 않으면 전기요금을 징수하겠다"고 소리치며 종
업원들의 귀가를 독려한다. 미라이공업의 비용 절감법은 다른 기업
의 경우와는 달리 종업원들이 즐기면서 실천하는 것이어서 성과가
높다. 그 모든 게 회사의 강요에 따른 것이 아닌, 사원들 스스로가
제안해서 만든 제도이기 때문이다. 25%의 추가 잔업수당을 지불하
면서 잔업을 시키기보다는 주어진 시간 동안 집중하는 게 훨씬 능
률적임을 간파한 것이다.

보고, 연락, 상담이 없는 것도 미라이공업의 특징이다. 보고하는
본인이 사정을 가장 잘 알테니 본인이 즉각적으로 판단해서 행동하
면 된다는 것이다. 실제로 이런 방법을 통해 상당한 비용 절감 효과
를 거두고 있다. 또 미라이공업은 종업원의 업무 목표를 별도로 책
정해두지 않는다. 종업원이 스스로의 능력을 100% 이끌어낼 수 있
다면 성과는 자연스레 따라오는 것이므로 별도로 목표를 세울 필요
가 없다는 논리이다.

이러한 관리 방식은 경우에 따라서는 실패를 불러올 수도 있다. 그러나 실패가 두려워서 종업원을 묶어놓기보다는 권한을 부여해 열심히 일하도록 유도하는 것이 사원들의 능력을 증진하는 방법이라고 판단하고 있다. 인간은 본래 착하다는 성선설(性善說) 경영을 실천하는 셈이다. 사원 한 사람 한 사람이 창의적으로 행동하면 사원의 수만큼 기발한 아이디어가 쏟아지고 이것이 고객 감동으로 이어지리라는 믿음이다.

반상식 경영의 목표는 고객 감동

셋째는 제품 라인업을 다른 기업과 차별화하는 것이다. 야마다는 "고객을 위한 비용은 얼마든지 쓰자"고 제안한다. 스위치박스의 경우 경쟁사들은 가장 많이 팔리는 볼륨존 상품 몇 가지만 생산하지만 미라이공업은 80종류 이상을 생산한다. 연간 수십 개밖에 팔리지 않는 상품을 위해 수백만 엔의 금형(金型)에 투자하기도 한다. 이때 고객은 '이런 제품도 있구나' 하고 감동을 받게 되고, 그리하여 미라이공업의 단골 고객이 될 수 있다는 발상이다.

야마다 상담역이 경영에서 중요하게 생각하는 것은 상대방을 감동시키는 것이다. 감동 경영은 야마다 자신이 경험해본 극단 경영과 다르지 않다. 제품을 통해 고객을, 경영을 통해 종업원이나 거래 기업을 감동시키는 것은 연극을 통해 관객에게 감동을 주는 것과 동일하다는 발상이다. 현재 미라이공업이 취급하는 상품은 1만 6,000개 정도다. 적자를 내는 제품일지라도 지속적으로 생산함으로써 필요한 고객에게 즐거움을 선사하면 전체적으로는 흑자 경영을 할 수 있다는 논리이다.

미라이공업의 반상식 경영은 그 끝을 알 수가 없다. 모든 종업원이 항상 생각하고, 이를 독려하는 기업문화와 각종 제도가 미라이공업 곳곳에 녹아 있다. 여타 기업들이 논리적으로는 이해하지만 과감히 실천은 못하는 경영 방식을 미라이공업은 주저 없이 실천하는 것이다.

미라이공업은 주주총회를 '손 없는 날'에 하는 것이 아니라 '손 있는 날'에 개최한다는 재미있는 이야기도 있다. 이것 역시 반상식 경영을 상시화하기 위한 시도임에 틀림없다. 일본 증권가에서는 "미라이공업에는 적대적 M&A에 대한 대비책이 필요 없을 것"이라는 농담도 오간다고 한다. 왜냐하면 이 정도로 반상식적인 기업을 인수해 잘 경영해나갈 사람은 아무도 없기 때문이다. 어쨌든 미라이공업이 차별화 전략의 모범 사례인 것은 분명하다.

07

정치의
뉴리더
하토야마 유키오

::

::

::

::

::

::

::

::

::

::

::

::

::

::

2009년 9월 16일 일본에서는 하토야마 정권이 출범하였다. 민주당
이 중도 보수 정당이라고는 하지만, 54년에 걸친 자민당 일당 지배
체제에서 벗어나 양당 체제로 돌입한다는 의미에서 일본 정치가 새
로운 국면을 맞은 것이다. 앞으로 일본을 이끌어갈 신임 총리 하토
야마 유키오(鳩山由紀夫)도 기존 정치가와는 전혀 다른 면모를 지닌,
새로운 스타일의 리더이다. '일본의 케네디'라고도 불리는 하토야
마 총리는 과연 어떤 인물이며 어떤 리더십을 갖고 있을까?

　2009년 일본 총선에서 민주당이 열풍을 일으킨 배경에는 '반(反)
자민당'과 '정권 교체'가 있었다. 민주당 정권에 대한 불안감도 없
지는 않았지만, 하토야마 총리에 대한 지지도가 70%를 훨씬 넘은
것을 보면 신임 총리에 대한 일본 국민의 기대감은 상당한 듯하다.
역대 2위 내지 3위 정도의 인기를 얻고 있는데, "이제야 겨우 세계

2009년 8.30 총선 때 개표상황실에서 당선자 표시를 하고 있는 하토야마 유키오 총리. 정권 교체에는 성공했지만 앞날에 대한 기대와 우려가 교차하고 있다.

에 통용되는 총리가 탄생했다"며 기대하는 사람도 많은 듯하다. 지금까지의 자민당 리더들과는 달리 가문으로 보나 재력으로 보나, 또한 출신 학교로 보나 일본 최고의 엘리트이기 때문이다.

'일본의 케네디가'로 불리는 하토야마가(家)

우선 하토야마가는 케네디가에 비견될 정도로 일본 굴지의 가문이다. 증조부 가즈오(和夫)는 오카야마 현 사무라이 출신이지만 일본의 법학박사 1호였으며 변호사, 와세다 대학 학장, 중의원 의장 등을 지냈다. 홋카이도를 개척한 공을 인정받아 메이지 정부로부터 광활한 토지를 하사받았는데, 하토야마 유키오가 홋카이도 출신의 국회의원인 것도 이런 배경을 갖는다. 조부 이치로(一郎)는 전후에

샌프란시스코 조약을 체결한 요시다 시게루(吉田茂) 전 총리의 정적으로 보수 합동인 자민당을 결성해 총리가 된 인물이다. 일본에서는 이번에 요시다의 외손자인 아소에서 하토야마 이치로의 손자인 유키오로 총리직이 넘어간 것을 역사의 아이러니로 보기도 한다. 부친 이이치로(威一郞)는 전 외상이었다.

하토야마 가문의 운세가 결정적으로 상승한 것은 1942년이다. 당시 유키오의 부친 이이치로가 브리지스톤의 창업주 이시바시 쇼지로(石橋正二郞)의 장녀 야스코(安子)와 결혼했다. 이시바시는 자신이 고안한, 바닥이 고무로 된 버선[일명 치카다비(地下足袋)]이 엄청나게 팔려 큰 부를 이룬 사람이다. 뿐만 아니라 자동차 시대를 예견해 고무 타이어를 제조하는 '브리지스톤'을 일본 최대의 타이어업체로 키웠다. 이시바시는 이후 하토야마가를 물심양면으로 지원했다. 그리고 막대한 재산을 5명의 자녀와 손자들에게 나누어주었는데, 유키오의 경우 브리지스톤 주식 350만 주(시가 60억 엔)를 보유해 그 배당금이 2008년에는 8,400만 엔이나 되었다. 현금도 무려 12억 8,000만 엔으로 신고되어 있다. 또한 어머니의 재산은 이를 훨씬 능가하는 것으로 알려졌다. 이러한 막대한 재력을 갖추고 있기에 그는 기존의 정치가와 달리 정치 자금으로부터 자유로울 수 있었고, 따라서 이권(利權) 정치를 비판하고 개혁을 표방할 수 있었다는 분석이 나온다.

최초의 도쿄 대학 이공계 출신 총리

그의 재력이 정치의 자유도를 넓혀준다면 그의 학력은 오히려 그를 속박할 수 있다. 그는 하토야마가의 전통에 따라 도쿄 대학에 진학했지만 엔지니어링 시대의 도래를 예상해 법학부가 아닌 공학부를 택했다. 그리하여 전후 최초로 도쿄 제국대학이 아닌 도쿄 대학 출신 총리이자 이공계 출신 총리가 되었다.

"정치를 과학화해야 한다"는 말을 곧잘 하는 그는 도쿄 대학에서 계수공학을 배웠고 미국 스탠퍼드 대학 석·박사 과정에서는 OR(Operation Research), 즉 수리적 의사결정론을 전공했다. 그의 논문 중에는 '신뢰성의 수학'이라는 것도 있다. 그래서 사람들은 그가 실타래처럼 엉킨 일본의 정치를 어떻게 객관적으로, 합리적 의사결정으로 풀어나갈지 궁금해 하고 있다.

일본 미디어에서는 이번 총선을 "주연 하토야마, 각본·연출 오자와"라고 평하기도 한다. 민주당의 간사장 오자와 이치로(小澤一郎)의 존재감이 그만큼 크기 때문이다. '선거의 달인'이라고 불리는 오자와가 이번 선거에서 '오자와 키드(kid)'를 100명 이상 만들어냈다고 하니, 하토야마 총리가 그와 어떤 관계를 맺어나갈지, 그 리더십이 지금 시험대에 오른 셈이다. 두 사람이 '2인 3각'으로 일본 정치를 잘 이끌어가면 일본에 새로운 정치문화가 탄생하겠지만 그러지 못하면 또 한 차례의 정치적 파란이 예상되기 때문이다.

시험대에 오른 하토야마 정권

일본 재무관을 역임하고 '미스터 엔'이라는 별명까지 얻은 사카키바라 에이스케(榊原英資) 와세다 대학 교수는 이미 "하토야마 불황이 올지도 모른다"고 예견한 바 있다. 현재 일본의 경제 문제는 하토야마 정권도 해결하기 어려운 것으로 보기 때문이다. 게다가 일본 재계, 특히 게이단렌(經團連)과의 관계도 좋지 않다. 하토야마 총리가 기회 있을 때마다 정·관·재의 '철의 삼각형'을 부수어버리겠다고 호언하기 때문이다. 게이단렌은 지금까지 자민당 지지를 선명하게 밝혀왔다. 2007년도 회원 기업에 의한 정치 헌금이 자민당은 29억 1,000만 엔이었으나 민주당은 불과 8,000만 엔에 그쳤다. 그래서인지 미타라이 후지오(御手洗富士夫) 게이단렌 현 회장이 교체되어야 한다는 하마평이 나돌았고 2010년 1월에 요네쿠라 히로마사(米倉弘昌) 스미토모화학 회장이 차기 게이단렌 회장으로 내정되었다. 반면 이전부터 민주당을 지지해온 이나모리 가즈오 교세라(KYOCERA) 명예회장이나 또 다른 경제단체인 경제동우회와는 좋은 관계를 유지할 것으로 보인다. 이나모리 명예회장은 법정관리에 들어간 일본항공(JAL)의 CEO로 발탁되었다.

지금 일본은 민주당으로 정권이 교체됨에 따라 공무원 사회와 사회간접자본 투자가 크게 흔들리고 있다. 지금까지 자민당 정권이 표방해온 관료 주도의 정책 추진과 자민당의 표밭인 지방에서의 공공사업을 민주당 정권이 뒤바꿔놓겠다고 호언장담하기 때문이다. 소위 '정치'가 '정책'을 주도해야 한다는 '정치 주도' 그리고 지방의 사회간접자본 투자보다는 서민의 복리후생 증진을 우선해야 한다는 민주당의 정치 노선에 국민들은 일단 찬성하고 있다. 그러나 금융위기 이후의 일본 경제를 어떻게 회생시킬지 청사진이 보이지 않는다는 비판도 만만치 않다.

54년 만에 정권 교체를 이루고 새로운 리더로 등장한 하토야마 유키오. 그가 과연 일본에 새로운 정치문화를 창출해낼 수 있을지 전 세계는 기대 반 우려 반으로 지켜보고 있다. 만약 그가 성공한다면 일본은 경제력뿐만 아니라 정치력에서도 한 단계 도약할 것이다. 다행히도 그는 우익계 자민당 정치인들과는 달리 한국에 대해 좋은 감정을 갖고 있는 듯하다. 앞으로 정계는 물론 재계에서도 한·일 간의 교류가 빈번해지기를 기대한다. 아울러, 신임 총리가 내건 '동아시아 공동체' 구상이 아시아 각국에 어떠한 영향력을 미칠지도 지켜볼 만한 대목이다.

08

세계에서 가장 유명한 일본 요릿집 '노부'의 창업자 마쓰히사 노부유키

일본의 교토, 아사쿠사 등지에는 가이세키(懷石) 요리(전통 코스요리) 같은 일본 전통의 맛을 수백 년간 이어오는 가게가 많다. 그렇다면 오늘날 일본 요리가 글로벌화된 것도 이런 전통 요릿집이 많아서 일까?

'노부(NOBU)'는 스시(壽司)를 글로벌화한, 세계에서 가장 유명한 일본 요릿집이다. 한국 요리보다 한발 앞서서 일본 요리가 글로벌 화된 비결은 무엇일까.

일본인들이 경사스런 날에 즐겨 먹는 요리인 스시는 원래 초가 든 밥 위에 삭힌 어패류를 얹어 먹는 일종의 보존식이었다. 기원전 에 동남아 또는 중국으로부터 전해졌다는 설이 있지만 지금처럼 쉽 게 먹을 수 있는 요리가 된 것은 19세기 초의 일이다. 포장마차에서 주먹밥 위에다 도쿄 만에서 방금 잡은 어패류를 얹어 패스트푸드처럼 팔았던 것이 그 계기이다. 한때 위생상의 문제로 퇴조했다가 냉동·냉장 기술의 발달로 다시 부활해 일반 요릿집에서도 취급하기 시작하였고, 지금은 일본을 대표하는 요리가 되었다. 또 회전스시의 보급으로 싼 가격으로도 먹을 수 있게 된 음식이다.

이런 스시의 매력에 홀딱 반한 청년이 있었으니, 바로 마쓰히사 노부유키(松久信幸)이다. 현재 일본을 대표하는 카리스마 요리사이며 스시 글로벌화의 주역 중 한 사람이기도 하다. 어릴 때 형님과 함께 먹어본 참치스시와 새우스시 맛을 잊을 수가 없어서 스시집 주인이 되기로 결심하고 공고 졸업 후 스시집에서 숙식하며 심부름을 하는 봉공(奉公)부터 시작하였다. 3년간은 생선을 만져보지도 못했다. 부드러운 천으로 주먹밥 만드는 흉내를 내는 등 피나는 노력으로 5년을 수행하고 나서야 겨우 카운터에서 접객을 할 수 있었다.

3전 3패의 유랑 요리사 생활

어느 날 페루에 사는 일본인 2세 손님이 페루에서 스시집을 공동으로 경영해보자고 마쓰히사에게 제안했다. 이를 받아들여 23세 때인 1973년에 페루로 간다. 목재상을 하던 아버지가 외국에서 찍은 사진을 보고 멋있다고 느꼈던 마쓰히사는 어릴 때부터 외국 생활을 동경했고 또한 자신이 직접 스시집을 경영할 수 있다는 점에 매력을 느껴 페루 행을 수락한 것이다. 그러나 그가 페루에 가기로 결심한 진짜 이유는 일본 스시계의 도제(徒弟)제도 같은 계급사회에서는 자신의 꿈과 야망을 성취하기 어렵다고 판단했기 때문이다.

그러나 외국으로 갔다고 해서 그의 꿈과 야망이 하루아침에 이루어진 것은 아니다. 페루에서의 스시집 경영은 순탄했지만 공동 경영자가 순이익이 적다며 불만을 토로했다. 그는 이익을 많이 내려고 스시의 맛을 떨어뜨릴 수는 없다며 저항했다. 결국 공동 경영은 결렬되었고 그는 아르헨티나로 향했다.

아르헨티나의 일식집에서는 보수가 낮아 생활이 곤란할 지경이었다. 결국 3년 반의 남미 생활을 완전히 접고 할부 비행기 티켓으로 귀국했는데 일본으로 돌아와서는 패배자 취급을 당하며 천덕꾸러기 신세를 면치 못했다. 그는 재기를 위해 다시 알래스카로 떠난다. 재기의 길은 쉽게 열리지 않았다. 알래스카에서 연 스시집이 화재로 인해 쫄딱 망했고, 그는 다시 귀국길에 올랐으며 한때는 자살을 생각하기도 했다. 그러나 해외에서 멋진 스시집을 경영하겠다는 야망을 접지 않았고, 네 번째 도전지 로스앤젤레스로 건너간다.

창의적이고 독창적인 '노부 스타일' 개발

8년간 일본 요릿집을 전전하다 드디어 1987년 베벌리힐스에 자신의 가게 '마쓰히사(MATSUHISA)'를 개점하는데, 페루에 건너간 지 14년 만의 일이다. 이후 그의 가게는 승승장구한다. 전 세계적으로 자연식 붐이 일어나고 원양 어업과 냉동 기술, 항공 운송의 발달로 스시가 서양인들에게 조금씩 알려진 덕분이다. 그러나 이러한 환경 변화만으로 그가 성공을 거둔 것은 결코 아니다. 그동안 유랑 요리사 생활 경험에서 우러나온 창의력 넘치는 요리가 미국 부유층의

일식 세계화의 주역 마쓰히사 노부유키.
동서양을 오가는 독창적인 요리를 구사한
다고 평가받는다.

입맛을 사로잡은 것이다.

　그는 '노부 스타일'이라고 불리는 독창적 요리 철학으로 서양인
의 입맛을 잡아당기는 요리를 개발해냈다. 예를 들어 날생선을 싫
어하는 서양인들의 입맛에 맞추기 위해 생선에 뜨거운 기름을 부어
생선 표면만 순식간에 익힌다. 생선살은 익히지 않으므로 스시 특
유의 부드러운 맛은 그대로다. 이렇게 마쓰히사는 단순한 퓨전을
넘어서서 동양과 서양을 오가는 요리를 구사한다는 평가를 받았다.
즉 세계 각지의 식성(食性)과 식재(食材)를 융합해 스시를 일종의 엔
터테인먼트, 나아가 패션의 영역으로 승화시켰다는 찬사를 듣는다.
특히 그는 '일본 요리이므로 반드시 이래야 한다'는 고정관념 없이
'요리는 자유로워야 하고 또 진화해야 한다'는 생각으로 수없이 새

로운 요리들을 개발해냈다.

세계인의 입맛에 어필하는 진화된 요리법

어느 날 그의 요리 솜씨에 홀딱 반한 영화배우 로버트 드니로가 뉴욕에 공동으로 레스토랑을 내자고 제안했다. 마쓰히사는 페루에서 겪은 공동 경영의 악몽을 떠올리고는 일단 거절했으나 4년이나 기다려주는 것에 감동해 드니로를 신뢰하게 되었고, 드디어 1994년 뉴욕에 '노부'라는 스시집을 연다. 2000년에는 세계적 디자이너 조르지오 아르마니와 공동으로 밀라노에도 '노부'를 오픈해 셀러브리티(celebrity) 마케팅을 본격 전개하고 있다.

현재 그는 전 세계 유명 도시에서 25개의 레스토랑을 운영 중이다. 최근에는 영화배우 성룡으로부터 베이징에 오픈하자는 권유를 받고 있다. 하지만 이젠 자신의 기술을 전수받은 인력이 부족해 새 레스토랑을 오픈할 수 없을 정도라고 한다. 세계 각지의 노부 레스토랑에 대한 '미슐랭'의 평가도 당연히 좋다.

마쓰히사의 이야기를 하다 보면 자연스럽게 한국 요리의 국제화를 생각해보지 않을 수 없다. 일본 요리는 이렇듯 국제화가 되었는데 왜 한국 요리의 국제화는 어려운가 하는 점이다. 그것은 바로 우리가 마쓰히사의 '노부'처럼 세계인의 입맛에 어필하는 자유롭고 진화된 한국 요리를 개발하지 못한 탓이 아닐는지. 도쿄 신주쿠에 있는 한 막걸리바에서는 수십 가지의 막걸리 맛을 즐길 수가 있다고 한다. 그런데 막걸리 종주국인 한국에서는 과연 몇 가지의 막걸리 맛을 경험할 수 있는가? 또한 한국 요리는 조리법이 어렵고 표준화가 쉽지 않다는 것이 단점으로 여겨지곤 한다. 반찬 종류도 너무 많다는 게 외국 요리 전문가들의 평가이다. 한국인의 밥상을 보면 서울의 교통체증이 연상된다는 혹평까지 있다. 한국 요리가 해외 동포나 관광객들만 찾는 요리의 범주에서 벗어나려면 진화된 요리법 개발이 절실하다는 생각이 든다.

무명의 구로카와를 최고의 온천으로 바꾼 혁신가 고토 데쓰야

일본의 각종 미디어에서 온천 랭킹 1위로 자주 뽑히는, 소박하지만 대단한 온천이 있다. 한국 사람들이 잘 가는 규슈 아소산(阿蘇山)에서 벳부(別府) 온천으로 가는 야마나미 하이웨이 도중에 위치한 구로카와(黒川) 온천이다.

일본 온천총합연구소에 의하면 숙박 시설이 있는 일본의 온천지는 3,139개소이고 온천 이용객은 1년에 1억 3,600만 명이라고 하니 일본인의 온천 사랑을 알 수 있다. 3대 명천(名泉)은 군마 현의 구사츠(草津) 온천, 기후 현의 게로(下呂) 온천, 효고 현의 아리마(有馬) 온천이고, 가장 많이 가는 온천지는 홋카이도(北海道)로 약 1,270만 명이 다녀가며, 그 다음은 도쿄에서 가까운 시즈오카(静岡), 나가노(長野), 가나가와(神奈川)이고, 그 뒤를 규슈의 오이타(大分)가 잇고 있다. 오이타는 한국인들에게도 잘 알려진 벳부 온천과 유후인(由布院) 온

마을 사람들이 직접 만든 구로카와의 노천탕. 지도자를 중심으로 똘똘 뭉쳐 온천을 가꾼 결과 일본 최고의 온천으로 거듭났다.

천이 있는 곳이다.

그런데 놀랍게도 전국적으로 유명한 벳부와 유후인 바로 옆에 있는, 초라하기 그지없는 규모의 구로카와 온천이 일본 최고의 온천으로 등극한 것이다. 어떻게 이런 일이 가능했을까? 사실 일본에서 최고의 온천으로 뽑힌다는 것은 대단한 일이다. 온천은 수질, 시설, 서비스, 분위기, 역사성 등 종합적 측면에서 평가하므로 공장에서 만드는 제품처럼 단기에 좋은 성과를 내기가 어렵다. 그럼에도, 구로카와 온천이 일본 최고의 온천으로 뽑힌 데는 혁신의 주도자 고토 데쓰야(後藤哲也)의 노력이 있었기 때문이다.

마을 주민들의 방관 속에 홀로 나서다

지도에도 잘 나와 있지 않은 구로카와 온천은 계곡 속 개천가에 낡은 여관 20여 채가 모인 도지바(湯治場) 온천(주로 환자들이 요양하는 온천)으로만 알려져 있었다. 1964년 야마나미 하이웨이가 개통되면서 손님이 좀 늘어나는 듯했으나 그 효과가 사라지자 다시 침체되었다. 손님이 없어 낮에는 소프트볼이나 하고 있는 여관 경영자들을 보면서 2세 경영자의 한 사람인 고토 데쓰야는 구로카와 온천 개혁을 결심한다. 그는 일본 국토교통청이 부여하는 '관광 카리스마'에도 뽑힌 사람이었다.

고토가 교토나 가루이자와(輕井澤) 등 일본의 전국 관광지를 시찰하면서 얻은 결론은 구로카와를 '자연과 공생하는 온천지'로 만들어야 한다는 것이었다. 교토를 찾는 관광객들이 인공적인 '일본 정원'보다는 자연 경관이 좋은 산사(山寺)를 선호한다는 트렌드를 포착했기 때문이다. 구로카와 온천을 자연 경관이 좋은 고향 마을 분위기로 바꾸기 위해 그는 기존의 소나무를 뽑아내고 경관이 좀 더 화려한 활엽수를 자신의 여관 정원에 심기 시작했다. 또한 노천탕의 유행에 주목해 뒷산에다 동굴탕이나 암석탕 등을 만들기 시작했다. 마을 사람들은 방관만 하고 있었다. 당시만 해도 온천지의 여관 경영은 단체 손님을 받는 방식으로 이뤄지던 시대여서 고토의 개혁에 동참할 이유를 찾지 못했던 것이다.

'구로카와 온천은 하나'라는 비전 아래 개혁을 주도

고토는 이에 아랑곳하지 않고 활엽수 심기와 노천탕 만들기에 계속 주력했다. 그러자 구로카와에서 유일하게 고토의 집에만 손님이 늘기 시작했다. 여관 경영자들도 점차 고토의 개혁 방식을 이해하게 되었고, 그에게 도움을 청하며 활엽수 심기와 노천탕 만들기에 동참했다. 고토도 자신의 여관이 잘되려면 구로카와 온천지 전체가 잘되어야 한다는 생각으로 마을 사람들을 적극 도왔다. 다른 여관을 경쟁자로 보는 것이 아니라 새로운 온천 명소를 함께 만드는 협력자로 본 것이다.

어느덧 구로카와 전체가 똘똘 뭉쳐 온천 마을 개혁에 나서게 된다. 고토가 '구로카와 온천은 하나'라는 비전을 제시하고 개혁을 주도해나갔다. 각각의 여관은 '구로카와 여관'의 방이고 길은 그 여관의 복도라는 것이 그가 펼친 역발상의 핵심이었다.

좋은 경관을 만들기 위해 각 여관들이 나무를 심고 노천탕을 만드는 것은 물론, 한발 더 나아가 온천 전체의 경관을 하나로 통일하기로 했다. 모든 여관 벽을 시골집처럼 편안한 황토색으로 칠했고, 지붕과 기둥은 검은색으로 통일했으며, 개별 간판과 네온도 가급적 자제했다. 나무를 심을 때도 옆집 경관을 생각하면서 심었다. 다른 집 경관도 자기 집 경관의 일부이기 때문이다. 나무나 돌의 배치에도 신경을 쓰자 온천지 전체가 고향 마을 같은 정서를 풍겼고, 손님도 조금씩 늘어났다. 특히 여성 고객들이 즐겨 찾았고, 한번 와보고는 다시 찾는 리피터(repeater) 고객이 증가했다.

이 온천 마을이 고객의 마음을 사로잡은 결정적 이노베이션 전술은 '공동 입욕권'이다. 이는 장소의 제약 탓에 노천탕을 만들지 못한 여관 2곳을 구제하기 위해 만든 제도로,

공동 입욕권 '뉴토테가타'.

어느 여관 노천탕이든지 3곳을 마음대로 이용할 수 있는 입욕권인 '뉴토테가타(入湯手形)'를 여관조합에서 발행한 것이다. 사실 일본 온천지들은 여관에는 묵지 않고 온천만 이용하는 고객을 별로 달갑게 여기지 않는다. 그러나 구로카와 온천에서는 손님이 어디서 묵든지 간에 노천탕 이용객을 친절히 대하는데, 바로 이런 점이 손님을 감동시킨 것이다. 손님들은 여러 명이 어울려 유카타(일본식 잠옷) 차림으로 노천탕 3곳을 순회하는 것이 꼭 축제 분위기라며 여간 즐겁지 않다는 소감을 내놓는다.

시골 무명 온천에서 일본 최고의 온천으로 변신

구로카와 온천은 요리에도 온갖 정성을 다했다. 특히 저녁식사 준비 시간이 오래 걸린다고 한다. 미리 준비해놓지 않고 손님이 도착해서야 요리를 시작하기 때문이다. 그리고 요리사는 재료의 산지, 영양 성분, 먹는 법, 감상 등을 일일이 설명해준다. 직접적으로 말하지는 않지만 "향토 요리의 진수를 맛보세요" 하고 말하는 느낌이 손님에게도 전해질 정도라고 한다.

뻐꾸기 소리만 처량하던 구로카와 온천은 이제 연간 100만 명이

훌쩍 넘는 숙박객이 몰려드는 온천으로 변신했다. 게다가 이전에는 아소산이나 주변의 유명 관광지를 구경하고 잠깐 구로카와에 들러 온천을 했다면, 지금은 구로카와에 온천을 하러 온 김에 주변 관광을 할 정도로 주객이 전도되었다.

그러나 사업이 번성하면 시장 원리가 고개를 들게 마련이다. 구로카와 온천이 유명해지자 각각의 여관들이 제멋대로 하려는 움직임이 일었다. 새로운 음식점이나 환락적 요소가 섞이면서 전체 분위기를 흩뜨리는 경우가 나타나기 시작한 것이다. 그럴 때마다 고토와 여관조합은 구로카와가 잘되어야 개별 사업도 잘될 수 있다고 설득하며 전체 분위기를 유지하고자 힘을 쏟고 있다고 한다.

시골의 무명 온천에서 일본 최고의 온천으로 거듭난 구로카와의 혁신에 아주 특출난 비법이 있었던 것은 아니다. 나무를 심고 노천탕을 만들고, 지도자를 중심으로 온 마을이 똘똘 뭉쳐 혁신에 매진한 것이 전부다. 기본에 충실하고 디테일을 하나하나 충실하게 바꾸어나간 것이 종합적으로 좋은 성과를 낸 것이 아닌가 싶다. 그런 점에서 구로카와의 혁신은 '디테일의 승리'라는 생각도 든다. 혹시라도 아소산이나 벳부에 갈 기회가 생긴다면 구로카와에 들러 그 혁신의 현장을 꼭 확인해보고 싶다.

10 시나가와여자학원 우루시 교장의 혁신

일본에서는 최근 40대 중반의 여성 교육자가 인터넷은 물론 신문, 방송 등 각종 미디어에서 각광을 받고 있다. 바로 시나가와(品川)여자학원의 우루시 시호코(漆紫穗子) 교장이다. 우루시 교장은 입학생이 한 학급에 5명 정도에 불과해 폐교 직전까지 간 학교를, 7년 만에 도쿄 대학 입학생을 배출하고 지원자가 수십 배 늘어난 일류 학교로 변신시켰다. 어떻게 이런 변신이 가능했을까? 우루시 교장의 혁신 사례는 학교의 교육·경영은 물론 기업 경영에도 많은 시사점을 던져주고 있다.

대학을 졸업하고 3년간 다른 학교에서 교편을 잡았던 우루시는 어느 날 친구로부터 우루시의 친정에서 경영하는 학교가 경영 위기에 처한 학교 명단에 올랐다는 말을 듣고 깜짝 놀라 가업인 시나가와여자중고등학교에 부임하기로 결심한다. 우루시는 학교를 개혁

시나가와여자학원의 정문. 우루시 교장은 '교육은 경쟁이 아니라 동기를 부여하는 것'이라는 신념으로 폐교 직전의 학교를 일류 학교로 변신시켰다.

하기로 마음먹고 우선 학생들이 많이 다니는 학원가에서 의견을 들어보았다. "지금 와서 개혁은 무슨 개혁?", "이미 때늦은 일 아니야?" 하는 의견에 한때는 실망도 했다. 그러나 "더는 나빠질 것도 없으니 하고 싶은 대로 해봐라", "당신이 포기하지만 않는다면 성공할 수 있다"라는 말에 큰 용기를 얻고 개혁에 착수한다.

그녀는 학생들이 싫어하는 것은 전부 바꾸고 학교 발전을 가로막는 장벽을 모두 없애기로 하였다. 우선 학교의 외형부터 바꾸었다. 학교명도 시나가와여자중고등학교에서 시나가와여자학원으로 바꾸었다. 노후된 교사(校舍)를 밝고 화사한 현대식 건물로 단장했고 두발 규정도 폐지했으며, 교복과 가방도 학생들이 좋아하는 예쁜 디자인으로 학생들 스스로 바꿀 수 있게 했다.

그녀의 개혁 방식은 사실 단순했다. 학원가나 다른 학교에서 얻은 아이디어란 아이디어는 모두 실천해보는 것이었다. 그러다 자기 학교와 맞지 않거나 학생들이 반대하는 것은 곧바로 포기하고 새로운 아이디어를 적용했다. 개혁의 실천력과 스피드를 중시했기 때문이다. 10개 아이디어 중 한두 개만 성공해도 좋다는 생각이었다.

학생들에게 비전을 준 '28프로젝트' :
28세에 하고 싶은 일을 지금부터 찾아라!

그러나 정작 중요한 것은 학생들의 변화였다. 우루시는 학생들에게 "열심히 공부해서 좋은 대학에 들어가야 한다"고 주장하기보다는 "너희가 여성으로서 독립할 수 있는 나이인 28세 때 진정으로 하고 싶은 일이 무엇일지를 지금부터 찾아보라"고 호소했다. 잘 알려졌다시피 일본 기업도 남녀차별이 심하다. 출산 이후 회사를 그만두는 비율도 74%라고 한다. 이런 사회적 환경에서 자신이 하고 싶은 일을 하려면 어떻게 해야 하는지 지금부터 찾고 준비하라고 학생들에게 진심으로 호소한 것이다. 학생 시절에 목표로 삼은 일을 28세가 되었을 때 실제로 해낼 수 있으려면 그 시점에서 역산해 현재 무엇을 해야 하는지를 학교에서 열심히 가르치고 지도하겠다는 의지의 표현이었다. 우루시 교장의 호소에 학생들도 적극적인 태도로 변하기 시작했다.

이에 따라 학교는 학생들이 자신의 일생에 관해 스스로 생각하고 진로를 선택할 수 있도록, 그리고 결심을 실천할 수 있도록 '라이프 디자인 교육'을 추진했다. 특히 전문성 높은 직업을 선택할 수 있도록 집중적으로 지도했다. 사회와의 커뮤니케이션 능력을 배양하고자 기업과 협업하는 '콜라보레이션(collaboration)' 제도를 도입하여 학생 스스로 기획, 프레젠테이션, 개발을 하도록 이끌었다. 이 제도를 도입하자 학생들의 아이디어가 실제로 제품화되는 사례도 나오기 시작했다. 또한 국제무대에서 활동하는 데 필수적 능력인 영어 교육에 힘을 쏟았다. 학교에서 직접 토익을 지도했고, 외국인 유학생을 한 반에 2명씩 배치함으로써 커뮤니케이션 능력을 배양했다.

'동기부여 스위치'를 켜라!

우루시 교장은 "학생들에게 동기를 부여하는 것이 학교 교육에서 가장 중요하다"고 말한다. 학생들이 평소 스스로 할 수 없다고 생각하던 일을 해낼 때, 자신이 하고 싶은 일이나 뚜렷한 목표를 갖게 되었을 때, 남을 위한 일이라고 생각하며 무언가를 열심히 할 때 우루시 교장은 학생들 스스로 '동기부여 스위치'를 켤 수 있도록 더욱더 세심하게 지도했다. 시나가와여자학원은 학생들과 1년에 7번 개별 면담을 한다. 5번은 학생 본인과, 나머지 2번은 학부형과 면담하며 개개인이 목표를 설정하는 것을 도와주고 동기를 부여한다.

우루시 교장은 그간의 교육 경험을 기반으로 다음 3가지 신념에 따라 학교 개혁을 추진했다.

첫째, 사람을 바꿀 수는 없다는 것이다. 예를 들어 회사의 상사는 부하를 변화시킬 수 있다고 자기 마음대로 믿고 충고나 명령을 하지만 실제로 부하를 변화시키기란 결코 쉽지 않다는 것이다. 오히려 부하는 마음속으로 반발하고 있을지 모른다. 따라서 개혁을 하려면 부하를 변화시키려 하지 말고 부하 스스로가 동기부여의 스위치를 켜도록 유도해야 한다는 것이다.

둘째, 목표는 전달되는 것이 아니라는 점이다. 우루시 교장은 각종 연수(研修)가 그다지 효과가 없음을 경험을 통해 잘 알고 있었다.

연수는 의무로 참가하는 경우가 많아서 교육 내용이 귀에 쏙쏙 안 들어온다는 것이다. 연수 당시에는 내용이 좋다고 느끼더라도 1주일 정도 지나면 전부 잊어버린다는 이야기다. 따라서 연수를 통해서가 아닌, 업무 과정에서 자신이 기획에 참여해 직접 성공을 경험하는 것이 중요하다고 강조한다. 예를 들어 우루시 교장은 대회의를 열기보다는 소회의를 열어 직원들이 좀 더 쉽게 발언하게 하고 또한 직원들의 제안 내용이 좋으면 가능한 한 빨리 실천에 옮겼다. 그러자 교직원들에게서 "기쁨과 책임감을 느낀다"는 반응이 나왔다.

개혁의 본질은 경쟁이 아닌 동기를 부여하는 것

셋째, 사람은 관리할 수 없다는 것이다. 이는 우루시 교장의 첫째 신념, 즉 '사람을 바꿀 수는 없다는 것'과 비슷한데, 학교가 사람을 어쩔 수 있는 것은 아니고 다만 환경을 바꿔주면 행동이 변하고 마음도 달라질 것이라는 이야기다. 사람을 관리하면 최저 수준은 조금 올라갈 수 있겠지만 최고 수준은 결코 올라가지 않고 임기응변만 늘어날 뿐이라고 그녀는 강조한다.

이런 신념으로 학생은 물론이고 교직원들에게도 개혁을 독려해 성공시켰다. 우루시 교장이 시행한 개혁의 핵심은 학생들에게 '28프로젝트'라는 명확한 비전을 제시하여 이를 스스로 실천하도록 세심하게 동기부여를 했다는 점이다. 그녀는 이 목표를 추진하기 위해 '흔들리지 않는 자신의 축'이라는 행동 철학으로 일관했는데, 이런 태도는 학교뿐만 아니라 기업을 개혁하는 일에서도 핵심이라고 생각한다.

　교육 개혁 때 우리는 흔히 '경쟁의 요소'를 도입해야 하느냐 마느냐로 논쟁을 벌인다. 그러나 개혁의 본질은 학생들, 즉 구성원들에게 어떻게 '동기부여 스위치'를 달아줄 것인가 하는 문제가 아니겠는가.

3장

경쟁력
재발견

일본 기업들은 본사는 약하지만 제조 현장은 강하다는 이야기가 있다. 도요타 자동차는 금융위기 이전에 1조 엔 이상의 이익을 올렸다. 당시 도요타는 간판방식(看板方式), 즉 필요할 때 필요한 부품만 조달하는(Just In Time) 생산방식으로 대표되는 생산 현장 혁신으로 매년 1,000억 엔가량의 비용 절감 효과를 얻고 있었다. 1조 엔이라는 이익은 생산 현장의 혁신이 10년 정도 누적된 것에 지나지 않는다.

그렇다. 일본 기업의 강점은 바로 제조 현장에 있다. '잃어버린 10년' 동안 일본 경제를 지탱시킨 버팀목도 바로 제조 현장이다. 부품과 소재의 수출 확대로 일본 경제를 견인해온 것이다. 도요타 자동차 공장을 견학하는 한국의 기업인이 줄을 잇고 있지만, 그들이 도요타의 생산 현장에서 무엇을 느끼고 왔는지 궁금하지 않을 수 없다. 기술 유출을 우려해 공장 레이아웃까지 블랙박스로 한다는 여타 기업과 달리 도요타가 공장 견학을 허용하는 이유는 무엇일까? 생산 현장을 보아도 그 배후에 있는 생산 '시스템'은 이해하기 쉽지 않을 것이라고 판단하기 때문이 아닐까? 아니 이해한다 하더라도 따라하지는 못할 것이라는 자신감이 있는 것이다.

여기서는 일본 기업, 특히 일본 제조업의 강점을 재발견하고자 한다. 눈에는 잘 보이지 않는 일본 기업의 제조 현장 배후에 있는 강점은 무엇인가? 그것에 주목해보자.

경쟁력의 원천은 '신뢰' 01

일본 기업인들은 "기업 간의 거래에서 '신뢰'가 가장 중요하다"는 말을 자주 한다. 일본 기업이 우리 기업과 거래할 때 가격, 품질, 납기 조건이 다 좋은데도 아직 신뢰가 쌓이지 않았다며 거래를 거절하는 경우가 적지 않다. 과연 일본 기업이 생각하는 신뢰란 무엇일까? 일본 기업들 간의 거래에서 드러나는 특징을 잘 살펴보면 그들이 생각하는 신뢰가 무엇인지 알 수 있으며, 바로 그것이야말로 경쟁력의 원천임을 느낄 수 있다.

장기적 거래를 가능하게 하는 신뢰

일본 기업의 기업 간 거래의 가장 큰 특징은 장기적·안정적·지속적 거래라는 점이다. 단발성 거래라서 이익이 나지 않는다 하더라

도 장기적 혹은 전체적으로 이익을 낼 수 있으면 된다고 생각하는 거래 방식이다. 각 분기마다 이익을 최대화하려는 거래 행동을 보이는 우리 기업이나 구미 기업과는 큰 차이가 있다. 일본 기업들은 거래 상대방에게 "이번에는 당신이 좀 울어줘. 그럼 다음번에 내가 보상해줄게", "원재료 값이 올라서 어렵겠지만 이번만 좀 어떻게 해줘"라는 말을 곧잘 한다. '가리(貸り)와 가시(借し)의 논리'라는 말도 있는데 '한번은 빌려주고 그 다음에는 빌린다'는 의미이기도 하지만, '이번에는 내가 이익을 보았으니 다음번에는 내가 좀 손해를 봐도 괜찮다'는 의미로도 많이 쓰인다. 일본 기업들의 장기적·안정적·지속적 거래의 특징을 잘 보여주는 말이다. 일본에서 유달리 담합이 많은 것도 어쩌면 이런 상거래 관행 탓인지 모른다.

이런 장기적·안정적·지속적 거래는 거래 상대방을 신뢰하므로 가능하다. 만약 서로를 신뢰하지 않는다면 당연히 계약 거래나 단기 이익을 중시하는 거래 형태로 흐르게 마련이다. 그러나 거래 기업 간에 오랜 기간 신뢰를 구축하여, 이를 바탕으로 안정적·장기적 거래를 하는 것이 서로의 경쟁력을 향상시키고 더 많은 이익을 가져다 준다고 생각한다. 다시 말해 신뢰를 바탕으로 한 장기 거래가 기술 개발, 품질 개선, 비용 절감을 실현하고 이것이 서로의 경쟁력 향상으로 이어진다고 믿는다. 바로 이것이 일본 기업과 서구 기업 간의 아주 중요한 차이점이다.

구체적인 예를 하나 들어보자. 일본이 세계적 경쟁력을 자랑하는 자동차산업의 경우에 최종 조립 메이커의 부품 내재율은 약 30%에 불과하다. 반면 미국 기업은 70%에 달한다. 결국 일본 기업들은 부품의 70%를 외부에서 조달하게 되는데, 이 과정이 신뢰를 바탕으로 한 기업 간 거래에 의해 이루어지는 것이다.

일본 기업이 신뢰를 중시하게 된 이유를 문화적 배경에서 찾기도 한다. 에도(江戸) 시대의 사무라이 정신이나 장인 정신이 계승되어 이익보다는 신의, 개인보다는 집단과 협조가 중시된 결과라는 주장이다. 그러나 경제 논리를 문화 논리로 설명하는 것에는 한계가 있다. 즉 일본 기업의 거래 관행에는 분명 경제합리성(經濟合理性)이 깔려 있고 그에 따라 신뢰의 거래를 중시한다는 이야기다.

사실 신뢰라는 말에는 주관적 색채가 짙게 배어 있다. 실제로 일본의 학자들은 신뢰라는 단어에 대해, "거래 시 상대방이 내게 도움이 되는 역할을 할 의도가 있고 그럴 능력도 있을 것으로 기대하는 것"이라고 정의하고 있다. 신뢰를 의도와 능력 차원으로 분해해서 생각하는 것이다. 즉 나에게 도움이 될 행동을 할 의도가 있다 하더라도 능력이 없거나, 능력은 있지만 의도가 없을 경우에는 그 상대방을 신뢰할 수 없다는 것이다.

신뢰가 주는 경제적 이익

상호 신뢰 관계의 구축은 어떤 경제적 이익을 가져다줄까? 첫째는 상대방의 기회주의적 행동을 감소시킴으로서 거래비용을 줄이는 효과가 있다. 불확실성이 커질수록 이러한 비용 감소 효과는 더 크게 나타난다. 둘째는 예측하지 못한 재해나 물가 변동으로 상대가 위기에 몰렸을 때 탄력적으로 대응하여 거래를 안정시키는 기능을 한다는 점이다. 일본 기업과 거래하는 한국의 모 업체가 화재로 공장이 전소했을 때 거래처인 일본 기업이 공장을 새로 지어줬다는 유명한 일화가 이러한 경우에 해당한다. 셋째는 공동의 문제가 발생했을 때 이를 해결하는 '장 (場)'도 공동으로 마련할 수 있다는 점이다. 공동으로 기술이나 신제품을 개발하는 경우가 이에 해당한다. 사실은 이 효과가 경쟁력 향상에 가장 크게 기여한다. 대기업과 중소기업의 협력이 절실한 까닭도 바로 여기에 있다.

일본 기업들은 양자 간에 신뢰를 구축하는 것뿐만 아니라 다자 간 네트워크로 신뢰 관계를 구축하는 것도 특징이다. 협력회사, 자회사, 모회사 등 거대한 기업 계열 관계가 이에 해당한다. 기술이나 정보가 유출되지 않는다는 상호 신뢰를 바탕으로 기술이나 신제품을 공동 개발하는 시스템이다. 이런 시스템이 바로 세계적 부품·소재 기업을 키워내는 배경이다. 신제품을 개발하려면 기업 간에 수많은 조정이나 협력이 필요한데 이는 양자의 신뢰 관계가 없이는 불가능하기 때문이다.

신뢰도 높은 기업이 경쟁력도 높다

협력 업체는 실력이나 신뢰에 따라 여러 등급으로 나뉘어 관리된다. 일반적으로 일본의 발주 기업인 자동차업체에 납품하는 협력 업체는 설계도를 승인해주는 '승인도 업체'와 대여해주는 '대여도 업체'로 나뉜다. 그리고 실력과 신뢰의 정도에 따라 몇 등급으로 분류된다. 승인도 업체가 실력과 신뢰가 더 높은 협력 업체라고 할 수

범주	발주 업체가 제시하는 사양으로 만든 부품(커스텀 부품)						시판 부품
	대여도 부품			승인도 부품			VII
	I	II	III	IV	V	VI	
분류 기준	발주 기업이 공정에 대해서도 상세하게 지시	외주 기업이 대여한 설계도를 기초로 공정을 결정	발주 기업이 개략 도면을 제시하고, 이를 완성하도록 외주 기업 측에 위탁	발주 기업이 공정에 대해 상당한 지식을 보유	IV과 VI의 중간	발주 기업이 공정에 대해 한정된 지식만 보유	발주 기업은 외주 기업이 제공하는 카탈로그에서 선택하여 구매

자료 : 아사누마 마리(淺沼萬里, 1990).

있다. 가장 신뢰하는 승인도 업체에 대해서는 당연히 해당 협력 업체에 부품 설계를 맡기고 발주 업체는 최종 승인만 하며, 공정에 대해서도 약간의 정보만 취할 뿐 거의 간섭을 하지 않는다. 반면 신뢰도가 가장 낮은 대여도 업체의 경우에는 발주 업체가 설계 도면을 대여해줄 뿐만 아니라 그 공정에 대해서도 상세히 지도하며 간섭한다. 6개 등급으로 분류된 업체 중 어디에도 생산을 의뢰하지 않는 부품은 시장에서 구매한다. 다소의 차이는 있겠지만 협력 업체와의 거래가 빈번한 일본의 최종 조립 메이커들은 신뢰도를 기준으로 협력 업체를 구분, 관리하는 것이다. 일본 기업들은 이러한 생산 시스템이 곧 경쟁력의 원천이라고 믿는다.

그렇다면 거래 기업 간 네트워크에서 어떻게 신뢰를 구축할 수 있을까? 일본 기업의 신뢰 네트워크에는 3가지 요소가 필수적이다. 첫째로는 서로 공존공영 한다는 아이덴티티를 확립해야 하고, 둘째로는 지식이나 가치관을 공유해야 한다. 셋째로는 네트워크 차원에서 공동 학습의 장을 만들어야 한다.

물론 거래 기업 간의 관계를 고정시킴으로써 비용이 발생할 수도 있다. 최근 일본 기업들이 계열 구매를 시장 구매로 돌린 것도 비용 절감을 위해서다. 그러나 기업 간 신뢰는 단점보다 장점이 더 많은 것이 사실이다. 신뢰의 필요성이나 방향성을 분명히 하면서 이를 달성하는 능력까지 갖춘다면 신뢰는 확실히 우리 기업들에게도 경쟁력의 원천이 될 수 있을 것이다.

교토 게이샤 시스템에서 배우는 경쟁력

일본 상인들의 전통적 상거래가 신뢰의 거래임을 잘 나타내는 사례로 교토의 게이샤 시스템을 소개한다. 몇 년 전 일본 독서계를 뜨겁게 달군 책 중에 니시오 구미코(西尾久美子)가 고베 대학 경영학 박사학위 논문을 출간한 《교토 하나마치 경영학》이란 책이 있다. 일본에서는 전통 게이샤(藝者)들이 있는 유흥가를 '하나마치(花街)'라고 하는데, 저자가 교토의 하나마치를 박사학위 논문 테마로 잡은 동기가 재미있다. 아마 저자는 도쿄나 오사카에서는 하나마치가 거의 소멸되었는데 왜 유독 교토에서만 번창하고 있는지를 궁금해 한 모양이다. 400년 전통을 잇는 교토의 하나마치에서는 최근 들어 일본의 젊은 여성뿐만 아니라 외국인까지 게이샤를 지망하는 사례가 늘고 있다고 한다. 대체 무슨 일일까. 신뢰 거래의 진수라 할 수 있는 교토 하나마치의 상거래 시스템을 살펴보자.

유흥가에서 경영을 배운다

교토에는 현재 기온(祇園) 등 5개의 하나마치가 있고, 손님이 방문해 게이샤의 가무와 요리를 즐기는 좌석을 제공하는 장소인 오차야(お茶屋)가 165개 있으며, 여기에는 20세 이하의 게이샤인 부기(舞妓)와 20세 이상의 게이샤인 게이기(藝妓)를 합쳐 약 280명 정도의 게이샤가 있다고 한다. 그런데 특이한 것은 바로 오차야라는 시스템이다. 오차야에서는 게이샤나 요리사 등을 직접 거느리지 않고 전부 아웃소싱한다. 한국은 물론 도쿄나 오사카 등지의 요정(料亭)이 게이샤와 요리사를 보유하고 있는 것과는 전혀 다른 시스템이다. 오늘날 요정은 점차 쇠퇴하는 반면 하나마치가 번창하는 것은 그만큼 경쟁력 있는 시스템을 갖춘 덕분이 아닌가 싶다.

게이샤들은 오차야가 아니라 게이샤의 능력을 함양시키는 전문기관인 오키야(置屋)라는 곳에 소속되어 가무(歌舞)와 예기(藝妓)를 연마한다. 물론 요리만 전문으로 하는 곳도 따로 있다. 요정이 수직통합 시스템이라면 하나마치는 철저한 수평분업 시스템이다.

그런데 이 분업은 단순히 효율 극대화만을 위한 것은 아니고, 고객에 대한 서비스를 극대화하기 위한 분해(unbundling) 시스템이라는 큰 특징이 있다. 오차야의 경영자인 오카상(お母さん)은 손님에 대한 접객 서비스를 극대화하기 위해 게이샤와 요리 등 서비스의 모든 구성요소를 분해해 아웃소싱하고 이를 다시 조합(rebundling)하여 최고의 서비스를 창출해낸다. 따라서 오카상이 얼마나 독창적인 감성으로 서비스를 코디네이트해내느냐에 사업의 성패가 달렸다고 할 수 있다.

게이샤가 소속된 오키야와 게이샤 그리고 요릿집은 오카상의 부름을 받기 위해 치열하게 경쟁하며 기능을 향상시킨다. 오카상의 부름을 받으려면 독자적 전문성을 확보해야 하고 아울러 고객에 대한 정보 수집도 게을리할 수 없다. 요컨대 앞서 말한 분해의 장점이 발휘되는 시스템인 것이다.

실력으로 경쟁하는 게이샤들

오차야는 고객이 어떤 서비스를 원하는지 파악하는 일을 매우 중요시한다. 이것이 교토 하나마치의 특수성이다. 교토 하나마치에서는 처음 오는 손님은 거의 받지 않는다고 한다. 일종의 멤버십 시스템이다. 단골 고객이 오차야에 와서 편안하게 쉬고 즐길 수 있도록 하려면 신분이 검증되지 않은 고객은 받을 수 없다는 논리이다. 그리고 이보다 더 중요한 이유는 손님의 취향을 샅샅이 알고 있어야만 최고의 접객 서비스를 제공할 수 있어서다. 처음 오차야를 찾은 고객에 대해서는 취향과 기호에 대한 정보가 전혀 없기 때문에 최고의 서비스를 제공할 수가 없다는 이야기다.

한편, 고객 입장에서는 오차야의 단골이 되면 그곳에서 편안하게 즐길 수 있는 것은 물론 어느 정도의 사회적 지위까지 누릴 수 있다. 대신 고객은 각 서비스의 가격이 얼마인지 모른다. 일단 고객이 오차야에 들어오면 오카상이 알아서 음식값, 게이샤의 가무에 대한 값과 팁, 교통비 등 모든 비용 일체를 대납하므로 현금이 없어도 안심하고 즐겁게 놀 수 있다. 서비스 가격이 얼마인지는 보통 2~3개월 후에 알려주며, 지불 방식도 1년에 2~3번 정기적으로 정산한다. 게다가 고객과의 장기 거래 실적이 이용 가격에 반영되는, 완전한 신뢰 거래의 시스템을 기반으로 한다.

　각양각색의 취향을 가진 고객을 만족시키려면 오카상은 하나마치에 있는 게이샤와 요릿집에 대한 정보를 소상히 파악해야 하며, 이들에 대한 평가 역시 철저하고 냉정해야 한다. 게이샤들도 오카상에게 좋은 평가를 받기 위해 피나는 노력을 해야 한다. 우선 게이샤들은 가무, 차, 꽃꽂이 등 게이샤로서의 기본 교육을 받을 의무가 있는데 이는 뇨고바(女紅場)라는 학교에서 이루어진다. 실기 교육은 게이샤가 소속된 오키야에서 선배인 오네상(お姉さん)에게 받고, 현장 실습은 오차야에서 오카상에게 직접 받는다. 또 시장에서의 가치를 평가받기

400년 전통을 잇는 교토 하나마치의 게이샤들.

위해 손님 앞에서 실전으로 연회의 흥을 돋구는 연습을 하는 자모치(座持ち), 게이샤들이 그동안 배운 춤을 경연대회를 통해 발표하는 동시에 하나마치의 흥행도 꾀하는 오도리노오사라이카이(踊りのおさらい會)와 같은 과정을 거치며 인재를 육성한다. 해마다 정월이면 게이샤의 지난해 매상 랭킹을 발표해 경쟁을 유발하기도 한다.

하나마치는 최강 클러스터를 자랑하는 산업 공동체

결국 업계를 지탱해주는 소중한 경영 자원인 게이샤를 업계 전체가 매달려 육성하는 셈이다. 이렇듯 철저한 교육 시스템이 구축된 이유는 당연히 최고의 가무와 유흥을 고객에게 제공하기 위해서이다. 그 자리에서 바로 손님의 취향을 파악해야 하고 여러 명의 게이샤들이 더불어 고객을 만족시켜야 하므로 평소에 철저한 교육이 이뤄져야 하는 것이다.

교토의 하나마치는 철저한 분업 시스템으로 이루어진 산업 공동체라 할 만하다. 일종의 전통문화산업 클러스터 같은 곳이랄까. 도쿄나·오사카 그리고 우리나라에서 이런 전통문화산업이 사양화되는 것은 고급 요정 시스템을 채택한 탓이라는 지적도 있다. 게이샤나 요릿집이 요정에 소속되어 있으면 아무래도 고객만족을 위한 노력이 약해지기 쉽다는 것이다.

건설업, 정보서비스, 통신, 전력처럼 아웃소싱을 주로 하는 산업 분야라면 교토의 하나마치 시스템에서 유익한 시사점을 얻을 수 있을 것이다. 즉 서비스의 구성요소를 분해하는 최고의 언번들링 (unbundling) 시스템을 구축해, 이를 다시 코디네이트하여 최상의 서비스로 리번들링(rebundling)하여 제공하는 방식을 적용해볼 수 있다.

일본 제조업의 경쟁력 '스리아와세'

한국의 대일(對日) 무역적자가 2009년에 265억 달러를 기록했다. 중국이나 미국 등지에서 낸 무역흑자가 대일 적자로 상쇄되는 무역구조가 지속되고 있다. 이유는 대일 수출이 너무 적거나 대일 수입이 너무 많기 때문인데, 일본 사람들이 한국 제품이기 때문에 사지 않는다는 증거는 별로 없다. 이전에는 일본의 유통 장벽이나 비관세 장벽이 원인이 아닌가 했지만 최근에는 대일 수입, 그중에서도 특히 소재·부품·장비 수입이 많기 때문이라는 데 양국 모두 이견이 없는 것 같다.

문제는 한국 기업의 기술이 날로 발전하는데도 일본에서 사지 않으면 안 되는 제품이 오히려 더 늘고 있다는 점이다. 그동안 소재·부품·장비를 생산하는 중견·중소기업을 육성해왔지만 그 성과는 미흡한 실정이다. 대일 무역적자가 많은 산업 분야는 놀랍게도 한국이 강한 반도체·철강·자동차·화학산업이다.

예를 들어 10대 수입 품목을 보면 반도체는 비메모리, 제조장비, 웨이퍼를, 자동차는 핵심부품과 표면처리강판을, 화학은 각종 기능성 화학제품을 일본에서 수입하고 있는 형편이다. 왜 이렇게 대일 의존적인 산업구조가 지속되는 것일까? 그 원인을 한국과 일본 제조업의 특이성에서 찾아보고자 한다.

일본 제조업의 강점과 '스리아와세'

도쿄 대학 '제조(ものづくり)경영연구센터'는 일본 제조업의 특이성이 '제조 현장을 통합하는 조직 능력'에 있다고 분석한다. 여기서 통합(integral)이란 의미는 제조 현장에서의 팀워크, 정보 공유, 업무 호흡, 미세한 조정, 까다로운 고객에 대한 대응, 장인 정신과 같이 정량화하기 어려운 요소들을 말한다. 일본 기업들은 조립 메이커, 부품 업체, 소재 업체 간의 긴밀한 협력으로 통합을 이루어내는 조직 능력이 다른 나라의 기업보다 탁월하다는 것이다.

일본어에 '스리아와세(擦り合せ)'라는 말이 있는데, 이 말은 일한 사전에도 그 뜻이 잘 나와 있지 않다. '서로 부딪치며 세밀하게 맞추어나간다'는 의미인데 한국어에는 이러한 개념에 부합하는 말이 없는 듯하다. 영어로는 인티그럴(integral)이라고 표현할 수 있는데 모듈(module)과 대립되는 개념으로 사용하는 말이다. 표준화되거나 정해진 것이 아니라 세밀한 니즈나 용도에 따라 조금씩 달라지는 것을 가리킨다.

예를 들어 일본산 자동차의 외판용 철판은 자동차 모델마다 그 성분이 미묘하게 다르다. 일본 철강 메이커들은 자동차 메이커의 프레스기 상태를 파악한 후 그 프레스기가 최적의 가공을 해낼 수 있도록 철판 성분비를 미세하게 조정한 통합적(integral) 제품을 납품한다. 모든 철판의 성분비가 같은 모듈(module) 제품을 사용하면 값비싼 금형을 빈번히 교체해야 하지만 그 모델과 금형에 맞는 통합 철판을 사용하면 오히려 비용이 절감된다는 이야기다.

일본이 강점을 갖는 부품·소재·장비는 대부분 이러한 통합형 제품이다. 한국이 일본으로부터 수입하는 제품이 대부분 그렇고, 일본으로 유턴하는 공장들도 바로 이런 제품을 생산하는 공장들이다. 세계 최고의 경쟁력을 자랑하는 일본의 자동차가 대표적 통합형 제품이다. 뿐만 아니라 정밀기계, 정밀부품, 기능성 화학품, 표면처리 강판 같은 제품은 한국뿐 아니라 다른 나라들도 따라잡기 힘든 일본의 강점 분야이다.

통합이냐 선택이냐

도쿄 대학 후지모토 다카히로(藤本隆宏) 교수는 일본 기업과 미국 기업을 비교하면서 일본 기업은 '통합 능력'이 뛰어나고 미국 기업들은 '선택 능력'이 뛰어나다고 분석한다. 예를 들어 GE의 '1, 2등 사업 말고는 모두 버려라' 하는 전략은 선택 능력이 뛰어난 기업의 대표적 전략이다. 선택 능력이 뛰어난 기업은 기술이나 제품을 정확히 평가하고 조합하므로 모듈형 제품에 능하다는 것이다. 후지모

● 설계 정보의 아키텍처 특성에 따른 제품 유형

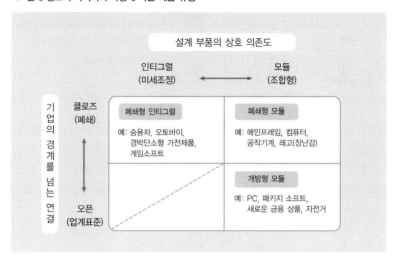

자료 : 후지모토 다카히로(2007).

제품을 설계할 때의 설계사상(아키텍처)이 인티그럴형인가 아니면 모듈형인가에 따라, 또 부품 등을 자사 내에서 조달할지 아니면 외부에서 조달할지에 따라 위와 같이 제품을 분류할 수 있다. 이 분류 방식은 도쿄 대학의 후지모토 다카히로가 제안하여 새로운 산업 분류 개념으로 널리 활용되고 있다.

토 교수는 한국 기업들도 비교적 선택 능력에 비교우위가 있으며, 따라서 통합형 제품보다는 모듈형 제품에 강하다고 분석한다.

후지모토 교수는 세계 각 지역별 기업의 조직 능력에 대해 다음과 같은 가설을 제시한다. 지역에 따라 약간의 오류가 있을지 모르지만 각 지역별 비교우위 구조를 이해하는 데는 도움이 될 것이다. 후지모토 교수는 한국이 메모리반도체 같은 모듈형 제품에 경쟁력이 있다고 말해왔는데, 최근의 연구에서는 메모리반도체 제품도 통합형과 모듈형이 혼재되어 있다는 분석을 내놓는다. 그는 메모리반도체의 경우 반도체 부품을 사용하여 PC 같은 또 다른 제품을 만들 때, 즉 외부 아키텍처는 모듈형이지만 메모리반도체를 제조하는 공

지역	주요 능력	장기 아키텍처
일본	통합력	미세조정형 제품(오퍼레이션 중시)
유럽	표현력	미세조정형 제품(디자인·브랜드 중시)
미국	구상력	모듈형 제품(지식집약적)
한국	집중력	모듈형 제품(자본집약적) – 자본집약 모듈에서 자본집약 인티그럴로 옮겨갈 필요가 있음
중국	동원력	모듈 제품(노동집약적)
아세안(ASEAN)	정착력	노동집약적 미세조정형 제품(중국과 다름)
대만	전환력	모듈형과 미세조정형을 유연하게 구분해서 사용함

자료 : 후지모토 다카히로(2007).

역사와 초기 조건의 차이에 따라 특정한 조직 능력이 나라마다 다른 경향이 있다. 궁합이 좋은 장기 아키텍처가 있다.

정인 내부 아키텍처는 인티그럴형이라고 분석하면서 한국의 메모리반도체와 대만의 비메모리반도체의 경쟁력을 분석하고 있다.

'100년 기업'의 필수조건

제조업이 장기적으로 발전하기 위해서는 모듈형과 통합형 제품을 동시에 생산할 수 있는 능력을 갖추는 것이 중요하다. 따라서 기업은 '선택 능력'과 '통합 능력'을 동시에 갖추고 조화시킬 필요가 있다. 하지만 그동안 우리 기업은 통합 능력을 좀 경시하지는 않았는가? 문제는 기업이 통합 능력을 키우는 데는 상당한 시간이 걸린다는 점이다. 개발을 시작해서 상품화하기까지 5~10년이 걸리는 게 보통이니까 말이다. 또 설비투자 상각도 일반적으로 10년 이상 장기간에 걸쳐 이루어진다.

세계적 시장점유율을 가진 아사히 유리(유리기판), 토판 인쇄(컬러 필터), 스미토모 전공(웨이퍼) 같은 일본의 소재 메이커들은 흔히 '100년 기업'이라는 칭호로 불린다. 일본 기업들이 소재 분야에서 강점을 발휘하는 것은 장기적 안목으로 기업의 통합 능력을 중시해 온 일본 기업의 미덕이 마침내 그 빛을 발산하고 있기 때문이 아닌가 싶다.

물론 우리 기업 역시 그 자리에 머물러 있기만 했던 것은 아니다. 세계적으로 이름을 자랑하는 일본 기업 앞에 한국의 기업들이 새로운 장벽으로 다가서고 있지 않은가. 그러나 소재·부품 분야에서는 아직 일본 기업의 깊이를 따라잡지 못한 것도 사실이다. 이것을 극복할 긴 안목과 치밀한 전략이 시급하다.

일본 기업이 높은 수익을 올리는 비결

일본 기업은 마진율이 높은 것으로 알려졌다. 그 이유는 무엇일까?

'스마일 커브(smile curve)'는 제조 프로세스에서 이익률과 부가가치가 높은 부분을 나타내는 그래프인데, 일반적으로 중앙의 생산 부문 이익률이 가장 낮고 상류(상품 개발)나 하류(AS) 부문으로 갈수록 이익률이 높아지는 형태를 띤다. 이 곡선의 모양이 마치 사람의 웃는 입 같다고 해서 스마일 커브라는 이름이 붙었는데, 대만의 컴퓨터업체 에이서(ACER)의 창업자 스전룽(施振榮)이 처음으로 명명한 것이다.

그렇다면 일본은 소재·부품 분야의 시장점유율이 어느 정도일까? 일본의 경제산업성은 매년 제조업 경쟁력에 관한 백서를 펴낸다. 일본 제조업의 나아갈 방향을 길라잡이 하는 작업의 일환이다. 2006년판 백서에 예시된 평판TV의 예를 들어보자.

● 스마일 커브(부가가치 분석)

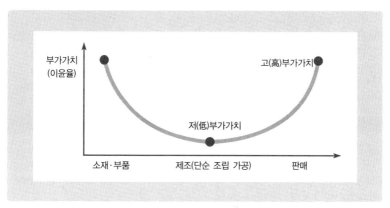

평판TV의 제조 과정을 간단하게 소재·원료, 부품, 제조장치, 제품제조로 보았을 때 상류(상품 개발) 쪽으로 갈수록 시장점유율이 높고 상류에서 중류로 내려올수록 시장점유율이 낮아지는 것(소재·원료 66%, 제조장치 49%, 부품 32%, 최종 제품 25%)을 알 수 있다.

일본의 제조업은 일반적으로 스마일 커브의 양쪽 끝에 해당하는 소재·부품이나 서비스 쪽은 부가가치가 높고, 가운데에 해당하는 가공 조립 공정은 부가가치가 낮은 것으로 알려져왔다. 일본 닛세이기초연구소(日生基礎研究所)는 일본 제조업의 대표 격인 자동차산업과 전자산업에서 스마일 커브가 선명하게 나타나고 있다는 연구 결과를 2007년에 발표하였다. 자동차산업의 경우 입 양쪽에 해당하는 원재료 메이커, 부품 메이커, 딜러의 부가가치는 높은데, 입 가운데에 해당하는 완성차 메이커의 부가가치는 낮게 나타났다는 것이다.

예를 들어 판매가격이 244만 엔인 자동차의 업무 공정별 부가가

(단위 : 만 엔)

	원재료 메이커	2차 부품 업체	1차 부품 업체	완성차 메이커	딜러
재료구입비	45	81	111	154	200
부가가치액 (부가가치율, %)	25 (10%)	28 (11%)	42 (17%)	차체: 28(11%) 내장 부품: 10(4%)	39 (16%)
물류 등 기타 비용	11	2	1	8	5
판매가격	81	111	154	200	244

자료 : 닛세이기초연구소(2007).

치율을 보면 1차 부품 업체가 17%, 딜러가 16%, 2차 부품 업체가 11%, 원재료 메이커가 10%, 완성차 조립 메이커가 4%의 구조이다. 전자산업의 구조도 이와 비슷하다. 부품재료 공정이 32%, 소재 공정의 부가가치율이 26%, 제조장치 15%, 부품 메이커 15%, 가전 업체 4%, 가전양판점 3%이다. 자동차와 다른 것은 딜러는 부가가치가 높은 데 비해 가전양판점은 치열한 경쟁 탓에 부가가치가 낮다는 정도다.

캐논은 어떻게 최고의 경상이익률을 달성했는가?

일본 정부나 기업이 왜 재료·소재·장치·부품 사업을 중시하는 전략을 펴는지 이제 이해할 수 있을 것이다. 이런 맥락에서 우리 기업들도 대일 무역적자를 줄이며 사업을 고부가가치화하려면 소재·재료·부품·장치 사업에 보다 많은 힘을 기울여야 할 것이다.

일반적으로 일본 전자 메이커들의 이익률은 대부분 5% 미만이다. 그런 와중에 유독 높은 이익률을 실현하는 기업이 바로 캐논이다. 캐논은 최종 조립 메이커인데도 부가가치율이 상당히 높다. 2007년 경상이익률은 무려 19%가 넘는다. 금융위기의 타격이 본격화한 2008년에도 13%나 되었다. 반면 소니의 영업이익은 성적이 좋았던 2007년에 5% 정도였고 2008년에는 손실을 기록했다. 캐논이 일본의 다른 전자업체보다 이익률이 더 높은 비결은 무엇일까. 핵심 부품인 영상엔진, 렌즈 등은 내부에서 생산하고, 끊임없는 혁신으로 '셀 생산'이라는 효율성 높은 생산 방식을 창안함으로써 조립 메이커의 저부가가치화를 극복한 덕분이다.

공장입지 조건이 기업의 이익률을 좌우한다

한편, 기업이 이익률을 높이는 데는 어디에 공장을 둘 것인가 하는 입지 조건 역시 대단히 중요하다. 공장이 들어선 지역의 법정 실효세율, 감가상각제도, 우대 조치 등이 이익률을 크게 좌우하기 때문이다.

한국, 일본, 중국, 대만의 공장입지 조건을 비교해보면 세율과 감가상각제도는 일본이 가장 불리하고 그 다음이 한국, 중국, 대만 순이다. 그런데 일본은 2007년 세제 개정으로 입지 조건을 거의 한국 수준에 근접시켰으며, 또다시 세율을 완화하기 위한 움직임을 보이고 있다. 이와 관련해 주목해야 할 것은 지방자치단체의 클러스터 우대 조치이다.

일본의 경우, 후쿠오카(福岡) 현에서는 자동차산업 설비투자액의 3%+고용자×30만 엔(최대 10억 엔)을 교부해준다. 히로시마(廣島) 현

		한국	일본	중국	대만
법정 실효세율(%)		27.5	39.54	27	25
감가상각 제도	자동차	8년	10년	10년	–
	반도체	4년	5년	3년	3년
	액정	4년	5년	5년	3년
지방자치단체의 우대 정책		×	○	○	○

자료 : 닛세이기초연구소(2007).

에서는 반도체산업에 최대 20억 엔을, 샤프의 액정 공장이 있는 가메야마(龜山) 시에서는 최대 90억 엔을 교부해준다. 최근 일본 기업들이 자국 내에 공장을 대거 건설하는 실질적 이유가 여기에 있다. 참고로 2009년 8월 샤프가 액정 패널 6세대 공장인 가메야마 제1공장을 중국으로 이전할 계획을 발표하자 지자체에서는 지금까지 지불한 보조금을 상환하라고 했다는 재미있는 뉴스도 들린다.

대만이 액정 대국이 된 이유

나아가 중국과 대만에서는 세제상 우대 조치까지 취하고 있다. 반도체나 액정의 경우 법인세를 최대 5년까지 면제해주고 이후에도 지속적으로 감세해준다는 것이다. 이런 조건이라면 기업 입장에서 과연 어디에 투자를 하겠는가? 대만이 세계 최대의 액정 생산국이 된 것도, 최근 일본의 유일한 메모리반도체 업체인 엘피다메모리가 대만 기업과 제휴를 검토 중인 것도 이러한 세제 혜택과 무관하지 않을 것이다.

자, 그렇다면 한국의 제조 기업과 정부가 선택해야 할 길은 다음과 같이 분명해진다. 첫째, 기업은 소재·부품·장치 등 부가가치가 높은 사업 쪽으로 전환하기 위한 노력을 해야 한다. 대부분의 일본 조립 메이커는 소재·부품·장치 사업을 하는 중견·중소기업들과 기술·인적·자본 교류 등 긴밀한 협력을 통해 조립 메이커의 한계를 극복해내고 있다. 둘째, 저부가가치화에서 벗어나기 위한 생산 방식 혁신도 염두에 두어야 한다. 캐논이 셀 생산 방식을 창조해내지 못했다면 그저 그런 조립 메이커에 그치고 말았을 테니까 말이다. 셋째, 기업과 정부가 협력하여 최적의 산업 클러스터를 만들어야 한다. 산업 및 조세 정책을 잘 아울러 최고의 입지를 조성할 수 있도록 최선의 노력을 기울여야 한다. 사실 아직까지는 자동차의 전주, 반도체의 기흥, 액정의 탕정에서도 입주 기업에 대한 우대 조치가 별로 없는 실정이다.

한국도 산업 클러스터를 적극 육성해야 한다는 의견은 많지만 실제로 기업들이 모여들도록 구체적으로 어떤 조치를 취해야 하는지는 뚜렷이 제안되지 못하고 있다. 그런 점에서 일본 지자체에서 시행하는 지역 입주 기업에 대한 우대 조치는 우리에게 많은 시사점을 던져준다.

05 경쟁사에 모방당하지 않으면서 시장점유율 높이기

만약 우리 회사에서 신제품을 발매했는데 다른 회사가 그 제품을 금세 모방해버리면 어떻겠는가? 실제로 DVD, 디지털카메라, 박형(薄型)TV, 블루레이디스크 같은 제품은 일본 기업이 먼저 개발했는데도 개발자로서 이익을 누리지 못하고 과당 경쟁으로 인한 저(低)이익률에 허덕이고 있다. 왜 이런 현상이 일어날까? 최근 일본 기업들이 고민하는 과당 경쟁과 저이익률의 원인과 대책, 즉 경쟁사에 의해 쉽게 모방당하지 않고 고수익을 올리는 비결은 무엇인지를 알아보자.

과당 경쟁의 원인과 해결책

과당 경쟁의 원인은 기업과 고객 양측 모두에 있다. 기업 측 이유로는 기업이 가진 독자성을 지속적으로 유지하지 못하는 것을 들 수 있다. 예를 들어 디지털 가전제품은 대량 생산과 비용 삭감을 위해 모듈화·표준화를 추진한 결과, 다른 기업들도 모듈 부품을 조합하여 비교적 간단하게 제품을 만들 수 있게 되어 차별화를 유지하기가 어려워졌다. 그래서 일본 기업들은 앞서 언급했듯이 가능한 한 모듈화를 최소화하면서 스리아와세, 즉 제품의 독자성이 강한 통합형 제품을 확대해 부가가치를 높이고자 노력한다.

그런데 이런 노력의 결과를 고객이 인정하고 추가 비용을 지불하기를 꺼린다는 것이 문제다. 품질 과잉 상태인 것이다. 모듈 부품을 조립한 비지오(VIZIO)의 대형 액정TV가 미국에서 대히트한 것이 아주 좋은 사례이다. 요컨대 고객은 '약간' 더 좋은 제품에 '많은' 대가를 지불하려 하지는 않는다. 그 결과 일본 기업들의 주요 제품 중에는 글로벌 시장에서 대량 보급을 시작하면서 오히려 시장점유율이 급격하게 낮아지는 경우를 쉽게 볼 수 있다.

자, 이제 과당 경쟁을 피하면서 수익을 증대시키는 비결이 좀 더 분명해졌다. 기업 측에서는 경쟁 기업보다 우위성 있는 차별화를 장기간 유지함으로써 쉽게 모방당하지 않는 것이고, 고객 입장에서는 그 차별성이 충분한 대가를 지불해도 될 정도로 높은 가치를 지녀야 하는 것이다.

시장에서 거래되지 않는 자원과 능력을 갖춰라

그렇다면 어떻게 기업이 자사 제품의 차별성을 장기간 유지하면서

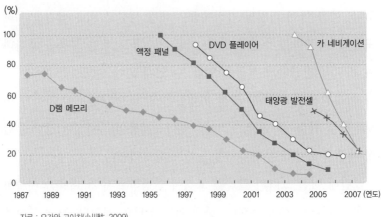

● 일본 기업 주요 전자 제품의 세계 시장점유율 추이

자료 : 오가와 고이치(小川紘一, 2009).

경쟁 제품에 의해 모방당하지 않을 수 있을까? 결론은 개별 상품처럼 시장에서 거래되지 않는 자원과 능력, 즉 '조직 능력'을 축적하는 것이다. 조직 능력을 축적한다는 건 구체적으로 어떤 의미인가? 대체로 다음과 같이 설명할 수 있을 것이다.

첫째는 기술자의 학습력이다. 다시 말해 그 기술 분야에서 경험을 쌓은 기술자가 존재하느냐, 그리고 기술자에게 문제 해결 능력이 있느냐 등을 의미한다. 둘째는 제조 및 실험 장비로, 독자 개발한 생산·제조 장비, 독자 개발한 테스트·실험 기기나 방법 등을 의미한다. 셋째는 통합 능력으로 사내의 다양한 기술을 융합해내는 능력이나 빈번한 상품 개발에 의한 학습 능력 향상 같은 것이다.

이 같은 조직 능력은 장기에 걸친 조직 학습의 결과물로서 그런 조직 자체를 어딘가에서 영입해 오지 않는 한 단기 구축이 쉽지 않을 것이다. 더군다나 단기에 R&D 투자를 쏟아 붓고 조직을 모방한다 하더라도 조직 능력의 효과를 얻기는 어렵다. 실제로 고베 대학의 노베오카 겐타로(延岡健太郎) 교수가 일본 기업 2개사를 대상으로, 업적에 크게 기여하는 기술 86개를 실증 분석해보니 특허나 업계표준보다는 조직 능력의 축적에 따른 기술이 기업 실적에 더 많이 기여한다는 사실을 알아낼 수 있었다.

조직 능력이 구축되었다면, 그 다음에 살펴볼 문제는 이러한 독자성에 대해 과연 고객이 대가를 지불할 것인가이다. 일반적으로 어떤 제품이 고객이 추구하는 기능이나 가치 수준을 넘어서는 순간부터 가격 저하가 시작된다. 따라서 고객이 요구하는 가치 수준이 낮으면 진입 기업이 늘어나 과당 경쟁이 일어난다. 예를 들어, PC는 문서 작성이나 인터넷만 되면 되고, 휴대폰은 전화와 문자만 되면 충분하다고 생각하는 고객이 여전히 많다. 특히 제품의 기능을 숫자로 표현할 수 있을 때 이런 일이 흔히 발생한다. 디지털카메라는 CCD(전하 결합 소자), PC는 CPU 속도나 하드디스크 용량이 일정 수준 이상만 되면 고객이 더는 대가를 지불하려 하지 않는 것이다.

통상 기술 발전의 과정을 S커브로 표현하는데, 제품 라이프 사이클에서 후기로 갈수록 기술 발전이 정체되는 것은 기술의 한계 탓도 있겠지만 고객 니즈의 한계가 더 큰 원인일지 모른다.

고객에게 '의미적 가치'를 제공하라

고객 니즈 자체의 한계를 타파하기 위해서는 고객에게 상품의 '기능적 가치'뿐만 아니라 '의미적 가치'를 동시에 제공해야 한다. 의

미적 가치는 고객이 특정 상품을 스스로 해석하고 의미를 부여하는 것, 다시 말해 고객 평가를 말한다. 예를 들어 디지털 카메라는 대체로 화소 수, 줌 배수, 떨림 보정 기능 유무에 따라 가격이 책정되지만, 자동차는 사이즈, 엔진 출력, 정숙성만으로는 가격이 정해지지 않는다. 여기에 브랜드라는 요소가 포함되어야만 비로소 가격이 책정된다. 이 브랜드를 바로 의미적 가치라고 할 수 있을 것이다.

고객이 부여하는 의미적 가치는 다시 '집착 가치'와 '자기표현 가치'로 세분화된다. 집착 가치는 제품의 특정 기능이나 품질에 대해 고객이 기능적 가치 이상으로 평가하는 것을 말한다. 자동차를 예로 들면 미묘한 조작 기능, 엔진 소리, 디자인의 예술성 등 고객이 즐거움을 느낄 수 있는 기능이 여기에 해당한다. 그리고 자기표현 가치란 고객이 자신을 표현하거나 과시할 때 느끼는 가치를 말한다. 이른바 '명품'이 그 대표적인 예라고 할 수 있다.

이렇게 말하면 "의미적 가치란 결국 명품이나 고급품을 말하는 것이 아니냐"는 반문이 나올지 모른다. 하지만 잘 생각해보면 기능적 가치만으로 가격이 정해지는 상품이 오히려 더 예외적 사례일 것이다. 일상생활에서 흔히 쓰는 가구도 기능적 가치는 거의 비슷하지만 의미적 가치에 따라 가격이 천차만별이다. 소비재가 아닌 생산재의 경우에도 이런 관점은 그대로 적용된다.

따라가지 말고 선도하라

요컨대 쉽게 모방당하지 않으면서 시장점유율이 높은 제품을 만들려면 독자적 조직 능력을 구축해야 하고, 나아가 높은 수익을 올리려면 고객이 기꺼이 대가를 지불할 만큼의 의미적 가치를 창출해야 한다는 이야기다. 만약 우리 제품이 일본 제품과 그 기능적 가치는 비슷한데도 가격이 더 낮다면 그것은 아마도 우리 제품의 의미적 가치가 부족한 탓일 것이다.

반대로 후발국 기업들이 비슷한 기능적 가치로 우리 기업들을 따라잡기 전에, 우리 기업은 의미적 가치를 부여받기 위한 노력에 더욱 힘써야 할 것이다. 이런 면에서 우리 기업들은 아직도 해야 할 일이 많다. 이 목표를 성취하지 못한다면 초일류 기업이 될 수 없을 것이다. 다만, 일본 기업들처럼 약간의 의미적 가치를 부가하기 위해 엄청난 비용을 쓰는 일은 금물이다. 그것이야말로 현재 일본 기업을 저수익 상황에 빠뜨린 원흉이기 때문이다.

예를 들어 일본의 휴대폰은 기능적으로는 아주 우수한 제품이다. 일본 국내 소비자의 니즈에 부응하여 제품 개발을 지속해왔기 때문이다. 그러나 일본만의 독자적 사양에다 가격도 비싸서 국제적 상품으로 통용되지 못하고 있다. 결국 일본의 휴대전화는 일본에서만 독자적으로 진화하는 '갈라파고스화' 제품이 되어버렸다.

이런 에피소드도 있다. 세계적으로 크게 히트한 애플 아이팟(iPod)을 보고 일본 전자업체의 한 간부가 이렇게 말했다고 한다. "아이팟은 기술 면에서는 전혀 새로울 게 없다. 따라서 이것은 진정한 신제품이라고 말할 수 없다."

조직 능력의 중요성을 그토록 강조하며 제품 차별화를 꾀해온 일본이 이런 식의 반응을 보였다는 것은 매우 놀랍다. 결국 최근 들어

일본이 저수익의 수렁에 빠진 것은 바로 이런 의미적 가치에 대한
관심 결여 혹은 폄훼에 따른 게 아닌가 하는 의문을 품게 만든다.

U턴 현상 이후 ⑥ 해외 생산 전략의 변화

금융위기가 발생하기 몇 년 전부터 일본 기업들 사이에 중국 등지에 세웠던 공장을 국내로 불러들이는 'U턴 현상'이 일어나고 있었다는 것은 웬만큼 알려진 사실이다. 일본 기업들은 인건비가 일본의 20분의 1 정도에 불과하고 더 큰 시장도 확보할 수 있는 중국에서 왜 공장을 U턴시킨 것일까? 그것은 어떤 제품은 일본에서만 생산해야 하거나 혹은 일본에서 생산해도 비용 절감 이상의 좋은 효과를 거둘 수 있기 때문이다.

현재 일본 기업들은 어떤 형태의 공장을 자국 내에 건설하고, 아울러 아시아 지역에서의 생산을 어떻게 재배치하고 있는가? 일본 기업들의 해외 분업 생산 시스템의 새로운 전략에 대해 알아보자.

'잃어버린 10년'을 지나온 일본 기업들은 한국이나 대만의 대표 기업들로부터 '기술 따라잡기(catch up)'를 당하고 난 후 생존 방안

을 모색하기 위해 골몰하였다. 그리하여 일본 기업만이 잘할 수 있
는 분야나 기능은 일본 국내에서 사수하고 나머지 기능은 아시아
각지에서 최적의 밸류 체인(value chain)을 구축해야 한다는 결론을
얻었다. 그럼 어떤 공장들을 일본에 남겨놓아야 할까? 대체로 다음
4가지 형태의 공장을 일본 국내에 남겨놓는다는 전략을 짠 듯하다.

국내에 남겨놓는 공장 형태 4가지

첫째는 첨단 기술 공장이다. 샤프의 가메야마 LCD 공장이 전형적
사례이다. 최첨단 기술을 필요로 하는 고부가가치 생산 공정을 일
본 국내에 남기겠다는 뜻이다. 기술 유출로 아시아 각국으로부터
기술 따라잡기를 당한 후부터 일본 기업들은 기술을 블랙박스화하
는 데 주력하고 있다. 해외로 진출해 비용을 절감하는 것보다는 첨
단 생산 공정 개발 및 개선을 통해 비용 증가분을 상쇄하겠다는 것
이다. 단지 제품의 모든 부품을 일본에서 생산하지는 않고, 일본 국
내에서 생산하는 제품, 해외로 내보내는 제품, EMS 위탁 제품
(Eletronic Manufacturing Service, 전자제품 위탁 생산 서비스)을 철저히 구
분해 밸류 체인 최적화를 꾀하고 있다.

　재미있는 것은 금융위기 이후 샤프가 공장 U턴의 상징이던 가메
야마 제1공장을 중국으로 다시 이전하는 것을 적극 검토하고 있다
는 점이다. 향후 중국에서의 수요 증가가 예상되는 액정 패널의 현
지 생산을 강화해 생산 노하우를 축적하고 공장 엔지니어링 사업을
전개하겠다는 전략이다. 일본 기업들의 대대적 전략 전환의 한 방

식이라고 할 수 있다. 그러나 모든 기업이 중국 공장을 이전하는 전략을 쓰는 것은 아니다. 샤프도 6세대인 제1공장만 이전하는 것으로, 기술의 블랙박스화 전략이 완전히 후퇴한 것은 아니다.

둘째는 마더(mother) 공장이다. 마더 공장이란 해외에 양산 공장을 설치하더라도 시작(試作) 제품 생산 라인은 국내에 남겨두는 것을 말한다. 미네베아(ミネベア)의 베어링 공장이 대표 사례이다. 미네베아는 일본 국내에는 양산 공장이 전혀 없다. 하지만 마더 공장만은 지금까지 굳건히 일본 내에 남겨두고 있다.

마더 공장에서는 차별화된 제품을 개발하거나, 해외에서는 만들수 없는 독자적 부품을 개발, 생산하는 기능을 수행한다. 여기서 만들어진 부품이나 설비, 노하우 등을 해외 직할 공장에 이전하고 수율(收率)이나 품질 관리 등을 조율하는 개선 활동으로 대량 생산체제를 구축하고 나면, 실제 대량 생산은 비용이 싼 EMS에 위탁한다. 핵심 제품이나 부품 개발은 일본 내의 공장에서, 생산 개시 및 품질 개선은 해외 공장에서, 실질적 대량 생산은 비용이 저렴한 해외 EMS 공장에서 하는 3단계 생산 체제를 구축하는 것이다.

이때 마더 공장의 담당자들이 해외에서의 품질 관리, 개선 활동 등 공장 관리에 직접 관여한다. 따라서 경쟁력 제고를 위한 인재 육성이나 기술 전수 기능은 일본 국내의 마더 공장에서만 맡는다. 그런데 금융위기 이후에는 해외에 준(準)마더 공장을 건설하는 사례가 나타나기 시작했다. 이는 신흥국 중산층을 공략하기 위한 '볼륨존(volume zone)' 전략의 일환이거나, 엔고에 대한 부담으로 일본 기업들이 해외 생산을 강화하려는 움직임인 것으로 보인다. 일본 국내와 현지의 생산 조건이 상당히 다르므로 본격적 양산에 들어가기 전에 리스크를 줄이고자 해외의 준마더 공장을 가동시킨다는 전략이다. 예를 들어 미쓰비시 화학은 광디스크를 인도나 대만에서 EMS로 생산하기 전에 싱가포르의 준마더 공장에서 공법이나 노하우를 확립한다.

셋째는 국내 시장에 대응하는 공장이다. 해외 생산은 비용은 싸지만 리드 타임(제품 기획에서 완성까지 걸리는 시간)이 길어 재고가 쌓일 가능성이 많다. 가령 의류는 중국에서 생산하면 잔존 재고율이 20%를 넘지만 일본에서 생산하면 10% 이하로 줄일 수 있다. 또 에어컨처럼 수요 예측이 비교적 용이한 여름 상품은 중국 공장에서 대량 생산하지만, 시즌이 끝나고 불확실성이 높아지면 리드 타임을 짧게 하기 위해 생산을 일본 공장으로 돌린다는 것이다. 제품의 라이프사이클이 짧은 노트북 같은 범용 제품도 일본 국내에서 생산하는 것이 유리하다.

넷째는 해외의 조립 메이커에 부품·자재를 공급하는 공장들이다. 해외에서 생산하기 어려운 부품·소재·설비의 공급 거점을 일본에 구축하는 경우가 여기에 속한다. 해외에 37개 거점을 지닌 무라타(村田)제작소는 세라믹·콘덴서를 전량 일본에서 생산해 해외의 모듈 메이커에 공급한다. 특히 반도체나 액정 부품의 원재료 제품 생산이 이런 경우에 해당한다. 예컨대 액정용 컬러필터나 편광판(polarizer)은 한국 기업들도 생산하지만 그 재료인 안료(顔料)나 TAC 필름 같은 것은 거의 일본에서 수입해야 한다.

금융위기 이전에 일본 기업들은 아시아 각국의 비교우위 구조를 철저히 파악하여 제품별·기능별 최적의 수직통합·수평분업 구조를 구축하고자 노력하였다. 이러한 움직임은 2002년 이후의 '일본 제조업의 부활'과도 무관하지 않았을 것이다. 즉 일본 기업들은 소재·부품 등 스리아와세(미세조정)가 필요한 제품에 경쟁력이 있다고 생각하였으므로 이러한 능력은 일본 내에 보존시켰지만, 범용 부품을 조달하여 조립하는 모듈형 제품은 가능하면 해외에서 생산하였다. 그리고 핵심 소재와 부품은 일본에서 수출한다는 전략이었다.

수직통합이냐 수평분업이냐

금융위기 이후에는 일본 기업들의 전략에도 이상 조짐이 나타났다. 금융위기 이후 선진국 시장은 축소되는 반면 신흥국 시장이 급속히 확대되고 있다. 따라서 기존의 생산 전략만으로는 금융위기 이후의 세계적 트렌드 변화에 유연하게 대응할 수 없다는 것이 최근 일본 기업의 고민이다. 샤프가 액정 패널 공장을 중국에 이전하기로 방침을 정한 것이나, 다이킨(ダイキン)이 경쟁 업체인 중국의 거리(格力)전기에 에너지 절감 기술인 '성(省)에너지 기술'로 인버터 기술까지 제공하면서 저가 제품 생산에 돌입한 것은 일본 기업의 이런 고민을 잘 말해준다.

일본 기업에 주어진 또 하나의 큰 숙제는 수직통합형 생산 시스템과 수평분업형 생산 시스템 중 어느 쪽이 더 효율적 비즈니스 모델인가 하는 점이다. 지금까지 일본 기업들은 수직통합형이 주류를 이루었다. 도요타는 물론 마쓰시타, 소니, 샤프가 모두 수직통합형이다. 그런데 수직통합형의 효율성에 의문을 제기하게 만드는 사건이 발생했다. 비메모리반도체 사업인 시스템LSI 부문에서 수평분업형을 채택한 대만 기업에 따라잡히고 만 것이다.

일본은 비록 메모리반도체는 삼성에 졌지만 비메모리반도체 부문에서는 우위를 유지할 수 있으리라고 믿고, 일본 기업의 강점은 수직통합형 생산 모델에서 연유한다고 믿었다. 하지만 미국의 설계 전문 업체와 대만의 생산 전문 업체가 생산하는 시스템LSI에서도 지고 만 것이다. 일본 기업이 대만에 따라잡힌 이유야 여러 가지가 있겠지만, 어쨌든 지금까지 일본 기업들이 지켜온 수직통합형 생산 시스템에 상당한 수정이 불가피하다는 점은 분명하다.

현재 일본 기업들은 금융위기 이후의 전략 짜기에 골몰하는 듯 보이는데, 아마도 향후에는 이전과는 다른 해외 생산 전략을 들고 나올 가능성이 크다. 일본 기업들의 전략을 예의주시할 필요성이 커지는 이유다.

'의미 있는 낭비'가 일본 기업의 경쟁력

일본식 여관 '료칸(旅館)'에서 경관이 가장 좋은 장소는 어디일까? 손님들이 차를 마시는 곳인 응접실이다. 이 자리에 응접실이 아닌 특실을 마련한다면 더 많은 수익을 올릴 텐데도 추가 수익을 내지 못하는 응접실로 쓰는 까닭은 무엇일까? 그렇게 하는 것이 료칸 전체 수익을 높이는 데 도움이 된다는 판단에서다. 이런 식의 발상은 일본 기업의 행동에서 자주 관찰된다. 여기서는 장기적 수익 극대화에 더 많은 노력을 쏟는 일본의 기업행동을 조금 세심하게 관찰해보기로 한다.

글로벌 금융위기로 인해 중소기업은 자금조달이 쉽지 않다. 한국 정부는 중소기업들이 흑자 부도가 나지 않도록 돈을 빌려주라고 은행에 권장하지만, 은행 입장에서는 부실 기업으로 판단되는 기업에 무작정 돈을 빌려줄 수도 없는 노릇이다. 흔히 "중소기업의 기술을 잘 평가해야 한다" 또는 "장래성을 봐야 한다"라고들 말하지만 적절한 평가 시스템을 구축하는 것도 현실적으로 쉽지가 않다.

이런 문제는 일본 은행도 마찬가지일 텐데, 그렇다면 중소기업 금융 비중이 높은 일본에서 은행들은 이 문제를 어떻게 해결하고 있을까? 비결은 일본 특유의 '의미 있는 낭비'에 있다.

일본의 중소기업들은 필요 자금의 40%를 은행에서 조달한다. 미국 기업들의 은행 조달 비율이 15%라고 하니 일본 중소기업의 은행 의존도가 상당히 높은 편임을 알 수 있다. 이는 일본의 은행들이 중소기업 금융에서 어떤 노하우를 갖고 있다는 이야기이다. 그리고 그 노하우에는 바로 '의미 있는 낭비'의 관행이 작용하고 있다.

일본 은행들이 중소기업에 직원을 파견 보내는 이유는?

일본 은행들은 고객 기업에 행원을 파견해 금전 출납을 도와주는 서비스를 많이 실시한다. 비용이 많이 드는 서비스이므로 표면적으로는 낭비인 것처럼 보인다. 그러나 은행 입장에서는 그 기업의 경영 정보를 상세히 수집할 수 있는 좋은 기회이기도 하다. 날마다 그 회사에 출입하면서 금전 출납뿐만 아니라 회사 분위기는 어떤지, 종업원들의 표정은 어떤지 등 그 회사의 실제 돌아가는 사정을 소상히 파악할 수 있는 것이다. 따라서 은행은 여기서 얻은 정보를 기반으로 해당 기업에 돈을 빌려주어도 되는지 적합성 여부를 판단한다.

중소기업의 경영 상태는 서류만으로는 파악하기가 쉽지 않다. 일본에서는 그 까닭을 중소기업에는 통상 세 종류의 재무제표가 있기 때문으로 본다. 세 종류의 재무제표란 첫 번째는 경영자가 보는 진짜 재무제표, 두 번째는 이익이 실제보다 적게 계상된 세무서용 재무제표, 세 번째는 이익이 과대하게 계상된 은행 대출용 재무제표이다. 결국 일본 은행들이 행원을 기업에 파견해 금전 출납을 도와주도록 하는 일은 낭비가 아닌, 중소기업 금융에서 꼭 필요한 핵심 업무가 된다.

이 외에도 일본에는 '의미 있는 낭비'의 사례가 많다. 은행들은 그날 결산과 현금이 맞지 않으면 아무리 적은 액수라도 반드시 찾아내는 것이 관행이다. 때로는 이런 일로 잔업을 하기도 하는데 이는 일견 낭비인 듯 보이지만 행원에게 돈의 무서움을 몸으로 익히게 하는 효과가 크다고 한다. 이는 한국에서도 마찬가지이다.

그런데 일본에서는 최근 비용 삭감을 위해 오차가 일정 금액 이하이면 맞추지 않기로 했다고 하는데, 이는 요즘 들어 자주 발생하는 금융 사고와 무관하지 않다는 견해가 있다.

5S는 낭비인가, 투자인가?

일본 기업들의 중요한 실천 덕목인 5S도 '의미 있는 낭비'의 좋은 사례이다. 5S란 직장에서 정리(せいり, Seiri), 정돈(せいとん, Seiton), 청소(せいそう, Seisou), 청결(せいけつ, Seiketsu), 습관화(しつけ, Shitsuke) 등 5가지를 잘 지키면 제품의 품질이 좋아지고 공장의 생산성도 올라간다는 일종의 QC(Quality Control, 품질 관리) 운동의 슬로건이다.

● 5S의 정의

정리	잡다한 것 중에서 필요한 것과 필요 없는 것을 구분하고 필요 없는 것을 처분하기
정돈	정해진 물건을 정해진 장소에 놓고 언제든지, 누구든지 사용할 수 있게 해놓기
청소	청소를 자주 하여 직장을 청결히 유지하기
청결	위의 3S를 언제나 유지하기
습관화	정해진 규칙과 수순을 바르게 실행하는 습관을 들이기

자료 : 5S 컨설팅 회사 BML 홈페이지에서 인용.

이 단어들의 일본어 발음이 모두 S로 시작해 5S라고 부르는 것이다. 그런데 매일 일에 쫓기는 직장에서 이를 지킨다는 것이 일견 시간 낭비로 보일 수도 있다. 하지만 5S를 지키면 눈에 보이지 않는 그 이상의 효과를 얻을 수 있으므로 이를 도입하는 일본 기업이 많은 것이다.

5S를 실천함으로써 어떤 효과를 기대할 수 있는가? 일본에는 5S 실천을 돕는 컨설팅 회사가 많은데 이들이 주장하는 5S의 효과를 정리하면 옆의 표와 같다.

'의미 있는 낭비'가 왜 필요한지 조금 논리적으로 관찰해보자. 우리가 회사에서 일상적으로 하는 업무 기능을 분석해보면, 눈에 보이는 기능도 있지만 눈에 보이지 않는 기능도 있다. 또한 순기능도 있고 역기능도 있다. 지금까지 소개한 여러 가지 사례는 의미 있는 낭비가 '눈에 보이지 않는 순기능'을 강화해 좋은 성과를 이끌어냈음을 보여준다. 즉 잠재적 순기능이 결과적으로는 회사의 생산성 향상에 기여한다는 것이다.

낭비 감소	·물건을 찾는 시간 낭비를 줄임 ·물건 관리를 위한 운반의 감소 ·지시하는 낭비의 감소
품질 낭비의 감소	·재료를 잘못 사용한 데 따른 낭비 감소 ·도면, 사양서 관리를 위한 낭비의 감소 ·클레임 대응을 위한 낭비의 감소
안전의 확보	·통로 확보에 의한 안전 ·정확한 표시를 통한 안전 ·철저한 습관화에 의한 안전
납기의 확보	·정보 정리에 의한 지시의 명확화 ·철저한 현품 관리로 통제력 향상 ·공정 관리에 의한 철저한 독려 가능
모럴 향상	·습관화에 의한 철저한 시간 관리 ·습관화에 의한 철저한 복장 관리 ·습관화에 의한 철저한 인사 관리
영업 효과	·5S 실천으로 고객으로부터의 신뢰 향상

자료 : 5S 컨설팅 회사 BML 홈페이지에서 인용.

부품까지 빛나게 닦는 일본의 엔지니어들

일본 엔지니어들은 제품 내부로 들어가, 결과적으로는 눈에 보이지 않는 부품을 반짝반짝 빛나게 닦는다. 일본 이외 다른 나라의 엔지니어들은 이런 행동을 좀처럼 이해하지 못한다. 눈에 보이지도 않을 부품을 왜 닦느냐 하는 것이다. 그러나 일본 엔지니어들은 그 기능이나 효용에 대해서는 잘 설명하지 못하지만 그것이 중요한 일이라는 인식을 갖고 있다. 일본 엔지니어들은 "기술은 남에게서 배우는 게 아니라 내가 느끼는 것이다"라는 말을 곧잘 하는데, 아마 일본의 엔지니어들은 부품을 닦는 과정을 통해 기술을 직접 느끼는 것이 아닐까 싶다.

눈에는 잘 보이지 않는 이런 의식이 축적되어 일본 제품의 품질을 높이고, 나아가 이것이 경쟁력을 발휘하는 게 아닌가 싶다. 다시 말해 이런 작은 행동들이 축적되어 부품·소재 분야에서 일본 기업들이 강점을 발휘하는 것은 아닐까? 우리는 회사가 어려워지면 혁신이나 효율성을 위한다며 눈에 보이지 않는 기능은 생략하기 쉽다. 그러나 혁신을 하더라도 잠재적 순기능은 항상 염두에 두어야 한다. 잠재적 순기능이 생략된 후에야 그 기능의 중요성을 뒤늦게 깨닫는 경우가 종종 있지 않은가. 잠재적 순기능의 효능은 당장 확인할 수 있는 게 아니기 때문이다.

시스템으로 보존되는 장인 기술

지금까지 우리는 "일본 기업처럼 장인들의 기술이나 정신을 본받아야 제품의 품질이 향상되고 경쟁력도 제고된다"고 말해왔다. 그런데 사실 우리의 기업 현실에서 장인 정신을 뿌리내리게 하여 기술력을 향상시키기란 쉽지 않다. 사원들의 정신력 문제는 별개로 하더라도, 기술 전수가 암묵지(暗默知)로서 장기간에 걸쳐 이루어지는 것이어서 장기 고용이 전제되어야 할 뿐만 아니라, 전수하는 데 들어가는 시간과 비용도 만만치가 않다. 더욱이 기술이란 그 기업의 생산 현장에서 직접 전수되기 때문에 기술이 우수한 다른 기업을 벤치마킹하기도 어렵다.

그런데 장인 정신의 본가라고 할 수 있는 일본도 요즘 똑같은 문제에 직면해 있다. 일본 기업의 생산 현장에서는 '잃어버린 10년' 시기에 정규직 채용을 자제한 결과 직원 고령화가 심각한 상태이다. 55세 이상 직원이 30년 전에는 10% 정도였으나 2008년 현재 약 30% 정도라고 하니 현장에서의 기술 전수가 상당히 심각한 문제로 부각되는 것이다. 또한 장인 기술을 전수받을 인력이 있다 하더라도 인건비가 비싸기 때문에 기술을 전수받는 데 시간을 투여할 여유를 만들기가 어렵다. 요즘같은 불경기에는 기술 전수를 실천하기가 쉽지 않은 것이다.

일본처럼 제조 현장의 경쟁력이 곧바로 제품 경쟁력으로 이어지는 나라에서는 이러한 기술 전수 문제가 상당히 중요한 과제가 아닐 수 없다. 게다가 단카이(團塊) 세대, 즉 전후 베이비부머 세대가 대량으로 퇴직하는 상황에서 기술 전수는 긴급한 경영 과제이다.

일본도 한국처럼 젊은 층의 이공계 이탈 현상이 기술 전수 문제의 심각성을 가속화하고 있다. 그래서 일본 정부도 대응책 강구에 골몰하고 있다. 경제산업성 산하 단체인 신에너지산업기술종합개발기구(NEDO)는 '산업 기술 펠로십 사업'이라는 프로젝트를 통해 일반 기업들의 기술 전수를 돕고 있다.

도요타는 인력 채용 회사인 리크루트 사와 공동으로 오제이티솔루션즈(OJT Solutions)라는 회사를 설립해 도요타 생산 방식을 통한 개선 활동을 고객 기업에게 지도하는 컨설팅 사업을 실시하고 있다. 또 하나 재미있는 사례로는, 중소기업이 많이 있는 도쿄 오타(大田) 구에서 도쿄 공업대학이 직접 장인들의 숙련 기술을 배워 그 노하우를 대학의 학과 과제로 집적시키고 있는 것이다. 이렇듯 일본은 장인 기술의 축적과 전수를 위해 기업은 물론 정부와 대학이 함께 나서고 있다.

장인 기술 양산화에 성공한 파나소닉전공

이제 앞서 제기한 문제를 시스템적 차원에서 접근하여 큰 성과를 올린 기업들을 알아보자. 장인의 경지에 다다른 기술을 과학적이고 체계적인 방법으로 기업 내에 축적해, 시간 단축과 경비 절감을 이루어낸 일본 기업들의 사례는 우리 기업에게도 많은 시사점을 제공할 것이다.

첫 번째 사례는 파나소닉전공이라는 기업이다. 파나소닉전공은 장인적 기술에 가장 많이 의존해온 금형(金型) 분야에서 양산 가능한 '꿈의 금형 제조장치'를 완성했다. 설계도 데이터를 입력하면 금형을 자동으로 제작하는 장치이다. 레이저를 사용해 금속가루를 소결(燒結)하여 3차원으로 조형(造形)하는 금형의 정도(精度) 오차는 5마이크로미터 이내로, 아무리 명장(明匠)이라도 따라갈 수 없는 정밀 금형이라는 평가를 받는다. 반년마다 신제품을 투입해야 하는 휴대전화나 디지털카메라의 정밀 부품 금형을 약 2주 안에 만들 수 있어 시간을 3분의 1로 단축시킬뿐더러 비용도 사람이 맡아서 할 때보다 약 절반으로 줄었다고 한다. 가히 불경기에도 타사를 제칠 수 있는 비밀병기라 할 수 있다.

이 금형 제조장치는 파나소닉전공의 생산기술연구소 연구원 6명이 13년에 걸쳐 지속적으로 개발한 결과이다. 장인의 기술을 대체하기 위해 장인적 연구를 거듭한 성과라고나 할까. 아무튼 한 우물을 13년이나 판 결실이다. 나아가 이 연구원들은 셀 생산 방식을 대체할 '하이브리드 셀 생산 방식' 개발도 마쳤는데, 이는 기존의 셀 생산에 7~8대의 로봇을 투입하여 생산성을 3배로 올리는 생산 시스템이다.

현장에 전문가를 파견하는 미쓰비시중공업의 혁신적 시스템

두 번째 사례는 미쓰비시중공업이다. 미쓰비시중공업도 직원들에게 파급된 저출산과 고령화 문제 탓에 장인 기술자에게만 작업을 의존할 수 없는 상황이 계속되었다. 이를 극복하기 위해 생산기술연구소를 활용, 과학적으로 대처하기로 했다. 우선 연구소가 생산 현장의 작업을 과학적으로 분석, 용접·단조·주물·열처리 등 30개 분야를 설정하고 현장에 대응할 수 있는 가상 조직 '테크노 유니트'를 결성했다. 즉 연구소가 생산 현장의 고민을 듣고 해당 분야의 전문가를 파견하는 제도를 구축한 것이다.

처음에는 "연구원이 현장을 알 리가 없다"면서 강한 반발이 일어나기도 했지만 400명 전문 연구원이 현장 개선에 적극 대응하고, 또한 그 성과도 나타나자 제도가 조금씩 뿌리내리기 시작했다. 이렇게 젊은 직원들이 과학적으로 장인의 일을 할 수 있도록 기반 시스템을 만든 것이다. 현장 스스로 개선을 의뢰하기 좋도록 제반 비용을 연구소가 부담한 것도 이 시스템이 뿌리내리는 데 크게 기여했다. 이젠 해외에까지 연구원들을 파견할 정도로 시스템이 안정을 이루었다.

작업 공정을 전부 전자화한 스미토모금속공업

마지막 사례 기업은 스미토모금속공업이다. 이 기업은 단기간에 장인의 기술을 전수하는 시스템인 '전임지도원'제도를 도입하여 큰 성과를 올렸다. 예전에는 "선배 등 뒤에서 기술을 배운다"고 했지만 지금은 그럴 만한 여유가 없는 시대다. 따라서 장인 기술자가 신입 사원을 따라다니며 기술을 지도해야 한다. 이 제도가 바로 그런 방식으로 이뤄진다. 인건비가 좀 늘더라도 신입 사원을 빨리 전력화(戰力化)할 수 있다는 장점을 중시한 것이다.

이 제도는 우선 공장 내에서 이뤄지는 8,000가지의 작업 공정을 전부 전자화(電子化)하여 전 직원이 공유하도록 하고, 작업 매뉴얼인 〈안전 작업 기준표〉에 사진이나 일러스트 등을 곁들여 젊은 사원이 알기 쉽게 해설해준다. 그리고 장인 기술자의 감독하에 모의 작업을 실시하고 평가하여 이것을 통과하면 독립 기술자로 인정한다. 누가 무슨 작업을 하는지 일목요연하게 알 수 있도록 모든 사원의 사진을 현장 벽에 걸어두고 있으며, 숙련도가 높아지면 그것을 인사 평가에 반영해 지속적으로 동기를 부여한다.

최근 금융위기에 따른 불황으로 일본의 제조 기반이 무너지고 있다는 목소리가 높다. 금형의 예를 들면 2009년의 가격과 물량이 2008년의 절반 수준이다. 이런 불황기에 장인 정신만을 외치고 있을 수만도 없는 것이다. 기업에서 생산 기술을 시스템적으로 축적하고 전수하는 지혜가 어느 때보다 필요한 시기라고 할 수 있다.

우리 입장에서는 오히려 이런 기회를 활용하여 일본의 생산 기술을 따라잡으려는 노력이 필요한 때이다. 현재 한국의 대일 무역에서는 금형 분야가 유일하게 흑자를 내고 있는데, 이는 상당히 고무적인 일이 아닐 수 없다. 하지만 여기에 만족하지 말고 다른 분야에서도 대일 무역 적자를 극복할 방안을 마련해야 할 것이다.

지금 일본 기업들은 인건비 같은 비용 절감 방안에, 한국 기업들은 장인 기술 확보에 골몰하고 있다. 따라서 양국 기업들이 협력한다면 서로 원원(win-win)할 길이 있을 것이다. 예를 들면 일본 기업들이 한국에 적극 진출하여 새로운 활로를 모색하는 방안도 있을 것이고, 역으로 한국 기업들이 일본으로 진출하는 방식, 즉 기술력이 튼튼한 일본 기업과의 제휴를 생각해볼 수 있을 것이다. 서로 이득이 되는 길은 얼마든지 있다.

석유위기를 09 신성장동력으로 만드는 일본

잘 알려진 바와 같이 일본의 에너지 효율은 세계 최고 수준이다. 일본의 '에너지 원단위(原單位)'는 2003년 기준 0.106으로 한국의 3분의 1(0.351), 미국의 2분의 1(0.221) 수준이다. 에너지 원단위란 에너지 사용의 효율을 측정하는 국제적 방식으로 총 에너지 투입량(TOP: 석유 환산 톤)을 GDP(천 달러)로 나눈 수치를 말한다. 2004년 '구매력 평가(PPP)'에 따르면, 일본의 에너지 원단위가 1이라면 한국은 1.45였다. 그리고 일본의 1인당 GDP는 한국의 약 2배이지만 양국의 1인당 에너지 소비량은 약 4톤(석유 환산 톤)으로 비슷하다.

고유가·환경보호 시대를 맞이해, 일본 기업들이 에너지 효율을 높이기 위해 어떤 노력을 기울여왔는지 알아보고 그 시사점을 찾아보기로 한다.

전술했듯이 일본의 에너지 효율은 세계 최고 수준을 자랑하는데,

그중에서도 특히 산업 부문의 에너지 효율이 탁월하다. 에너지 소비처를 산업, 생활, 교통으로 나누어 오일쇼크가 일어난 해인 1973년과 2001년의 에너지 소비량을 비교해보면, 그사이 일본의 GDP는 2.16배 늘어났으나 산업 부문의 에너지 사용량은 1.03배로 거의 변함이 없다. 단순하게 말하자면 1973년에 투입한 에너지와 같은 양으로 현재는 2배나 많은 제품을 생산하고 있다는 뜻이다. 참고로 생활 부문은 2.06배이고 교통 부문은 2.10배인 것을 보면, 일본이 산업 부문 에너지 효율에 상당한 노력을 쏟았음을 알 수 있다.

산업 부문에서 더 탁월한 에너지 효율

일본의 성(省)에너지는 석유위기에 대한 대응에서 시작되어 석유 사용을 줄이는 데 중점을 두었으며, 기업의 자발적 노력을 촉진하는 형태로 정책을 추진해 산업 부문에 초점이 맞춰졌다.

일본 기업들은 어떻게 에너지 효율을 높일 수 있었을까? 결론부터 말하자면, 1973년과 1978년에 일어난 두 차례의 석유파동 때 에너지 절약을 위해 마른수건도 다시 짜는 피나는 노력을 해야 했고, 그 위기를 기회로 삼아 에너지 효율이 좋은 사업 구조를 구축하는 데 지속적으로 혼신의 힘을 다해왔기 때문이다. 사실 일본 제품의 국제 경쟁력이 강해진 것은 이때부터다. 몇 가지 사례를 살펴보자.

석유파동이 기회가 된 대표 제품이 바로 자동차이다. 석유파동 이후부터 연비가 좋은 일본 소형자동차가 미국 시장에서 폭발적으로 팔려나갔다. 사실 이전까지 미국 사람들은 대형차를 선호했다.

더불어 교토의정서에 대비하기 위해 친환경 하이브리드 자동차를 일찍부터 개발한 것도 현재 일본 자동차가 높은 경쟁력을 갖게 된 요인이다.

일본의 공작기계산업이 강해진 것도 이때부터다. 일본 기업들은 에너지 절약을 위해 공작기계를 메카트로닉스화하는 데 치중했다. 메카트로닉스화란 기계(mechanics)와 전자(electronics)의 융합을 가리키는 용어로 공작기계에다 컴퓨터를 조합시킨 것을 말하는데, 구체적으로는 NC(Numerically Controlled Machine Tools), 즉 수치 제어 공작기계를 가리킨다. 공작기계의 NC화 비율을 보면 1975년에는 17%였으나 1979년에는 40% 정도로 늘어난다. 이 시기에 일본의 기계설비 등 장치산업이 강해진 것이다.

냉장고의 진공 단열재는 일본이 최초로 개발한 기술이다. 종래의 우레탄 단열재에 비해 단열 효과가 10배나 좋은 것으로 알려졌다. 마쓰시타 냉장고의 경우, 진공 단열재 덕택에 지난 10년간 냉장고의 소비전력이 7분의 1 수준으로 낮아졌다.

이 외에 철강업에서는 제조 과정의 폐열 회수 CDQ(Coke Dry Quenching, 건식냉각설비), 연속 주조, 고로정(高爐頂) 발전 등을 채용하여 29%의 성에너지를 달성했다는 평가를 받는다. 또한 시멘트 제조업에서 키른(kiln)을 습식에서 건식으로 바꿈으로써 성에너지를 실현한 것도 좋은 사례이다.

세계 최고인 한국 조선업보다 이익률이 높은 일본의 조선업

석유파동을 교훈으로 삼은 또 다른 산업은 조선업이다. 이미 오래 전에 한국 조선업체의 수주량이 일본을 제치고 세계 최고가 되었는데, 이는 한국 기업들이 그동안 설비 확대와 고부가가치화에 최선의 노력을 다해온 덕분이다. 그러나 이익률은 일본 업체가 더 높다고 한다. 실제로 일본 업체들은 이익이 많은 것이 곧 고부가가치 제품이라는 발상으로 그러한 목표에 집중해왔다.

일본 기업들은 "산이 높으면 계곡도 깊다"는 석유파동의 교훈을 되새기며 조선업 투자를 자제해왔다. 석유파동 당시 인력을 3분의 2나 감축한 뼈아픈 경험 탓에 설비투자도 늘리지 않았고, 대신에 이익 극대화 방안을 강구했다. 그 결과 벌크선이나 중형 탱크선 같은 표준선 제조에서 효율을 극대화하여 2007년에는 한국 업체들(약 5%)보다 훨씬 높은 영업이익(약 10%)을 냈다.

한편, 일본 제품의 에너지 효율이 높은 데는 일본 정부의 노력도 한몫을 했다. 1978년 재단법인 '성에너지센터'를 설립했고 1979년 '에너지사용합리화법'을 제정한 후, 다섯 차례의 개정을 통해 기업의 에너지 효율화를 독려해왔다. 자동차, 가전제품 등 18개 제품에 대해 '톱 러너' 제도를 도입해 에너지가 가장 효율적인 제품을 기준 목표로 정하고 기업들이 이를 달성하도록 의무화하고 있다.

최근인 2006년에는 '신(新)국가에너지전략'을 책정하고 ① 2030 년까지 30% 이상의 에너지 소비 효율 개선 ② 석유 의존도를 현재의 50%에서 40% 이하로 낮추고 ③ 원자력발전의 비율을 30~40%

이상 수준으로 끌어올리며 ④ 태양광발전 비용을 화력발전 수준으로 낮추고 ⑤ 자주 개발 원유의 비율을 17%에서 40% 정도로 끌어올린다는 수치 목표를 제시하였다. 또한 지금까지는 산업 부문에 주력했던 성에너지 노력을 주택이나 사무실 등으로 확산시킬 계획도 갖고 있다.

이런 여러 가지 노력에 힘입어 일본의 에너지 효율화 기술은 이제 미래의 성장동력으로 자리 잡았다. 하이브리드, 로봇, 태양·연료 전지, 재생 소재, 대기오염 방지, 고효율 발전 산업 등은 일본이 차세대 성장동력으로 삼고 있는 산업이다.

'그린 IT'로 더욱 향상된 에너지 효율

정보기기의 급증에 따라 에너지 소비도 급증할 것이 예상되자, 일본은 IT 분야에서 에너지를 절약하는 '그린 IT' 전략을 적극 추진할 계획이다. '일본종합과학기술회의(日本總合科學技術會議)'의 예측에 따르면 2025년에는 정보량이 현재보다 200배가량 증가하고 전력 소비량도 약 5배 증가해 시간당 2,400억 킬로와트에 달할 것으로 보인다. '그린 IT'는 IT기기의 에너지 절약과 IT를 통한 에너지 절약이라는 2가지 방식이 있는데, IT기기의 성에너지는 컴퓨터의 경우 반도체 미세화 기술을 활용해 2011년까지 현재의 25%를 삭감할 수 있고, 표시장치의 경우에는 발광효율 향상으로 2012년까지 25% 절감이 가능하다(일본종합과학기술회의 보고서). 또한 IT에 의한 성에너지는 일본의 장기인 센서와 무선 기술 등을 활용해 공장, 빌딩, 주택의 조명, 난방을 자동 제어한다는 전략이다. 예컨대 고층 빌딩의 공조용 펌프의 소비전력을 최대 90%까지 절감할 수 있다는 것이다.

일본의 에너지 절약 기술은 이제 전 세계가 주목하고 있다. 특히 중국은 2007년 5월 원자바오(溫家寶) 국가주석의 방일 시 중일 수뇌회담에서 '중일에너지협력센터' 설치를 합의하는 등 일본의 에너지 절약 기술을 이전받기 위해 필사적이다. 거대 소비 시장을 가진 중국이지만 에너지·환경과 관련해서는 일본에 굽실거리지 않을 수 없는 입장이다.

석유위기 때마다 에너지 절약과 대체에너지 개발을 외치다가 위기가 지나가면 곧 잊어버리는 우리의 현실에 비추어볼 때 일본의 대응은 여러 가지 시사점을 제공한다. 위기를 교훈 삼아 산업 구조를 변환하는 것은 물론, 미래의 성장동력까지 창출해내는 일본 기업들의 저력에 놀라지 않을 수 없다.

일본 기업들은
왜 임금을 올리지
않는 것일까?

일본 직장인들의 급여가 또 내렸다. 민간 기업에 다니는 일본 회사원들의 평균 급여가 429만 엔으로 과거 10년 중 최저 수준이다. 1997년 이후 9년 연속 하락하다가 2007년에는 경기 회복으로 0.5% 올라 이제 일본도 수입(收入) 디플레이션 시대를 벗어나는가 싶더니 2008년 금융위기 여파로 다시 1.7%나 하락하였다. 사실 급여의 절대 금액이 내려간다는 것은 상당한 고통을 수반하는 일이다. 금융광보중앙위원회(金融廣報中央委員會)가 2008년에 발표한 '가계의 금융행동에 관한 여론조사'에 따르면 저축을 1엔도 하지 못하는 세대가 1997년에는 10% 정도였으나 2007년에는 20% 이상으로 늘어났다.

일본 직장인들의 급여가 감소하는 데는 이유가 있어 보인다. 2006년에는 일본 기업들이 6년 연속 사상 최고의 경영 실적을 달성해 경상이익이 버블기인 1989년의 3.7%보다 높은 4%를 기록했는데도 샐러리맨들의 평균 연 수입은 오히려 감소했다. 기업의 실적은 점점 좋아지는데 왜 임금은 감소하는 것일까?

일본 기업들이 실적이 좋아져도 임금을 올리지 않는 것은 '잃어버린 10년' 동안 '3대 과잉', 즉 인력·설비·부채 과잉 때문에 무척이나 고생한 경험이 있어서이다. 인력 과잉 문제를 해소하는 데는 정사원 인력 삭감, 임금 억제, 비정규직 증가라는 방법이 있는데 일본 기업들 대부분은 임금 억제와 비정규직 증가에 주력해왔다. 그리고 향후의 임금 정책에 대해서도 다음과 같은 몇 가지 분명한 방침을 갖고 있는 듯하다.

지속적으로 낮아진 노동분배율

첫째는 노동분배율을 지속적으로 낮추는 것이다. 부가가치(경상이익+인건비+금융비용+감가상각비+임차료+조세공과) 중에서 인건비가 차지하는 비중을 노동분배율이라고 하는데, 1999년 75.5%이던 노동분배율을 매년 조금씩 낮추어 2006년에는 69.3%까지 내렸다. 2007년에는 약간 상승하여 71% 정도에 머물렀다.

노동분배율 저하에 크게 기여한 것이 정규직과 비정규직의 임금 격차이다. 정규직의 연 수입은 50대 전반까지 상승하여 645만 엔에서 최고점을 기록한 이후 약간씩 낮아지지만 대체로 이 수준이 정년까지 유지된다. 일반적으로 최고점 시의 연 수입이 초임의 2.6배 수준이다. 그러나 비정규직은 대체로 250만 엔에서 300만 엔을 평균적으로 유지한다. 더욱이 파트타임의 경우에는 연령에 관계없이

● 일본 제조 기업의 당기순이익률 분배 추이

주 : 당기순이익률=당기순이익/매출액X100, 당기순이익=임원상여+배당금+내부유보
    노동분배율=인건비(임원급여+종업원급여+후생복리비)/부가가치(감가상각비 미포함)X100
자료 : 법인기업통계조사, 사회실증데이터도록에서 인용.

일본 제조 기업들이 당기순이익을 어떻게 분배하는지를 살펴보면 2001년경부터 당기순이익률이 증가하고 있는데도 노동분배율은 저하하고 있다. 반면 배당금, 내부유보, 임원상여금은 증가 추세를 보이고 있다.

100만 엔 수준에 머문다. 이것이 일본 샐러리맨들이 받는 소득의 실상이다.

일본후생성이 발표한 '임금구조 기본 통계조사(2008년)'에 따르면 남성의 평균 연 수입은 여성보다 1.6배 많은 550만 엔이고 여성은 349만 엔이다. 학력별로는 중졸 384만 엔, 고졸 428만 엔, 전문대졸 430만 엔, 대졸 이상이 624만 엔으로 학력별 격차도 약 1.6배이다. 학력별 생애 임금 격차는 중졸 1억 6,560만 엔, 고졸 1억 7,447만 엔, 전문대졸 1억 8,319억 엔으로 대졸 이상은 2억 4,997만 엔으로 급상승한다. 일본에서도 학력별 임금 격차는 심한 편이라고 할 수 있다. 또 직급별 평균 급여를 살펴보면 평사원이 488만 엔, 계장(대리)급이 690만 엔, 과장급이 854만 엔, 부장급이 1,056만 엔으로 부장급은 평사원의 약 2.1배 수준이다.

《프레지던트》가 2009년 11월 16일에 발표한 자료에 따르면 직종별로는 방송, 보험, 종합상사, 광고, 부동산의 평균 급여가 상위를 차지했다. 우리에게도 잘 알려진 기업들의 평균 연 수입은 소니가 980만 엔, 닌텐도가 950만 엔, 파나소닉 820만 엔, 도요타 자동차 811만 엔, 도시바 790만 엔, 닛산 728만 엔 등으로 조사되었다.

스위스 UBS은행이 2009년 세계의 월급을 비교하기 위해 실시한 '1시간 동안 일한 시급으로 몇 개의 빅맥을 살 수 있는가'라는 조사를 보면 도쿄에서는 5개를 살 수 있는데 서울에서는 2.2개밖에 살 수 없는 것으로 나타났다. 한국의 임금이 일본의 절반 수준이라는 이야기이거나, 서울의 빅맥 값이 일본보다 비싸다는 이야기이다.

금융위기 여파로 임원 보수도 저하

둘째는 임금보다는 사내유보금이나 배당금, 임원상여 등에 부가가치 배분의 우선순위를 두는 것이다. 부가가치 배분 우선순위의 역전이 일어난 셈이다. 최근 일본 기업들이 수천억 엔의 투자를 서슴지 않는 것도 그동안 부채 압축에 성공하고 사내유보금이 풍부해진 덕분이다.

최근 몇 년간 일본 기업들의 임원 보수는 미국 기업과의 격차가 심하다는 여론을 등에 업고 상당히 늘어나는 경향을 보여왔다. 일본 기업들의 실적을 알려면 임원의 상여금을 보라는 이야기까지 들렸다. 그런데 이번에 글로벌 금융위기 여파가 일본 기업 임원들의 보수에도 직격탄을 날렸다. 고정급 비중이 줄어들고 실적 연동 보수를 중시하는 형태로 전환되고 있는 것이다.

일본 기업들의 임원(등기이사+감사) 연 수입(상여+고정급)은 2004년 3월부터 공시되기 시작해 과거 자료가 별로 없는 데다가 개별적으로는 공개를 하지 않기 때문에 알기가 쉽지 않은데, 도쿄일렉트로닉스와 이온은 임원 보수를 공개하고 있다. 도쿄일렉트로닉스의 아즈마 데츠로(東哲郎) 회장의 보수는 2008년에는 1억 7,500만 엔이었는데 2009년에는 7,500만 엔으로 줄었다. 이것이 현재 일본 기업들의 임원 보수 실상을 보여주는 한 예라 할 수 있겠다.

개별 보수는 공개되지 않더라도 평균 보수는 공개되는데 도요타의 경우 2008년에는 1인당 10억 200만 엔이던 보너스가 2009년에는 제로였다. 또한 소니는 10억 1,100만 엔에서 7,400만 엔으로 보너스가 격감했다. 그리하여 도요타 임원의 2009년 평균 보수는 4,000만 엔이고 소니는 1억 2,900만 엔이었다.

불황으로 인해 임원 수를 줄인 탓에 1인당 보수가 오히려 늘어나거나 거의 변함없는 경향을 보인 기업도 있다는 점이 흥미롭다. 예를 들어 샤프는 25명이던 임원을 2009년에는 10명으로 줄여 개인당 보수가 700만 엔 하락하는 데 그쳤다. 업적이 특히 좋았던 닌텐도나 유니클로는 임원 보수가 더욱 늘어날 전망이다.

복리후생 보조금 등으로 보상

셋째는 회사 실적을 상여금이나 특정 용도의 보상금으로 지불하는 것이다. 기본급을 올리면 고정비용 증가로 재무 체질이 악화되기 쉽고 국제 경쟁력 약화를 초래하므로 기업 실적 향상분을 임금이 아닌 상여금에 반영하는 것이 경영에 더 순조롭다는 논리이다. 또한 사원 전체의 월급을 일률적으로 올리지 않고 '임금 개선액'이라는 명목으로 특정 대상에게만 지급하거나 수당으로 배분하는데, 자격취득비나 가족여행비 등 복리후생 보조금을 지급한다.

흔히 일본 기업들도 약 80%가 성과주의를 도입했다고 하지만 대기업 인건비 총액이 50조 엔 수준에서 수년간 변동이 없는 것을 보면 성과주의를 본격적으로 도입했다고 보기는 힘들 듯하다. 그렇다면 노조 측인 일본 춘투(春鬪)의 움직임은 어떠할까? 일본도 금융위기 등으로 향후의 경영 환경을 쉽게 전망할 수는 없는 상황이기 때문에 일률적 인상을 요구하기보다는 특정 계층, 예를 들면 비정규직이라든지 베이비붐 세대 등의 이익 향상을 위해 활동하는 것이 큰 트렌드이다.

최근 일본 정부는 다시 디플레이션 경제를 선언했다. 실제로 일본에선 가격 파괴에서 더 나아가 가격 붕괴가 진행되고 있다는 이야기까지 들린다. '잃어버린 10년'이 '잃어버린 20년'이 될지 모른다는 우려도 있다. 임금 역시 더욱 하락할 전망이다. 일본 기업들은 임금 삭감이 결코 쉽지 않지만 그럼에도 임금을 삭감하기 위해 혼신의 노력을 다하고 있는 듯하다. 경쟁국의 임금 삭감이 우리에게 시사하는 바는 무엇일까? 우리 기업들의 비용 절감 및 경쟁력 강화를 위한 노력은 어느 정도인가 점검해보게 만든다.

장수 기업이 많은 나라

유독 일본에는 장수 기업이 많다. 일본의 실천경영학회(實踐經營學會)의 2000년 조사에 의하면, 설립된 지 200년 이상인 기업이 일본에는 3,000개사, 독일 800개사, 미국 14개사, 중국 9개사이다. 2008년 일본의 제국데이터뱅크(帝國デ-タバンク)가 특별 기획한 '장수 기업 데이터 특성 조사와 장수 기업 설문 조사'에서 1912년 이전에 창업한 장수 기업 2만 4,234개사를 조사한 자료를 발표하여 주목을 끌었는데, 놀랍게도 메이지유신(明治維新)이 있었던 1867년 이전에 창업한 기업의 수가 2,879개사로 전체의 11.9%였다. 100년 이상 된 기업은 일본 전체 기업의 1.64%였는데, 아마 일본 기업의 경쟁력과 무관하지 않은 수치일 것이다.

업종으로는 청주 제조, 주류 소매, 기모노, 여관, 토목건축 등의 소매업과 사찰건축업이 많았고, 지역적으로는 교토 등 관서 지방에

3장 :: 경쟁력 재발견 **203**

	기업 수	구성비(%)
총 기업 수	1,188,474	100.00
100년 이상	19,518	1.64
200년 이상	938	0.08
300년 이상	435	0.04

많았다. 도쿄가 발상지인 기업 중에는 도큐 백화점(1662년 시로키야 포목점으로 시작), 미쓰코시 백화점(1673년)의 역사가 깊었다.

일본과 독일에 장수 기업이 많은 것은 두 나라 모두 '장인(匠人) 국가'의 특징이 많아서가 아닐까? 또한 프랑스와 이탈리아를 중심으로 한 유럽의 200년 이상 장수 기업 모임인 '에노키안 협회(The Henokiens Association of Family and Bioentenary Companies)' 자료를 보면 유럽 이외에서는 일본 기업 4개사가 유일하게 가입되어 있다. 일본에 장수 기업이 많다는 점은 유럽에서도 인정하는 듯하다. 유감스럽게도 한국에는 200년 이상 된 장수 기업이 하나도 없다. 110년을 넘긴 두산(1896년)과 동화약품공업(1897년)이 최고(最古)로 기록된다. 왜 유독 일본에 장수 기업이 많은 것일까? 그리고 장수 기업이 되는 비결은 무엇일까?

짧은 평균 수명을 극복한 기업들의 경영 비법은?

1983년 일본의 경제 주간지 《닛케이 비즈니스》는 기업의 평균수명을 "기업이 번영을 구가할 수 있는 기간"이라고 정의하고 일본 기업 100개사를 실사하여 그 유명한 '기업 수명 30년설'을 발표한 바 있다. 또한 《포춘》은 2002년에 500개 기업을 조사해 기업의 평균 수명을 40~50년이라고 발표하기도 했다. 이를 종합해보면 기업 수명은 "의외로 짧다"고 말할 수 있다. 그렇다면 이처럼 짧은 기업 수명을 극복하고 수백 년씩 장수하는 기업의 경영 비법은 대체 무엇일까?

장수 기업에 관한 연구는 석유 메이저 회사인 로열 더치 셸이 2번의 석유위기를 경험한 후 작성한 보고서가 유명하다. 이들은 장수 기업에는 4가지 경영 특징이 있다고 말한다. 첫째는 환경 변화에 민감한 것, 즉 경영 환경과 조화를 이루는 것이다. 둘째로 종업원 사이에 강한 결속력이 있어야 하고 사업의 독자성을 유지해야 한다. 셋째로 현장의 판단을 소중히 여기고, 그들에게 자유롭게 맡길 수 있어야 한다. 넷째로 자금조달이 보수적이어야 하고 소박하며 검소해야 한다.

이를 좀 더 따져보자면, 첫 번째 특징은 변화를 감지할 수 있는 능력을 말하는 것이고, 나머지는 변화에 민감하게 대응할 수 있는 내부 능력을 말하는 것이다. 결국 새로운 사업 기회나 위협 같은 사업 환경의 변화를 인식하는 문제와 스스로 혁신하여 기회를 살리는 문제는 별개인 셈이다. 이런 맥락에서 일본 장수 기업들의 장수 조건은 무엇인지 살펴보자.

일본 기업들의 장수 조건

일본의 장수 기업들도 당연히 환경 변화에 민감하다. 그렇지만 회사마다 자기 회사의 기본, 즉 자사가 오랫동안 축적한 기본 능력을 축으로 삼아 환경 변화에 적응해나가는 특징을 보인다. 다시 말해, 전해 내려오는 기술이나 노하우를 적용할 수 있는 범위 내에서 사업 영역을 확장한다는 것이다. 예를 들어 교토의 후쿠다박분공업(福田箔粉工業)은 불단이나 견직물에 사용하는 금박 제조회사였지만 디지털 시대를 맞아 휴대전화기용 금속박 분야에 진출해 큰 성공을 거두었다.

1,400년 역사를 가진, 세계에서 가장 오래된 기업인 곤고구미(金剛組)는 절이나 신사(神社)를 건축하는 기업인데, 무리하게 철근콘크리트 건축 분야로 사업을 확장했다가 경영위기에 내몰려 최근에는 다시 본업으로 회귀했다는 소식이 들린다.

이렇듯 일본의 장수 기업들은 단지 전승(傳承) 기술을 지키는 데 그치는 것이 아니라, 환경 변화나 기술 진보에 대응해 새로운 기술을 창조하고 이를 습득해나가는 노력을 기울이고 있다.

무엇보다도 일본 장수 기업들이 지닌 가장 큰 특징은 사람을 소중히 여긴다는 것이다. "내년을 생각하면 돈을 남기고 10년 후를 생각하면 땅을 남기고 100년 후를 생각하면 사람을 남겨라" 하는 일본 속담처럼 위기에 대응하고 기술을 전승하려면 사람이 가장 소중하다는 이야기이다. 그래선지 일본 기업들은 자식이 무능하면 양자라도 들여 가업을 잇게 한다. 대신에 선택된 인재에게는 혹독한 경영 수업을 시킨다. 경영권을 한 사람의 자식 혹은 양자에게 물려주는 것도 장수 기업의 관행이다. 자산 분산을 막는 것은 물론 형제 간의 내분을 방지하기 위함이다. 장수 기업들은 "형제는 타인의 시작"이라는 속담을 잘 지키고 있다.

장수 기업들은 주로 '연방경영(聯邦經營)'의 형태를 띠는 경우가 많다. 무리하게 사업을 다각화하지 않고 실력 있는 인재들에게 독립 사업을 '별가(別家)'로서 인정해주는 시스템이다. 실력자들을 치열하게 경쟁시켜 전승된 기술을 새롭게 발전시키려는 것인데, 기술이나 기능 향상을 위한 '소집단' 개념으로 이해할 수 있다. 또한 현장의 판단을 중시하고 현장에 독립성을 부여하기 위한 조치로도 해석할 수 있다.

일본의 장수 기업은 대부분 비상장 기업이라는 특징도 있다. 주식회사제도를 채용하고는 있지만 상장으로 자금을 조달하지는 않는다. 상장으로 자금을 조달하면 사업을 무리하게 확장할 우려가 있다는 것이 이유이다. 따라서 재무 면에서는 상당히 보수적이다. 자금조달보다는 한정된 자금 씀씀이에 더욱 주의를 기울이는 편이다. 1610년에 설립된 종합건설회사 다케나카코무텐(竹中工務店)은 매출이 1조 엔을 넘어섰지만 아직 비상장 기업이다. 1889년에 설립한 세계적 게임업체 닌텐도(任天堂) 역시 자금을 보수적으로 운용하기는 마찬가지다. 닌텐도는 미국의 게임업체인 아타리(ATARI) 사의 몰락을 거울삼아 운용 효율성을 다소 희생하더라도 자금을 보수적으로 운용하는 회사로 유명하다. 게임 사업은 한 번의 실수가 기업을 파국으로 내몰 수 있다는 교훈을 늘 되새기는 것이다.

21세기 기업들을 위한 새로운 장수 조건 7가지

최근 장수 기업의 조건에 관한 색다른 분석이 나와서 눈길을 끈다. 2008년 일본 도요게이자이신보(東洋經濟新報)는 23년간(1985~2008년) 주주 가치(주가 상승+배당) 상위 100대 기업의 각종 재무제표와 주주 가치 확대 배율의 상관관계를 분석하여 기업이 장수하는 조건 7가지를 게재하였다(2008년 7월 6일자).

첫째 조건은 최종 (순)이익이 2년 연속 과거 최고치를 경신하는 능력, 즉 '돌파력(突破力)'을 갖추는 것이다. 경제 불황, 자원 가격 급등, 엔고 속에서도 최고 이익을 연속 갱신하는 돌파력을 갖춘 기업으로서 일본을 대표하는 기업은 미쓰비시 상사이다. 환경 변화를 예측하기라도 한 듯 에너지 관련 사업을 확대해온 점과 자원국의 인프라 관련 수요가 이 기업의 사업 발전에 크게 기여했다.

둘째 조건은 매출액 영업이익률이 높은 것인데, 이를 '획득력(獲得力)'이라고 부른다. 영업이익률이 높다는 것은 본업의 이익을 저비용으로 벌어들이거나 경쟁력 있는 제품을 높은 가격으로 팔고 있다는 뜻이다. 계측기 및 제어기 메이커인 키엔스(Keyence Corporation)는 생산을 외부에 위탁해 저비용화를 실현한 동시에 자사는 신제품 개발과 새로운 수요 발굴에만 집중하고 있다.

셋째 조건은 매출, 이익, 배당이 연속해서 증가하는 능력, 즉 '연속력(連續力)'이다. 사론파스(サロンパス)로 유명한 히사미쓰제약(久光製藥)은 요통이 많은 고령화 사회에 대비하여 의료용 진통제 모라스 테이프(モーラステープ)를 발매한 것이 주효하여 매출 증가, 이익 증가, 배당 증가 1위를 차지하였다.

넷째 조건은 1인당 영업이익이 많은 것, 즉 인간력이다. 주로 연구개발 기업 중에 이런 기업이 많은데 히트 상품을 만들어내려면 인간력이 꼭 필요하기 때문이라고 할 수 있다. 대체로 부동산 펀드 회사들의 영업이익이 상위에 들어 있는 것, 게임업체 닌텐도와 파친코업체 산쿄(三共)가 히트 상품을 연발하는 것도 바로 인간력이 좋기 때문이다.

다섯째 조건은 연구개발 효율(영업이익/연구개발비)이 좋은 것, 즉 레버리지(leverage)력이다. 과거 5년간의 영업이익을 과거 6~10년간의 연구개발비로 나눈 배율이 높은 기업이 이런 경우인데, 작은 레버리지(연구개발비)로 많은 이익을 올리는 능력을 갖춘 것이다. 그중에서도 최고 업체는 반도체 웨이프 생산에서 세계 1위인 신에츠화학공업(信越化學工業)이다. 매출액 대비 연구개발비는 3% 정도에 불과하지만 범용품인 염화비닐수지에서 큰 이익을 올리고 있다.

여섯째 조건은 설비투자 수익성(영업이익/설비투자), 즉 '회수력(回收力)'이다. 효율적 설비투자가 기업 성장에서 가장 중요한 조건이라는 것이다. 회수력이 좋은 기업으로는 파낙(ファナック株式會社)이 있는데, 공작기계의 '두뇌'인 NC장치에 특화해 고부가가치 전략을 추구한 것이 빛을 발하고 있다.

마지막으로 일곱째 조건은 주주 가치와는 상관관계가 낮지만 내수 시장 침체에 대비해 중요하다고 생각해서 나온 것으로, '아시아 시장에 대한 진출력'이다. 유압 서블(Shovel) 제조업체인 히타치건기(日立建機)는 아시아 지역의 인프라 정비, 광산 개발 등의 수요로 급성장했고, 닛싱(日淸)은 대두유(大豆油)를 중국에서 생산해 세계의 식품가공 메이커에 수출하면서 성장했다.

한편, 최근 일본에서는 뜻밖에 식품 기업들의 불상사가 이어지고 있다. 예컨대 에노키안 협회 회원이며 1707년에 창업한 일본의 전통떡집인 아카후쿠(赤福)가 제조일 허위 기재 사건으로 위기에 처했다. 작은 이익에 대한 유혹을 이기지 못해 300년 전통을 무너뜨리는 결과를 초래한 것이다. 경영의 기본을 지키며 장수하는 것이 얼마나 어려운지를 다시 한 번 보여주는 사건이었다.

4장

기업·전략
재발견

日
本
再
發
見

지금까지 일본에서는 자동차나 전자 분야 또는 종합상사 같은 수출 대기업들이 주목을 받아왔고 이들이 일본 고성장의 주역이라고 생각해왔다. 그런데 요즘 들어 이들 기업의 위상이 쇠퇴하고 있다. 매출이나 이익이 많은 기업보다는 고객에게 감동을 주는 기업이나 경영의 본질에 충실한 기업이 주목받고 있다. 그런 기업이 반드시 첨단 산업인 것은 아니다. 성숙 산업임에도 두각을 나타내는 기업이 있다.

반면 명성을 잃어가는 기업도 있다. 대표적 기업이 미쓰코시 백화점과 일본항공 (JAL), 그리고 대규모 리콜 사태로 위기에 처한 도요타 자동차 등인데, 그 배경이 무엇인지 이 장에서 살펴보았다.

아울러 일본 기업이 메모리반도체, DVD, 액정, 비메모리반도체 등에서 한국이나 대만, 중국의 기업에 따라잡히는 이유를 '이노베이션 딜레마'라는 개념을 적용해 살펴보았다. 나아가 일본 기업들이 '이노베이션 딜레마'로부터 탈피하기 위해 어떤 전략을 구사하고 있는지도 알아본다.

마지막으로 글로벌 금융위기의 여파가 발원지인 미국보다 일본에서 훨씬 컸던 이유와, 이런 결과를 낳은 일본의 구조적 결함으로부터 벗어나기 위해 일본 기업들이 구사하고자 하는 '볼륨존' 전략의 내용도 함께 살펴본다.

일본에서 가장 소중한 5개 회사

최근 일본에서는 기업을 바라보는 눈이 바뀌고 있다. 이전까지는 일본 경제의 고성장을 견인한 대기업 제조업, 그중에서도 자동차, 전기·전자 기업에 대한 관심이 많았는데 버블 붕괴와 '잃어버린 10년'을 지나면서 일본인들의 기업관도 변하고 있는 듯하다. 요즘 일본인들은 어떤 기업에 관심을 두고 있을까? 일본인들의 변화하는 기업관을 가늠해볼 수 있는 기업들을 소개한다.

만약 한국에서 가장 소중한 회사를 5개 뽑으라면 어느 회사를 뽑을 것인가? 2008년 일본에서는 《일본에서 가장 사랑받는 회사》라는 책이 기업인들 사이에서 잔잔한 감동을 불러일으켰다. 이 책에서 소개한 회사들은 수출 대기업도 아닐뿐더러 첨단 기술을 취급하는 기업도 아니다. 다만 '기업 경영이란 도대체 무엇인가'라는 본질적 질문에 대해 다시 한 번 생각하게 해주고 또 이러한 경영 철학을 훌륭하게 실천한 기업을 소개하고 있다. 호세이(法政) 대학에서 중소기업을 연구하는 저자 사카모토 코지(坂本光司) 교수가 일본 기업 6,000개사를 실제로 방문한 끝에 얻은 결과라고 하니, 그의 주장이 상당한 설득력을 가질 수 있을 듯하다.

그가 이들 5개 회사를 선택한 이유는 이렇다. 일반적으로 경영자들은 대부분 기업 경영이 어려운 이유를 기업 내부가 아니라 바깥에서 찾는다. 경기가 나쁘고, 기업 규모가 작고, 위치가 나쁘고, 업종이 좋지 않고, 좋은 인재가 없어서 경영이 어렵다는 것이다. 그러나 저자 사카모토는 "경영이 어려운 이유의 99.9%는 회사 내부에 있다"고 말한다. 사람들은 흔히 "사람·자금·기술·정보 등이 경영자원"이라고 말하지만 이것은 틀렸으며 "첫째도 사람, 둘째도 사람, 셋째도 사람"이라는 것이 저자의 주장이다. 그는 "다섯 사람에 대해 사명과 책임을 다하는 것, 즉 다섯 사람을 행복하게 해주는 활동"이 바로 경영이라고 정의한다.

'다섯 사람'이란 도대체 누구를 가리키는 것일까? 첫째는 사원과 그 가족이다. 사원들이 행복해야 고객에게 좋은 제품이나 서비스를 제공할 수 있다는 것이다. 둘째는 거래처 기업이나 하청 기업의 사원이다. 적자를 하청 기업에 떠넘겨서는 안 되며 누군가의 희생으로 존재하는 조직은 바람직하지 못하다는 것이다. 셋째는 고객이다. 직원과 거래선 기업의 만족도를 높이면 자연스럽게 고객만족도도 높아진다는 것이다. 넷째는 지역사회의 주민이다. 기업의 일상적 활동이 지역주민들의 자랑거리가 되어야 한다는 것이다. 다섯째는 주주인데, 위의 네 사람을 행복하게 하면 자연스럽게 주주도 행복해진다는 결론이다.

보통 기업 경영의 목적을 '주주 가치 극대화'라고 생각하는데 이는 잘못된 생각이고, 우선 사원이 행복을 느껴야 고객에게 즐거움을 줄 수 있고, 고객에게 즐거움을 줄 수 있어야 비로소 수익이 발생하여 주주를 행복하게 할 수 있다는 것이 저자 사카모토의 주장이다. 주주의 행복은 목적이 아니라 결과가 되어야 한다는 이야기다.

직원의 70%가 장애인인 회사

이런 경영 철학을 실천하는 회사가 과연 있을까? 그런데 저자는 6,000개 회사를 방문한 후에 '소중한 회사 베스트5'를 선정했고, 이를 통해 자신이 주장한 경영 철학이 중요하고 또한 실천 가능하다는 것을 증명해 보이고 있다.

첫 번째 회사는 도쿄 오타 구에 있는 일본이화학공업주식회사(日本理化學工業株式會社)이다. 분필, 색연필 등 친환경 문방구류를 만드는 회사로 2009년 '일본문구대상'을 수상했다. 이 회사에서 만든, '가루가 날리지 않는 분필'은 일본에서 30% 정도의 시장점유율을 차지하고 있다. 이 회사는 50년 전쯤 어쩔 수 없는 일 때문에 2명의 신체장애 여성을 채용했는데, 사장은 이들이 아주 행복하게 일하는 모습을 보고는 그 이후부터 전 직원의 70%를 장애인으로 채웠다. 더욱이 이 회사는 기존의 작업 방식을 장애인에게 무조건 강요하는 것이 아니라 장애인의 신체 특성에 맞게 작업 방식을 고안해 그들의 능력을 최대한 이끌어내고자 노력하고 있으며, 이것이 세간에 큰 감동을 불러일으켰다.

저자가 회사를 방문했을 때 차를 내준 할머니가 바로 50년 전에 채용된 바로 그 여성이었다는 말에 저자는 순간 감동의 눈물이 저절로 흘렀다고 고백한다. 이 여성은 정년인 60세를 5년이나 넘겨 2009년 65세로 퇴직할 예정이었다고 한다.

나이테 경영과 온리원(only one) 기술

둘째로 저자가 소개한 회사는 이나(伊那)식품공업주식회사이다. 이 회사의 경영 이념은 '좋은 회사를 만들자'이다. 아주 단순하다. 또한 이 회사는 '좋은 회사는 적이 없는 회사다'라는 생각으로 '적을 만들지 않는 회사'를 모토로 한다. 좋은 회사라면 끝까지 살아남는 것이 중요하다고 믿기 때문에, 섣불리 유행과 경기에 휘둘리지 않도록 '100년 달력'을 걸어놓는다. 적어도 100년은 시야에 넣어두는 경영을 하는 것이다.

이나식품공업주식회사는 사양산업인 우무 제조업체인데도 불구하고 48년간 매출과 이익을 늘려온 저력 있는 회사이다. 2009년 일본 국내 시장에서 80%, 세계 시장에서 15%의 시장점유율을 기록 중이다. 이나식품공업주식회사의 '나이테 경영'에 대해서는 이 장의 4절에서 더 소상하게 소개하기로 한다.

셋째는 나카무라브레이스(中村ブレイス)공업으로 의수(義手), 의족(義足)을 제조 판매하는 회사이다. 이 회사의 경영 이념은 '온리원 기술로 사람을 행복하게 한다'는 것이다. 나카무라 사장은 '세상 사

람들이 조금이라도 행복을 느낄 수 있도록 도움을 주고 싶다'는 경영 이념을 실천한 결과 수많은 온리원 기술이 탄생했고, 지금은 전세계 30개 나라로부터 주문이 온다고 밝힌다. 이 회사가 있는 곳은 인구가 겨우 400명뿐인 시마네 현 오모리초(大森町)인데 일본에서도 대표적 벽지이다. 그런데도 이 회사에 취직하기 위해 대도시에서 젊은이들이 몰려들 뿐만 아니라 사원들 스스로 휴가를 반납할 정도로 회사생활에 열심이다.

정서와 마음을 담은 맛을 팔다

넷째로 소개된 회사는 지역 밀착 경영의 대표 회사인 주식회사 류게츠(柳月)이다. 이 회사에서 만드는 과자는 맛있을 뿐만 아니라 값도 싸서 홋카이도 도민들의 절대적 사랑을 받고 있다. 벨기에에서 개최되는 식품 콘테스트인 '몽드 셀렉션(Monde Selection)'에서 3년 연속 금상을 받은 회사이기도 하다. 과자 회사는 비정규직이 많은 것이 보통이지만 이 회사는 직원의 70%가 정규직이다. 주변에서 전국에 매장을 내라고 권하자 사장은 "우리 회사는 과자를 파는 회사이지만 동시에 홋카이도의 정서를 파는 회사이기도 하기 때문에 절대 여기를 떠날 수 없다"고 대답했다고 한다.

다섯째로 저자는 시즈오카(靜岡) 현 후지(富士) 시의 상점가에 있는 스기야마후르츠(杉山フル-ツ)라는 과일가게를 소개한다. 인터넷을 이용한 '선물용 과일 판매'에 특화해 성공했는데 고급 머스크멜론을 1년에 8,000개나 팔 정도로 일본에서 매출 최고인 과일가게이

다. 이처럼 전국에서 주문이 쇄도하는 이유는 다름 아닌 '정성을 다해 만든 선물 꾸러미' 덕분이다. 고객들은 "이 가게에서 보내온 과일에선 친정어머니의 마음이 느껴진다"고 평가한다. 입지도 나쁘고 규모가 작아도, 파는 상품이 전국 어디서나 볼 수 있는 과일뿐일지라도 훌륭한 장사를 할 수 있음을 가르쳐주는 사례이다.

책을 맺으면서 저자는 "경기는 주어지는 것이 아니라 자신의 힘으로 만드는 것이다. 하이테크 상품이든 로테크 상품이든 고객이 사고 싶어 하는 상품을 만들어 제안하면 되는 것이다. 그리고 이것은 사람을 감동시키는 경영을 해야만 가능하다. 게다가 어떤 업종이든 또 어떤 기업이든 가능하다"고 말한다.

저자가 소개한 이 5개의 회사는 비록 일본 기업이지만 우리도 감동할 만한 기업들임에 틀림없다.

나 홀로
승승장구하는
닌텐도의 전략

소니나 파나소닉과 같은 기업을 앞세워 1990년대까지 세계 전자산업을 석권한 일본 기업들이 2000년대 들어 우량 기업 대열에서 한 발 물러서는 듯하더니, 세계 최강 기업이라는 도요타 자동차마저 50년여 만에 적자를 기록하는 등 심각한 실적 악화에 시달리고 있다. 그렇다면 도대체 어떤 기업이 진정한 우량 기업이란 말인가? '잃어버린 10년'을 경험하면서 일본은 우량 기업의 조건에 대해 관심을 갖기 시작했다. 어제의 우량 기업이 오늘의 부실 기업으로 판명되는 난세(亂世)에 어떤 특질이 우량 기업을 만드는 조건인지 궁금했던 것이다. 과연 어떤 기업이 진정한 우량 기업일까?

요즘 일본에서 우량 기업 대열에서 결코 빠지지 않는 기업이 바로 닌텐도(任天堂)이다. 닌텐도는 한국에서도 히트를 친 가정용 게임기 '위(wii)'와 휴대용 게임기 '닌텐도 DS'를 생산, 판매하는 기업이다. 이전에는 '슈퍼마리오 브라더스', '포켓몬스터' 같은 게임 소프트웨어를 전 세계적으로 히트시켰다.

닌텐도에 따라다니는 수식어는 '히토리카치(一人勝ち)'인데 이는 "혼자만 계속 이기고 있다"는 일본식 표현이다. 왜 이런 수식어가 붙었을까? 도요타마저 심각한 실적 악화의 수렁에 빠진 불황 중에도 닌텐도가 거듭 최고 실적을 경신하며 명실 공히 일본의 우량 기업으로 거듭나고 있기 때문이다.

닌텐도는 1889년 화투를 제조하는 업체로 출발한 교토의 장수 기업이다. 그러나 1983년 가정용 비디오 게임기 제조·판매 사업에 뛰어들기 이전에는 장난감과 호텔 사업 등에 손을 대어 도산 직전까지 내몰린 경험도 있다. 그러나 지금은 '기껏해야' 게임기 업체인데도 2008년 기준으로 매출 1조 8,386억 엔, 경상이익 4,487억 엔을 올리는 초우량 기업이다.

닌텐도는 일본에서도 좀 특이한 기업이다. 도요타나 소니처럼 일본이 자랑하는 세계적 기업들은 대부분 자동차나 전자 등 일본이 비교우위를 갖는 하드웨어 산업에 속하는 기업들이다. 그러나 닌텐도는 일본이 약한 편인 소프트웨어의 특성이 강한 기업이다. 그것도 지극히 일본적 문화인 애니메이션을 소재로 한 소프트웨어 제품이 주 무기이다. 또한 닌텐도는 초창기부터 수출에 특화한 기업이 아니라 국내 시장에 의존하여 성장한 기업이다. 국내 고객을 중시하는 경영에 열중하다 보니 결과적으로는 전 세계로 시장이 넓어진 것이다.

냉철한 위기의식이 우량 기업을 만든다

그렇다면 닌텐도는 어떻게 일본 최고의 우량 기업이 되었을까? 그 첫째 조건은 위기를 기회로 바꾸는 탁월한 능력을 보유한 점이다. 사실 "위기를 기회로"라는 캐치프레이즈는 매우 흔한 말이다. 심각한 불황이 닥치거나 제품의 라이프사이클이 성숙기에 접어들었을 때 새로운 수요를 발굴하여 기회를 포착하라는 뜻으로 해석된다. 그러나 닌텐도의 위기의식은 그런 것과는 성격이 좀 다르다.

닌텐도는 자사의 사업 영역 자체가 늘 위기와 직면한다는 인식을 갖고 있다. 이와타 사토루(岩田聰) 현 사장을 비롯해 역대 사장들 모두가 닌텐도에 대해 "사람이 살아가는 데 없어도 전혀 문제 될 것이 없는 오락을 생산하는 회사"라고 냉엄하게 규정한다. 게다가 자사의 사업 영역에 대해서도 "설령 한 번은 재미있는 게임을 만들어 히트하더라도 그 다음에는 그것보다 훨씬 더 재미있는 게임을 만들지 않으면 팔리지 않는 사업"이라면서, "언제든지 갑자기 도산할 수 있는 사업"이라는 위기의식을 갖고 있다. 이런 의식은 경영자는 물론이고 전 사원에게도 확산되어 있다. 위기의식이 우량 기업을 만드는 가장 중요한 조건 중 하나임을 닌텐도가 보여주는 것이다.

늘 신개념 제품을 창조하고 잘 모르는 사업은 손대지 않는다

둘째로 닌텐도는 누구도 경험하지 못한 새로운 제품을 만들어내는 데 모든 전략을 집중한다. 게임기는 다른 회사 제품보다 조금 성능이 좋거나 조금 싸다고 해서 팔리는 제품이 아니다. 닌텐도는 같은 업종의 다른 회사를 전혀 쳐다보지 않는다. 경쟁사와 비슷한 방법으로 제품을 개발해서 승부를 거는 것이 아니라 아예 전혀 다른 콘셉트를 추구하는 것을 사시(社是)로 삼고 있다.

몇 년 전에 대히트한 비디오 게임 '포켓몬스터'가 대표적인 예이다. 다른 회사들이 좀 더 리얼한 영상을 추구하는 기술 경쟁에 몰두하고 있을 때 상식과 통설에 합류하지 않고 가공의 생물군(포켓몬)을 등장시켜 게임을 하는 사람이 포켓몬의 트레이너가 되어 싸움을 전개해나가는 내용의 소프트를 발매했다. 당시까지는 없었던 독특한 콘셉트로, 이는 2009년 현재 2조 엔의 큰 시장을 창출했는데 디즈니랜드 관련 시장 다음으로 큰 규모다. 닌텐도는 자사의 라이벌은 게임회사가 아니라 영화, TV 프로그램, 음악, 소설, 디즈니랜드 등 사람들이 즐기는 모든 것이라는 인식을 갖고 있다.

글로벌 금융위기 속에서 혼다 자동차는 도요타에 비해 경미한 타격을 입었는데, 혼다 역시 다른 회사 제품에 신경 쓰지 않고 독자적 콘셉트로 제품을 개발하는 것으로 유명하다. 불황이 닥치더라도 흔들림 없이 장기 존속하는 기업들은 자기만의 독특한 차별화 콘셉트를 가지고 제품을 개발한다는 점이 큰 특징이라고 할 수 있다.

닌텐도의 경영자들은 잘 모르는 사업은 절대 손대지 않고 오로지 게임 사업에만 몰두한다. 자신들이 잘 아는 분야라야 새로운 콘셉트의 제품을 개발할 수 있기 때문이다. 바로 이것이 닌텐도를 우량기업으로 만든 셋째 조건이다. 닌텐도의 경영자들은 게임 사업을 하기 전에 여러 사업에 손을 대 실패한 경험을 잊지 않고 있으며,

그래서 잘 모르는 사업은 분사화(分社化)하는 전략을 구사한다. 이는 비단 닌텐도뿐만 아니라 수많은 우량 기업이 반드시 지키는 중요한 특질이다.

닌텐도가 자금 효율을 무시하고 현금을 보유하는 이유

넷째 조건은 리스크를 정확히 인식하면서 사업에 임한다는 점이다. 닌텐도는 "거액을 현금으로 보유하는 등 자금 효율을 중시하지 않는 기업"이라는 지적을 가끔 받는다. 이는 "리스크에 대비하려면 충분한 자금을 항상 보유하고 있어야 한다"는 경영자들의 인식 때문이다. 게임 소프트 사업은 팔리지 않으면 금세 도산할 수 있는, 리스크가 큰 사업이다. 실제로 1982년 세계적 게임 회사인 미국 아타리(ATARI) 사가 갑자기 도산하는 소위 '아타리 쇼크'를 목격한 닌텐도는 자금 효율이 다소 떨어지더라도 현금 흐름을 원활히 해야 한다는 생각을 갖고 있다. 게임 사업의 리스크를 직시하고 언제 어느 때라도 이런 상황에 대처하기 위함인데 역시 다른 기업에서는 찾아보기 쉽지 않은 특질이다.

닌텐도 이야기는 불황에 잘 대처해 위기를 극복한 사례라기보다는, 평소에 '위기 경영'을 철저히 하다 보니 위기 시에 오히려 더욱 빛을 발한 사례라고 할 수 있다. 일본에서 '경영의 신'으로 추앙받는 마쓰시타 고노스케는 "불황을 환경 탓으로 돌리지 말고 평소에 건전한 경영을 하라. 그러면 위기 시에 오히려 번창할 것이다"라고 했는데 닌텐도가 바로 그런 사례인 듯하다.

기업의 경쟁력은 2가지로 구분해서 생각해볼 수 있다. 하나는 관리 효율에 따른 경쟁력이고, 또 하나는 경영 능력에서 오는 경쟁력이다. 전자는 도요타의 '간판방식(看板方式)'처럼 공장이나 현장의 생산성을 말하고, 후자는 경영자의 전략 책정 능력, 실행력, 화이트 칼라의 생산성 등을 말하는데 닌텐도는 바로 후자가 탁월한 회사이다. 그리고 위기 경영의 진수를 잘 보여주는 회사이다.

　위기가 닥칠 때마다 일본에서는 "마른 수건도 다시 짠다"는 말이 자주 회자되곤 한다. 이 말은 원래 도요타가 1950년대 위기에 직면했을 때 당시 경영자이던 도요타 에이지(豊田英二)가 "위기 시에 모든 종업원이 지혜를 모으면 난관을 헤쳐나가는 새로운 길이 반드시 보일 것이다"라는 의미로 쓴 것이라 한다. 도요타는 이를 계기로 세계적 생산 시스템인 '간판방식'을 창안했다. 어려운 때일수록 전 종업원의 지혜를 모아야 한다. 어쩌면 그것이 우량 기업으로 가는 가장 중요한 조건인지도 모른다.

인간 본성을 탐구하는 위생도기 회사, TOTO

잘 알다시피 도자기 기술은 원래 우리나라에서 일본으로 건너간 것이다. 그럼에도 도자기의 산업화나 세계화에서는 우리보다 일본이 훨씬 앞서고 있다. 일본은 임진왜란 이후인 1610년대에 규슈 아리타(有田)에서 자기(磁器)를 처음으로 생산했고, 1640년대에 이르면 그림과 색깔이 들어간 도자기를 자체 개발하여 유럽으로 대량 수출하기 시작한다. 이렇게 해서 도자기는 일본의 '식산흥업(殖産興業)', '부국강병(富國强兵)'을 위한 대표적 수출 상품이 되었다. 1876년에 설립된 회사 모리무라구미(森村組)는 양식기 수출을 위해 일본도기 합명회사(日本陶器合名會社, 현재 노리타케)를 설립했고, 1917년에는 위생도기 생산을 위해 동양도기(東洋陶器, 현재 TOTO)를 설립하여 도자기를 근대 산업으로 육성시킨다.

그런데 최근 위생도기 회사인 TOTO가 주목받고 있다. 일본의

품격(品格)을 수출하는 대표 회사라는 것인데, 그 구체적인 이유는 이렇다. 이제 일본은 기술과 품질만으로는 한국이나 중국과의 경쟁에서 이길 수 없기 때문에 일본의 문화적 이미지인 청결·안전·건강·친환경이 반영된 품격 있는 제품을 팔아야 살아남을 수 있다. 이와 관련해 경제산업성[구(舊) 통산성(通産省)]과 산업계는 2006년 일본의 전통과 첨단기술을 융합한 일본다운 제품 '신일본 양식 100선(新日本様式 100選)'을 2006년에 뽑았는데, TOTO의 변기 워시렛(washlet, ウォシュレット)이 일본의 청결의식을 대표하는 상품으로 선정된 것이다. TOTO 변기가 '쿨재팬 문화'를 대표하는 상품이라는 이야기다. 중국인들이 "우리 집 변기는 TOTO"라고 자랑할 정도로 TOTO가 문화적 이미지를 가진 상품이 되었다는 것이다.

화장실을 문화적 공간으로 재창조한 TOTO의 '워시렛'

이렇듯 변기를 일본의 대표적 문화 상품으로 만들어 연 매출액 4,645억 엔(2008년)의 가치를 생산해내는 TOTO의 비결은 무엇일까?

가장 중요한 요인은 인간의 본성을 잘 이해하고 이에 적합한 상

TOTO의 역사 자료관에 전시된 위생도기.

품을 끊임없이 제안하는 창조력이다. 화장실은 매우 사적인 개인 공간이며 인간 본성을 잘 나타내는 곳이라는 특수성을 갖고 있다. 따라서 인간 본성에 대한 이해 없이는 새로운 상품을 제안할 수 없다. 화장실은 인류가 긴 역사를 통해 오랜 기간 사용해온 것인 만큼 특별히 불편함을 느끼기도 어려운 문화적 공간이기도 하다. 다시 말해 화장실 관련 상품에 새로운 가치를 부여하기도, 그런 가치를 고객에게 전달하기도 쉽지 않다. 이러한 비즈니스 환경에서도 TOTO는 지속적으로 새로운 상품을 만들어왔으니 그 창조력에 놀라지 않을 수 없다.

TOTO의 대표 상품은 온수 세정 변좌기 '워시렛'이다. 대변 시 종이를 사용하던 당시 관습에 대해 '엉덩이도 온수로 씻고 싶다'라는 새로운 라이프스타일을 제안하면서 등장한 제품으로 요즘은 일본 가정의 3분의 2에 설치되어 있을 정도로 대대적 히트를 쳤다. 하지만 몇 도의 온수에서 인간이 가장 쾌적함을 느낄까 하는 것부터 온도를 어떻게 유지할 것인가, 물에 의한 누전 문제를 어떻게 해결할 것인가 등등 난제가 많았다. 그리고 TOTO는 이 난제들을 끊임없는 기술 개발로 해결해나갔다.

사원 실험으로 알아낸 온수 38도, 변좌 36도, 온풍 50도

1970년대 초반, 변기 광고가 미디어의 이미지를 떨어뜨린다며 광고를 거부당하자 이에 쇼크를 받은 TOTO는 신제품을 개발하기로 결심한다. 마침 미국의 작은 벤처기업인 아메리칸 비데 사가 1964년에 개발한 치질 환자용 변좌가 온도와 발사 방향이 불안정한 것을 발견하고 자체 개발을 계획했으나 많은 난제에 부닥쳤다.

첫 번째 난제는 항문의 위치였다. 정확한 데이터가 없었기 때문이다. 개발팀은 변기에 철사 줄을 쳐놓고 사원들에게 자신의 항문 위치를 표시해줄 것을 부탁했다. 여사원들은 부끄럽다며 싫어했지만 개발팀의 열의에 결국 전 사원이 협력해 결국 300명의 데이터를 확보할 수 있었다. 두 번째는 '쾌적한 온도가 몇 도인가' 하는 것이었다. 물의 온도를 0.1도씩 올리는 실험을 계속했다. 참을 수 있는 정도에서 가장 높은 온도를 구하는 실험에서는 사원들이 "뜨거워 죽겠다"며 불평을 터뜨렸고, 특히 영하 10~30도의 조건에서 사용하는 적온 실험에서는 사원들의 불만이 극에 달했다. 이런 우여곡절을 겪으면서도 수많은 실험을 해본 결과, 온수 온도는 38도, 변좌 온도는 36도, 건조용 온풍은 50도가 최적임을 알아낼 수 있었다. 또한 온수를 발사하는 방법에 대해서는 자동차에서 라디오 안테나가 나오는 것에서 착안해 변좌로부터 일직선으로 뻗어나오는 노즐의 윗부분에 분사구를 붙이는 것을 생각해냈다. 또한 각도는 43도가 최적이라는 사실도 알아냈다.

그러나 최대 난제는 '38도'라는 온수 온도를 어떻게 계속 유지할 것인가였다. 만약 사용 중에 누전이라도 된다면 치명적인 사고다. 결국 이 문제는 비가 올 때에도 신호등은 누전되지 않는다는 데에서 힌트를 얻어 코딩한 IC(Integrated Circuit, 집적회로)를 사용하는 것으로 해결하여 온수 세정 변좌기 '워시렛'이 세상에 태어나게 된다.

끊임없는 첨단 기술 개발로 신시장을 창출하다

이후에도 TOTO는 난방 변좌기, 뚜껑 자동 개폐기, 의음(擬音) 장치 (대변 시의 소리를 감추기 위해 다른 소리를 내주는 장치) 등을 계속해서 히트시켰다. 이처럼 TOTO는 새로운 시장 창조를 위해 끊임없는 기술개발을 이뤄왔다. 여기서 잠깐, 혹 대변 후의 세정수(洗淨水) 양이 첨단 기술 경쟁의 결과라는 사실을 알고 있는가? 세정수는 1975년경까지는 1회에 20리터가 소요되었으나 최근에는 기술 혁신으로 5.5리터까지 줄일 수 있었다. 이낙스(INAX) 제품은 6리터, 마쓰시타 전공 제품은 5.7리터인데 TOTO 제품은 5.5리터로 업계 최소량이다. 또 물소리를 가능한 한 줄이는 기술 역시 TOTO가 보유하고 있다. 이 외에도 TOTO는 휴대용 워시렛, 건강 상태를 확인할 수 있는 비데도 개발했다.

TOTO가 끊임없이 신시장을 창출할 수 있었던 배경에는 독특한 조직문화 몇 가지가 뒷받침된다. 첫째는 여성을 대거 등용했다는 점이다. 화장실에 대해서는 여성들이 훨씬 섬세하게 반응하기 때문에 사원의 약 40%가 여성이며 특히 영업 담당자는 대부분 여성이다. 둘째는 아이디어를 내기 위한 상하 커뮤니케이션 활성화이다. TOTO에서는 사장이 매일 자신과 아침을 같이할 사원들을 모집한다. 선배가 후배를 직접 지도하는 엘더(Elder)제도도 운영해 선후배 간의 커뮤니케이션을 활성화하고 있다. 셋째로는 시대 변화에 부응해 회사가 적절히 변신하기 위해 다양한 재능을 가진 여러 유형의 사원을 모두 중시한다는 점이다. 여성은 물론 인문학 등을 전공한

다양한 전문가를 우대하고 있다.

　인간의 본성을 탐구하는 기업으로서 TOTO의 사례는 신기술을 문화 상품과 접목해 새로운 시장을 창출하려는 우리 기업에도 많은 시사점을 제공하지 않을까 생각한다.

도요타도 배우러 오는 이나식품의 '나이테 경영'

요즘 같은 불황기에 '회사가 성장하는 것'을 별로 달갑지 않게 여기는 곳이 있으니, 앞에서 잠깐 소개한 이나(伊那)식품공업주식회사다. 이나식품은 회사가 성장하는 것보다 '회사가 영속(永續)하는 것'과 '종업원이 행복해지는 것'에 더욱 가치를 두는 경영을 한다. 그럼에도, 48년 연속 매출과 이익이 증대하는 기록을 세우고 있는 기업이다. 어떤 경영을 하기에 이런 전인미답(全人未踏)의 대기록을 세웠을까? 도요타처럼 일본을 대표하는 기업의 경영진마저 한 수 배우러 오고 각종 미디어에도 소개되는 이 회사의 속을 들여다보자.

이나식품이 구태여 성장을 반기지 않는 이유는 이렇다. 사실 회사가 영속하고 종업원이 행복해지려면 성장은 불가피하다. 그러나 이나식품은 절대로 급하게 성장하거나, 성장을 못했다며 조급해 하지 않는다. 회사가 급하게 성장하면 반드시 그것이 악영향으로 돌아오게 된다는 판단에서다. 후에 경기가 나빠지면 설비나 인력 과잉에 직면해 설비 폐기, 급여 및 인력 삭감을 해야 하고, 최악의 경우에는 폐업에까지 내몰리게 된다는 것이다. 눈앞의 이익만을 추구하다가는 해당 기업은 물론 사회에도 악영향을 끼치게 된다는 논리이다.

이나식품의 이러한 경영 방침은 츠카코시 히로시(塚越寬) 회장의 독특한 경영 철학에 바탕을 두고 있다. 그는 "굵은 고목에는 수많은 나이테가 있는데 아무리 자연환경이 나쁜 해에도 나이테는 반드시 생긴다"고 말한다. 조금이라도 성장한다는 것이다. 기업도 고목처럼 오랜 시간 서서히 굵어지고 강해져야 한다는 이야기다. 결국 츠카코시 회장의 '나이테 경영'은 경영 환경이 좋을 때나 나쁠 때나 무리하지 말고 지속적으로 성장하며, 종업원의 행복을 추구하고 사회에 공헌하는 것이 그 골자이다. 그리고 경영자는 기업의 성장을 적절히 조정하는 역할을 맡아야 한다는 것이다.

기업의 성장이란 직원들의 행복의 합계가 커지는 것

츠카코시 회장이 말하는 성장의 개념은 좀 색다르다. 매출이 늘어나는 것이 성장이 아니라, 적정한 이윤을 내고 그 이윤을 바르게 씀으로써 회사 직원들은 물론 회사 바깥의 사람들까지 '이 회사가 성장했구나' 하고 실감할 때 비로소 그 기업은 성장했다고 말할 수 있다는 것이니까 말이다. 나아가 그는 직원들의 행복의 합계가 커져야 진정으로 성장했다고 여긴다. 바로 이런 특성을 지녔기에 '나이테 경영'은 경영 환경이 나쁜 때일수록 더 빛을 발하는 것 같다.

1958년 나가노(長野) 현의 시골에서 창업한 이나식품의 주력 제품은 성숙 산업 분야에 속하는 '우무'인데, 한 걸음 한 걸음 착실하게 성장한 결과 지금은 매출 165억 엔, 이익률 10%, 종업원 400명, 일본 시장점유율 80%, 세계 시장점유율 15%의 견실한 중견기업이 되었다. 그러나 이나식품이 여기에 도달하기까지는 고난의 연속이었다.

츠카코시 회장은 폐결핵 때문에 고등학교를 중퇴하고 시골 영세 기업인 이나식품에 입사했다. 얼마 후인 21세 때, 경영위기에 처한 이나식품을 살리라는 명령을 받고 사장 대행에 취임하여 2개월간 공장에서 숙식을 했다. 츠카코시 회장이 실질적 창업자가 된 셈이다. 기술도 돈도 없는 영세 기업에다 시장도 날로 축소되는 우무를 주력 상품으로 해야 하는 최악의 조건에서 츠카코시 회장은 과연 어떻게 회사를 소생시키고 발전시켰을까?

우선, 원료를 안정적으로 조달하는 시스템을 구축하기 위해 노력했다. 일본에서는 우무를 농가 부업으로 만들었고, 그 원료인 해조 수확량은 기후에 크게 좌우되었기 때문에 투기성이 강한 상품 중 하나였다. 츠카코시 회장은 이런 문제를 극복하기 위해 멕시코나 호주 등지에서 원료를 안정적으로 조달하는 시스템을 구축하는 데 큰 힘을 기울인다.

성숙 제품의 새로운 용도를 지속적으로 발굴

또한 우무라는 성숙 산업 제품의 새로운 용도를 개발하여 지속적으로 새로운 시장을 창출하는 데도 애를 썼다. 우무 과자, 해초 샐러드, 우무 스프, 우무로 만든 화장품과 의약품, 우무 필름 등 이나식품에서는 기발한 우무 제품을 많이 개발했다. 특히 '울트라 우무'라는 굳지 않는 우무를 개발해 큰 화제를 모았다. 어떤 제품을 연구하고 개발하는 과정에서 우연히 굳지 않는 우무가 만들어진 것인데, 상식적으로 보자면 애초의 목표를 달성하지 못한 실패작이었다. 그러나 츠카코시 회장은 그것의 성공 가능성을 예감하고는 연구개발을 지속하여 지금은 노인용 음식 및 음료의 원료로 사용되는 히트 상품이 되었다.

이런 일을 겪은 츠카코시 회장은 회사가 아무리 어려워져도 이익의 10%는 반드시 연구개발비로 사용했다. "그렇게 한 20년을 보내자 지금과 같은 회사가 되었다"는 것이 츠카코시 회장의 설명이다.

츠카코시 회장은 강한 회사를 만들려면 어떻게 해야 하는가를 늘 고민했고 그 결과 도달한 생각은 '직원들의 사기를 이끌어내는 것'이었다. 기계는 스펙 이상의 일을 해낼 수 없지만 사람은 사기가 충만하면 능력의 3배까지도 발휘할 수 있다는 것이다. 그래서 츠카코시 회장은 직원들이 회사를 자기 것이라고 생각할 수 있도록 경영하고자 노력한다. 회사에서 별로 실력을 발휘하지 못하는 직원들도 집에서는 곧잘 훌륭한 가장 역할을 수행하는데, 이는 가정을 자기 것으로 여기기 때문이라는 것이다. 이나식품의 이러한 '성선설(性善

우무를 재료로 개발한 2009년 가을 신제품

說) 경영'이 최고의 성공 비결이라고 츠카코시 회장은 말한다.

직원을 가족처럼 생각하고 지역사회를 배려하는 경영

하지만 츠카코시 회장은 종업원에게 주식을 주었기 때문에 그들이 회사를 자기 가정처럼 여기는 것은 아니라고 말한다. 종업원에 대한 각종 복리후생 제공은 물론이고, 간부들에게만 경영 수치를 제한적으로 알리는 것이 아니라 모든 회사 정보를 모든 직원과 공유하며, 또한 회사가 어렵더라도 절대로 감원을 하지 않는 것이 츠카코시 회장의 철칙이다. 종업원 집에 화재가 발생하면 회장이 직접 나서서 진두지휘할 정도로 종업원을 가족처럼 생각한다.

이나식품은 지역사회를 배려하는 경영을 하는 것으로도 유명하다. 이나식품 직원들은 아침 출근 시에 교통체증을 줄이기 위해 우회전(우리 식으로는 좌회전)을 하지 않을 정도로 지역사회를 배려한다고 한다.

신입 사원 연수가 있을 때면 츠카코시 회장은 해당 사원들을

'100년 달력' 앞으로 데리고 간다. 그러고는 "자신이 죽을 날을 기재하라"고 말한다. 시간은 누구에게나 평등하고 인간은 죽을 수밖에 없으므로 남은 시간을 어떻게 써야 할지를 일깨워주려는 의도에서다. 시간이 한정되어 있음을 깨달으면 하루하루를 소중히 보낼 수밖에 없을 것이기 때문이다.

불황기에는 사실 "성장을 경계하라"는 츠카코시 회장의 '나이테 경영'이 사치처럼 들리기도 한다. 그러나 이나식품의 경영 철학을 잘 들여다보면 저성장기에 기업이 취해야 할 표준적 전략이 아닌가 싶다. 또한 지역 기업의 성공 비결이 무엇인지를 잘 보여주는 좋은 사례라는 생각이 든다.

에프피코, 5그램짜리 발포 트레이에서 혁신의 신화를 창조한 기업

슈퍼마켓 등에서 식품을 포장할 때 사용하는 5그램 정도의 간이 식품 용기인 발포 트레이(發泡 tray)는 어느 정도까지 기술개발이 가능할까? 한 장에 3엔 정도인 보잘것없고 차별화하기도 힘든 발포 트레이를 지속적으로 연구개발하여 불황 속에서도 매출을 올리며 고수익 기업으로 쾌주 중인 에프피코(FP Corporation)를 소개한다.

히로시마 현에 있는 에프피코는 첨단이기는커녕 오히려 저부가가치 제품인 트레이에 전심전력을 다하는 아주 특이한 회사다. 에프피코는 우선 트레이의 경량화를 위한 연구개발에 몰두한다. 그렇게 해서 20여 년 전에는 한 장의 무게가 5그램이던 트레이를 점차 4그램, 3.8그램, 3.4그램, 3.2그램까지 낮추었다. 경량화로 원료비가 적게 드니 당연히 경쟁 기업들보다 더 많은 이익을 올릴 수 있었다.

그런데 제품을 지나치게 경량화하자 강도(强度) 문제가 제기되었다. 3.2그램짜리 트레이로는 상품을 취급하기가 쉽지 않다는 것이다. 그래서 이번에는 강도 강화를 위한 연구개발에 몰두한다. 결국 트레이 바닥에 15밀리그램 필름 두 장을 깔아 강도를 강화하는 특허 기술로 신상품을 개발해낸다.

그 다음에는 생산 스피드 향상을 위해 노력했다. 이전까지는 1미터 길이의 트레이를 만드는 데 약 4초가 걸렸는데 자체 개발한 최첨단 기계를 이용하자 3초 이하로 줄일 수 있었다. 그리고 전력도 30% 정도 절약할 수 있었다.

이로써 에프피코는 수많은 업체가 치열하게 경쟁하는 이 업계에서 단연 최고의 경쟁력을 확보할 수 있었다.

리사이클 제품인 '에코 트레이'로 수익을 창출하는 비즈니스 모델

여기서 만족하지 않고 에프피코는 더 새로운 비즈니스 모델을 창출한다. 1980년대에 맥도날드가 발포 용기로 인한 프론(fron) 가스, 쓰레기 문제로 소비자로부터 원성을 듣는 것을 보고는 에코(환경)를 활용한 새로운 비즈니스 모델을 만들어내기로 한 것인데, 바로 '에코 트레이'라는 상품으로 구현되었다. 이것은 위생상 트레이 표면은 새로운 재료를 사용하더라도 그 외의 부분은 대부분 회수 트레이를 사용하는 리사이클 제품이다. 15년 전에 시작한 이 사업은 5년 전인 2004년경부터 이익을 내기 시작해, 현재는 회사 이익에 가장 많이 기여하고 있다. 원재료 값은 자꾸 오르지만 회수하는 트레이의 값은 오르지 않기 때문에 이익률이 높은 것이다. 또한 '에코 트레이'

는 보통 트레이보다는 값이 비싼데도 이산화탄소 감소, 친환경 업체라는 홍보 효과에 힘입어 매출이 빠르게 늘고 있다. 물론 초기에는 고생도 많이 했다. 가장 큰 난점은 가볍고 보잘것없는 용기라 회수가 쉽지 않다는 것이었다. 슈퍼마켓에 리사이클 박스를 갖다 놓아도 트레이가 잘 수집되지 않았고, 비용도 만만치 않게 들었다. 그러나 에프피코는 10년간 꾸준히 트레이를 회수하여 수익이 나는 비즈니스 모델로 완성해나갔다. 먼 미래를 내다보는 에프피코 경영진의 혜안이 승리를 거둔 셈이다.

업계 최초로 컬러 트레이를 만든 회사

에프피코를 업계 선두 주자로 만든 것은 무엇보다도 '트레이의 컬러화'였다. 흰색 일색이던 트레이에 최초로 색깔과 모양을 넣기 시작한 회사가 바로 에프피코이다. 동종 업계로부터 "쓸데없는 짓 하지 말라"는 비난도 받았다. "너희들이 그런 걸 내놓지만 않았다면 아무 문제가 없었을 텐데 왜 긁어 부스럼을 만드느냐?"는 것이었다.

업계 최초로 시도된 에프피코 사의 컬러 트레이. 무늬와 색깔이 다양하다.

흰색 제품은 대량 생산 시 비용이 적게 들지만 컬러나 모양이 들어가면 비용이 상승하기 때문이다. 이에 에프피코는 "수요는 반드시 있다"고 응수했다. 실제로 컬러화가 이루어지자 흰색보다 두 배 이상 많이 팔렸다. 슈퍼마켓이 소비자에게 어필하고 싶은 고급 상품에 대해서는 컬러 트레이를 쓰기 시작한 것이다. 시장 수요를 정확히 읽어내고 이에 적절한 대응을 한 결과이다.

에프피코의 연구개발은 여기가 끝이 아니다. 에프피코는 발포 트레이에서 60% 이상의 시장점유율을 확보했지만 이에 만족하지 않고 더 큰 시장에 도전하기로 했다. 비(非)발포 트레이와 투명 용기 시장을 공략하는 연구개발을 시작한 것이다. 그러고는 재료비가 싼 폴리프로필렌으로 고온에도 견딜 수 있는 투명 용기 개발에 성공했다. 이 제품은 시장 테스트에서 수요가 20% 이상 증가할 것으로 추산되고 있다.

또한 2009년 하반기에는 새지 않는 용기(enter pack)를 개발하여 제품을 출시했으며, 또 방금 만든 뜨거운 음식을 냄새가 새나가지 않게 포장하는 용기 개발에도 성공하여 대히트를 기대하고 있다.

"제조업이라면 이익률이 최소 10%는 되어야 한다"

에프피코는 원재료 가격 상승을 곧바로 제품 가격 상승으로 연결시키는, 일본에서는 흔치 않은 기업 중 한 곳이다. 게다가 대형 유통업체가 가격을 내려달라고 하면 "다른 싼 제품을 쓰라"며 오히려 큰소리를 치는 회사다. 고마츠 야스히로(小松安弘) 사장은 "제조업이라면 이익률이 최소한 10%는 되어야 신제품 개발과 확대 재생산이 가능하다"고 주장한다. 그래서 에프피코는 이익이 5% 이하인 제품은 취급하지 않고 있는데, 약 5억~6억 엔의 이익을 포기하는 셈이라고 한다. 이익률이 적다는 이유로 이익을 내고 있는 제품의 생산을 중단하기란 결코 쉬운 일이 아니지만, 고마츠 사장은 회사 방침을 그렇게 정하고 직원들을 설득했다.

어디나 그렇듯이 일본에서도 트레이업계에는 영세 중소기업이 모여 있고 가격 경쟁도 치열하다. 에프피코도 초기에는 가격 경쟁으로 많은 어려움을 겪었다. 그러나 지금은 경쟁 업체가 단가를 내려도 걱정하지 않는다. 가격보다 더 큰 경쟁력인 기술을 갖고 있다는 자부심 덕분이다. 나아가 "우리 기술을 얼마든지 복사해보렴! 우리가 도망가면 되지"라고 말할 정도의 자신감을 표한다. 그뿐만이 아니다. "기술을 모방당하지 않으려고 열심히 연구개발을 한 덕분에 오늘의 에프피코가 있다"며 여유까지 보인다. 고마츠 사장의 이런 여유는 어디서 나올까? 아마도 자사의 연구개발 능력에 대한 확신에서 비롯된 듯하다.

첨단 분야가 아닐지라도 자기 분야에서 연구개발에 힘껏 매진하고 장인 정신을 발휘하는 일본 기업들은 우리에게 여러 가지 깊은 시사점을 준다. 에프피코 역시 바로 그런 점에서 우리 기업 경영자들이 곱씹어봐야 할 일본 기업 중 한 곳이라는 생각이다.

06 어린이 직업 체험 테마파크 키자니아의 성공

전 세계적으로 어린이들의 직업 체험 테마파크인 키자니아(KidZania)의 인기가 식을 줄 모르고 있다. 1999년 멕시코에서 오픈하여 주목받더니 2006년에는 도쿄에서 오픈하여 연간 100만 명 이상의 입장객을 유치하고 있다. 2007년에는 인도네시아, 2009년 3월에는 일본 간사이 지방의 고시엔(甲子園)에서 오픈했고, 곧이어 우리나라를 비롯해 두바이, 리스본, 샌디에이고, 인도 등지에서도 오픈한다는 소식이 들려온다. 키자니아가 이토록 세계적 인기를 끄는 이유는 과연 무엇일까?

키자니아는 어린이들이 다양한 직업을 체험하며 사회 공부를 할 수 있는 학습 프로그램형 테마파크이다. 80여 종의 직업을 체험하면서 돈[키자니아에서 통용되는 화폐인 키조(キッゾ)]도 벌고 예금도 하며 쇼핑도 즐기는 시스템이다. 어른들에게는 일상적인 그 일이 아이들에게

키자니아 도쿄에 설치된 전일본공수항공(ANA) 비행기 안에서 승무원 체험을 하고 있는 어린이들.

는 오히려 관심을 끄는 모양이다. 키자니아는 스스로를 '에듀테인먼트' 타운이라고 칭한다. 에듀테인먼트는 에듀케이션(education)과 엔터테인먼트(entertainment)를 합친 조어로 직업 체험에서 재미뿐만 아니라 자연스럽게 교육 효과도 얻을 수 있다는 의미를 강조한 용어다.

성공의 열쇠는 CEO의 교육관과 비즈니스 모델

키자니아와 디즈니랜드는 둘 다 '비일상(非日常)'을 연출한다는 점에서는 같지만, 디즈니랜드가 가능하면 현실 세계를 잊어버리게 하는 '판타지'를 추구하는 반면 키자니아는 가능한 '리얼리티'를 추구한다. 그런데 요즘 어린이들은 판타지보다 리얼리티에 더 관심이 많은 듯하다. 다시 말해 키자니아는 어린이들의 심리를 정확하게 꿰뚫은 사업이다.

키자니아가 특히 일본에서 성공한 이유는 무엇일까? 단지 리얼리티를 추구하는 어린이들의 심리를 읽은 덕분만은 아니다. 왜냐하면 일본후생성이 580억 엔을 들여 교토에 건설한 '나의 직업관'이라는 공간 역시 직업 체험 테마파크인데도 매년 수십억 엔의 적자를 내고 폐업 직전까지 갔으니까 말이다. 하지만 키자니아 도쿄는 민간 기업에서 자본금 2억 5,200만 엔을 들여 만들어 큰 성공을 거두었다.

멕시코 ATM 사가 시작한 키자니아가 일본에서 크게 히트를 친 후 전 세계로 확산된 배경을 어디서 찾아볼 수 있을까? 일본에 키자니아를 도입해서 성공시킨 스미타니 에이노스케(住谷榮之資) 사장의 사례를 살펴보면 그 힌트를 얻을 수 있을 것이다.

원래 스미타니 사장은 국제 외식 비즈니스계에 종사하던 사람이었는데 2003년 정년퇴직 직후 멕시코 키자니아를 돌아보게 되었다. 평소 그는 일본 어린이들이, 스스로 가치관을 확립하고 적극적으로 대인 관계를 만들어가는 자주성이 외국 어린이들보다 부족하다고 느끼곤 했다. "인사조차 제대로 못하는 어린이"가 많은 것은 일본의 교육 시스템에 문제가 있기 때문이라고 생각했다. 학교나 학원을 늘리기보다는 사회성을 키워주는 교육이 더 절실하다고 느끼던 차에 멕시코에서 키자니아를 본 것이다. 그것이야말로 일본의 교육 환경을 바꿀 수 있는 최상의 시설이라고 생각한 그는 일본에 도입하기로 결심한다.

하지만 막상 사업에 착수하니 장해물이 적지 않았다. 가장 큰 장해물은 키자니아가 선진 교육 시스템을 갖춘 미국이나 유럽이 아닌, 멕시코의 것이라는 점이었다. 여전히 일본인들에게는 서구 선진국을 좀 더 지향하는 정서가 자리 잡고 있었다. 그러나 스미타니 사장은 단순한 직업 체험장을 만들려는 게 아니라 일본 어린이들에게 꼭 필요한 교육 철학을 갖춘 시설과 서비스를 제공하겠다며 자신의 의지를 굽히지 않았다.

끈질긴 설득과 동기부여로 스폰서 기업들을 움직이다

키자니아 비즈니스 모델의 가장 큰 특징은 스폰서 기업과의 협력으로, 어린이들이 직업을 체험하는 곳은 스폰서 기업이 설치한 파빌리온(pavilion)이다. 예를 들어 미쓰이스미토모 은행의 스폰서를 받아 키자니아 내에 만들어진 은행 파빌리온에서는 아이들이 다른 곳에서 체험해서 벌어온 화폐 키조를 관리하는 구좌를 개설해 예금하게 해주고 이자도 지급한다. 그리고 비행기 조정 체험 파빌리온은 전일본공수항공(ANA)이 스폰서를 하는 식이다.

스폰서 유치는 다양한 이점을 가져다준다. 예를 들어 은행 파빌리온의 경우에 키자니아는 초기 투자비용을 절감할 수 있을 뿐만 아니라 은행 파빌리온에서 이자를 지불하기 때문에 어린이들의 재방문을 유도하는 효과까지 얻을 수 있다. 은행 입장에서도 어린이들에게 돈과 은행의 중요성을 인식하게 해주는 사회 공헌적 효과와 미래고객을 확보하는 효과를 동시에 얻을 수 있다.

각 파빌리온은 어린이들의 눈높이에 맞추어 실제 기업에서 사용하는 것들을 3분의 2로 축소해놓는다. 그리고 스폰서 기업은 테마관 설치비용과 한 해 운용비용의 60%를 낸다. 물론 처음부터 스폰서 기업의 협력을 쉽게 얻어냈던 것은 아니다. 기업들이 스폰서가 되면 어떤 이익을 얻게 되는지 설명하는 일조차 쉽지 않았다.

스미타니 사장은 일본 교육 시스템의 문제점, 어린이들에게 경제 및 기업 교육을 제대로 시킬 수 있는 사회 공헌의 기회라는 점, 무엇보다도 어린이들이 기업들의 미래고객이라는 점을 강조하며 끈질기게 설득해낸 끝에 기업 유치에 성공했다. 결국 기업들도 키자니아 활용이 새로운 비즈니스 모델임을 인식하게 되었고 현재는 ANA 항공, 아사히신문, 노무라증권 등 약 60여 개의 유명 스폰서 기업들이 들어와 있다.

신개념 에듀테인먼트로 나라의 미래까지 기대한다

키자니아의 성공 요인을 테마파크에서 일하는 직원들, 즉 스태프가 만들어내는 분위기에서 찾는 사람도 많다. 스미타니 사장은 자신의 교육 이념에 공감하는 사람을 최우선적으로 뽑았기 때문에, 직원들 모두가 매우 활기차게 능동적으로 일한다. 스태프들은 어린이들이 스스로 문제를 해결해나가는 체험을 할 수 있도록 조언자 역할을 하는 것에 무척이나 직업적 보람을 느낀다고 말한다.

일본에서는 키자니아가 학교의 체험 수업이나 수학 여행지로도 인기가 높다. 스미타니 사장의 교육 이념과 열정이 기업과 행정기관은 물론이고 교육기관까지 연계시키는 좋은 결실을 맺은 것이다. 요즘처럼 니트(NEET, Not in Education, Employment or Training)가 창궐하는 일본에서, 어릴 때부터 일하는 즐거움을 일깨워주는 효과는 굉장히 크리라고 생각한다. 더욱이 2년 후에는 키자니아에서 영어를 공용어로 사용한다고 하니 교육 효과는 기대 이상일 수도 있다.

07 명문 기업 미쓰코시와 JAL이 부진한 이유

새로운 업종과 기업 그리고 경영자가 부상하는 한편에서는 과거에 명성을 얻었던 기업들이 쇠퇴해가는 현상도 눈에 띈다. 미쓰코시 백화점과 JAL이 대표 사례이다. 왜 이런 일이 벌어졌을까? 그 배경이 무엇인지 궁금하지 않을 수 없다.

일본 최고의 명문 백화점이던 미쓰코시와 업계 5위이던 이세탄이 2008년 4월에 경영을 통합하여 사람들을 놀라게 했다. 그 외에도 일본에서는 백화점업계의 재편이 진행되고 있는데 그 배경은 다음 2가지이다. 첫째는 백화점 매출의 감소다. 일본 전체의 백화점 매출액이 1991년에는 9.7조 엔이었으나 2008년에는 7.4조 엔으로 20% 이상 줄어든 것이다. 백화점을 주로 이용하는 연 소득 600만 엔 이상의 중상류 계층은 점점 줄고 대신에 하류 계층이 늘어났기 때문이다. 그리고 가전이나 가구 고객은 대형 전문점으로, 패션 고

248   일본 재발견

객은 롯폰기, 도쿄 미드타운, 대형 상업 시설로, 유명 브랜드 고객은 직영점으로 이탈한 것도 그 원인이다.

둘째는 외국계 펀드에 의한 매수 위협이다. 일본 백화점들은 대도심의 요지에 입점하고 있어 지가 상승에 따른 자산 가치는 올라가고 있지만 매출 부진으로 주가가 낮아서 외국계 펀드에게 좋은 먹잇감이 되고 있다.

'명문'이라는 이름에 안주해 현장감을 잃어버린 미쓰코시 백화점

일본에서 가장 유명한 백화점으로 미쓰코시(三越) 백화점이 꼽히는 것은 우리에게도 잘 알려진 사실이다. 미쓰코시는 1905년에 개업한 일본 최초의 백화점으로, 그 원류는 1673년에 개업한 에치고야포목점(越後吳服店)으로 거슬러 올라간다. 미쓰이 그룹 탄생의 모태이기도 한 일본 최고의 명문 백화점이다.

최근 세간에서는 미쓰코시의 경영진에 대해 "책상 위의 전략가"라고 평한다. 이익률 향상을 위해 세일을 중지해 단골 고객마저 놓치는 나쁜 결과를 초래했고, 편집 매장(멀티숍)을 자주 기획했지만 이것만으로 고객이 일조일석에 몰려들 리 없었다. 여기에다, 실적을 회복시킨다는 명목으로 조기 퇴직을 감행하는 등 강도 높은 구조조정으로 직원들의 사기마저 떨어뜨렸다. '명문'에 안주해 현장 상황을 피부로 느끼지 못한 경영진의 실수가 이어진 것이다. "하루 종일 임원회의를 해도 결정되는 것이 없다"는 수동적 경영 체질, 전후 60년간 사장이 5번밖에 교체되지 않은 장기 집권 체질 등 전형적인 일본 대기업병이 미쓰코시를 망친 것이다.

반면 이세탄은 1933년에 개업했지만 제2차 세계대전 종전 후 연합군 최고사령부(GHQ)에 접수되었다가 1953년에야 뒤늦게 영업을 개시한 비교적 신생 백화점이다. 신주쿠(新宿) 역에서 도보로 10분 정도 걸리며, 반드시 명문 미쓰코시 백화점 앞을 지나야 하는 입지 탓에 종업원들은 늘 위기의식을 갖고 있었다고 한다.

위기의식 속에서 과학과 감성의 마케팅을 성공시킨 이세탄 백화점

이세탄의 강점은 한마디로 현장 정보 분석력이다. 이세탄 백화점 계산대를 통과하는 순간 판매된 상품의 브랜드, 장르, 색상, 사이즈에 이르는 자세한 고객 취향 데이터가 기록으로 남는다. 또한 160만 명에 달하는 백화점 회원의 성별, 연령, 거주지가 기록된 자사카드를 잘 모으면 누가, 어디서, 무엇을 구입했는지 입체적 정보를 포착할 수가 있다. 사실 여기까지는 다른 백화점에서도 흔히 하는 고객 대응이다.

이세탄의 놀라운 점은 이런 데이터가 어느 진열대에 물건을 얼마나 진열할지, 계획 판매 기간 동안 얼마만큼 팔 수 있을지 등 가설을 세우는 도구로 활용된다는 것이다. 늘 똑같은 브랜드를 구입하던 고객이 다른 브랜드로 바꾼 사실을 손바닥 들여다보듯 알 수 있다는 것도 고객 서비스에 강점으로 작용한다. 또한 이세탄은 판매원들이 고객의 목소리에 좀 더 세심해지기 위해 늘 메모지에 고객 의견을 적고 그것을 바로바로 바이어에게 전달하는 시스템도 갖추고 있다. 이러한 이세탄의 마케팅을 업계에서는 "과학과 감성의 마케팅"이라고 부른다. '고객이 찾아오지 않을지도 모른다'는 생각에서 비롯된 공포심이 직원들의 의식 속에 자리 잡은 덕택에 바로 이런 마케팅이 창출된 것은 아닐까.

미쓰코시와 이세탄의 경영 통합으로 '미쓰코시 이세탄 홀딩스'라는 지주회사가 설립되었다. 이세탄의 무토 신이치(武藤信一) 사장이 CEO를 맡고 통합 비율도 이세탄이 1, 미쓰코시가 0.34인 것을 보면, 이 경영 통합은 아무래도 미쓰코시가 이세탄에 굴복한 모양새인 듯하다. 실제로 설립 이후 경영의 무게가 이세탄에 실리는 것을 보면 미쓰코시를 구제하기 위한 합병이란 사실을 알 수 있다.

일본적 시스템이 합작해서 만들어낸 JAL의 부실

경영위기에 빠진 또 하나의 명문 기업은 국책기업과도 같은 항공회사 일본항공(JAL)이다. JAL은 2009년 1/4분기에 631억 엔, 2/4분기에 990억 엔의 적자를 냈다. 노선 수 400개, 종업원 4만 7,000명, 매출액 1조 9,491억 엔(2008년)의 거대기업을 어떻게 처리할지를 둘러싸고 요즘 일본이 시끄럽다. 일본항공 부진의 이유는 여러 가지로 분석되고 있지만, 역시 체질 문제가 가장 크다는 분석이다. 일본 국민들은 JAL이 아직도 도산하지 않은 게 오히려 이상할 정도라는 반응이다.

사실 JAL은 지금까지 일반 고객보다는 정치가, 공무원, 대기업 쪽에 초점을 맞추어왔다. 그래서 종업원들도 이 계층의 자제가 주류를 이루었다. 또한 '국토교통성 회사'라는 별명이 붙을 정도로 기내식, 비품, 서비스 등의 구매선이 되는 자회사들에는 국토교통성에서 낙하산 인사로 온 임원이 많았다. 이쯤 되면 비즈니스 룰이 제대로 작용할 리가 만무하다. 게다가 미국의 GM처럼 노사 갈등 때문에 퇴직자의 연금 문제를 개혁하지 못했을 뿐만 아니라 구조조정도 할 수 없었다.

일본의 총체적 부실 시스템이 JAL에 작용한 것도 사실이다. 일본 국내선은 15개 노선밖에 흑자를 낼 수 없었는데도 JAL은 97개나 되는 국내선 노선을 갖고 있었다. 그만큼 적자가 커질 수밖에 없고, 바로 여기서 일본적 시스템이 작용했다. 즉 정치가, 관료, 지방자치단체들이 적자 지방 공항으로의 취항을 JAL에 떠넘긴 것이다.

일본의 제도 역시 JAL의 부실에 한몫을 했다. 정부가 공항에 자금을 지원하는 '공항특별회계'는 지방자치단체가 주도해서 공항을 건설하고 운영하는 경우에 50%의 보조금을 지불할 수 있다. 이 돈은 착륙료, 공항사용료, 항공기연료세를 재원으로 하는데, 2009년에는 5,280억 엔에 달하는 엄청난 돈이 예산에서 지불되었다. 예산이 있으니 정치가와 관료가 채산성과 상관없이 새 공항을 만들고 신공항으로 이어지는 고속도로를 신설하여 JAL에게 취항하도록 한 것이다.

결국 JAL의 경영위기는 제도, 정치가, 관료, JAL 경영진이 합작으로 만들어낸 불량품이라는 감을 지울 수가 없다. JAL은 20년 전에 국영기업에서 민영화했지만 '최후에는 결국 국가가 어떻게든 해주겠지' 하는 안이한 현실 인식이 부진의 근본 원인으로 작용한 듯 보인다.

미쓰코시와 이세탄의 경영 통합, JAL의 경영위기가 우리에게 주는 시사점은 간단명료하다. 대기업병에 걸린 기업이 이를 혁신하지 못하면 결국 실패한다는 것, 반면 항상 위기의식으로 무장하고 현장을 중시하는 기업은 성공한다는 것이다. 앞서 말했듯이 원래 미쓰코시는 일본 최초로 옷감을 끊어 판 역사를 지니고 있고, '세일'이라는 기발한 마케팅을 실시하여 성공한 기업으로 잘 알려져 있다. 이렇듯 투철한 현장주의로 성공한 미쓰코시가 현장을 몰라 사양길로 접어들었다는 점이 참으로 아이러니하다.

08 도요타 생산 시스템의 치명적 맹점

도요타 자동차가 2009년 3월 결산에서 50여 년 만에 4,610억 엔의 적자를 계상했다. 게다가 2010년에도 큰 적자가 예상된다. 2002년 이익 1조 엔을 넘어선 이후 계속 기록을 경신해온 도요타인데 아무리 금융위기라고는 하지만 쉽게 이해가 되지 않는다. 불황 속에서도 혼다나 스즈키는 이익을 내고 있으니까 말이다. 도대체 도요타에 무슨 일이 생긴 것일까?

표면적인 이유는 미국 고급차 시장을 겨냥한 과잉 생산 설비가 부담으로 작용한 것이다. 잘 알려졌다시피 "20세기 최고의 생산 시스템"이라고 칭송받던 도요타 생산 시스템(TPS)의 정수는 바로 '필요한 때에 필요한 양만큼 만든다'는 것이다. 그런데 어쩌다가 엄청난 과잉 설비를 만들어내고 말았을까? 도요타를 궁지로 몰아넣은 도요타 생산 시스템의 맹점에 대해 알아보자.

TPS의 핵심은 두 가지이다. 첫째는 '필요한 것을, 필요한 때에, 필요한 양만큼' 조달·생산·운반하는 'Just in time'이고, 둘째는 기계 설비에 이상이나 불량이 발생하면 스스로 알아서 라인이 멈추는 자동화(自動化)이다. 이를 실현하는 구체적 방법으로, 후(後)공정이 필요로 하는 양의 부품만 전(前)공정이 공급하도록 하는 '간판방식'과 이상이 발생했을 때 곧바로 알리는 '안돈(行燈, 생산 상태에 이상이 생겼을 때 이를 알리는 램프를 말한다. 들고 다니는 초롱불에서 유래한 말이다)' 그리고 시스템을 개선하기 위한 '가이젠(改善)'을 매일매일 끊임없이 실시한다.

현장은 강하지만 본사가 약한 도요타

이렇듯 필요한 것 이외에는 만들지 않는다는 완벽한 시스템인 도요타의 생산 방식이 왜 엄청난 공급 과잉의 늪에 빠지고 만 것일까? 연비가 좋은 도요타 자동차의 수요가 급증해 전 세계, 특히 미국에서 공장을 신설하는 등 확대 노선 전략을 택했기 때문이다. 문제는 금융위기 이전의 수요가 실수요가 아니라 버블에 의한 가수요였는데 도요타가 이런 상황을 읽어내지 못하고 확대 노선을 택했다는 점이다. 다시 말해 도요타가 생산 현장은 강하지만 전략을 짜는 본사는 약하다는 증거이다.

도요타 전략 실패의 절정은 미국 텍사스에 대형차 생산 공장을 세운 것이다. 빅3의 아성인 픽업트럭시장에 본격 진입하기 위해 2006년 텍사스에 '툰드라(Tundra)' 생산기지를 세웠는데, GM을 제

생산성과 효율에서 세계 최고로 평가받던 도요타 생산 시스템이 지금 위기에 처해 있다. 사진은 일본 아이치 현에 위치한 도요타 다하라 공장 내부.

치고 세계 최대 자동차 회사가 되기 위한 교두보였다. 견실한 전략으로 유명한 도요타로서는 정말 대담한 계획이었다. 그것도 제조업의 전통이 남아 있는 미국 중서부가 아닌, 미국에서도 제조업 기반이 가장 약한 남부 텍사스에 생산 공장을 세운 것이다. 대형차를 선호하는 미국 보수층 공략을 위한 것이라고는 하지만 무모하기 그지없었다.

흔히 일본 기업의 강점은 제조 현장에 있다고 한다. '정리정돈'에서 시작해서 '개선', 'just in time', '플렉시블', '셀 생산 시스템'은 일본 기업의 제조 현장만이 갖는 강점이다. 도요타는 1993년경부터 공장에서 '거품 빼기 운동'을 전개하여 연간 1,000억 엔가량의 비용 절감 효과를 가져왔다고 한다. 엄청난 생산성 향상이다. 그런데 도요타가 2002년에 달성한 1조 엔의 이익은 생산 현장 비용 절감 효과의 10년 치가 누적된 데 불과하다는 비판이 일면서, 도요타 본사는 그동안 대체 무슨 노력을 했는가 하는 의문이 제기되는 것이다. 본사의 전략이 제조 현장의 강점을 살리지 못해 현재 일본 기업이 곤경에 처했다는 이야기다.

위기에 강한 기업 도요타의 마른 수건도 짜내는 투지

역사는 되풀이된다. 지금 도요타의 상황은, 엄청난 적자를 내고 처음으로 종업원을 해고했던 1950년과 비슷하다. 당시 일본 정부가 전후의 인플레이션을 억제하기 위해 긴축 정책을 구사하자 매출이 급감하는데도 도요타의 창업자인 도요타 기이치로(豊田喜一郎)는 확대 생산을 계속하여 결국 경영위기를 맞게 된다. 은행이 융자 조건으로 인원 정리를 요구하자 이에 굴복하여 "절대 해고는 하지 않겠다"던 노조와의 약속을 깨고 만 것이다. 이때 기이치로가 "결과적으로 내가 안이하게 생각한 것이다"라고 말하며 눈물 흘린 일화는 유명하다. 이로 인해 도요타의 역사에 '해고'라는 글자가 남게 되는데 당시 구조조정안 조인식 때는 경영자도 울고 노조도 울었다고 한다. 지금도 도요타는 노사 교섭 시에 이때의 뼈아픈 역사를 잊지 않으려고 조인식이 이루어진 회의실을 그대로 사용하고 있다. 은행에게 좌우되지 않는 강한 재무 체질을 확립한 것도 그런 굴욕을 두 번 다시는 당하지 않겠다는 다짐이 담긴 도요타의 기업문화이다.

결국 도요타의 맹점을 치유하는 방법은 '정확한 수요 예측'이다. 수요 예측의 정확성을 높이려면 리드 타임을 단축하는 것이 관건이다. 예를 들어 다품종 소량 생산인 공작기계는 최종 사용자의 주문을 받아서 각종 부품을 생산하는 경우가 많다. 그래서 다품종 소량 생산 품목인 자동차도 점점 공작기계 같은 방식으로 생산해야 한다는 말이 설득력을 얻는 것이다. 아울러 도요타는 판매와 생산 간의 정보 공유가 미흡했다는 반성도 하고 있다.

앞으로 자동차시장의 큰 흐름은 신흥국 시장용 '저가 자동차'와 환경 대응용 '에코카(ecocar)'라고 할 수 있다. 2가지 트렌드 모두 생산 현장의 기술력과 제조력이 필요하다. 지금까지 도요타가 고급 시장을 겨냥하던 전략상의 실수를 보완하여 인도 타타 자동차의 '나노'를 능가하는 저가 자동차를 만들어낼 가능성도 없지 않다. 과거 위기 시에도 일본 기업들은 방향이 정해지면 기필코 이루어내는 끈기를 보여주지 않았던가.

도요타의 역사는 항상 도전의 역사였다. 일본에서 최초로 승용차를 자체 개발한 것도, 치열한 노사분규를 노사화합의 경영으로 이끌어낸 것도, 자동차 대국인 미국 시장에 도전한 것도, 미국과 일본 간의 자동차 마찰을 슬기롭게 해결한 것도, 하이브리드 자동차를 세계 최초로 개발한 것도 바로 도요타이다.

도요타는 위기에 강한 기업이기도 하다. "마른 수건도 다시 짠다"라는 말은 도요타의 5대 사장인 도요타 에이지(豊田英二)가 1950년 초 노사분규 때 종업원들에게 한 말인데 그 진정한 의미는 "전 종업원이 지혜를 모으면 마른 수건에서도 물이 나온다. 반드시 이익을 낼 수 있다"는 것이었다고 전해진다.

"하늘 높이 올라간 연은 반드시 떨어진다"

도요타 사례를 보면서 2가지를 떠올리지 않을 수 없다. 우선, 금융 위기 이전까지는 그 누구도 '천하의 도요타'가 이러한 어려움을 당할 것이라는 예측을 하지 못했다는 점이다. 세계 1위 자동차 기업으로 막 올라서려는 순간에 일어난 일이다. 오노 다이이치(大野耐一) 전(前) 도요타 부사장이 "기업도 연처럼 올라갈 때까지 올라가면 반드시 떨어진다"라고 강조하며 간판방식을 고안했는데, 실은 도요타가 지금 바로 그런 상황에 처한 것이 아닐까? 만들면 팔린다는 자만심 때문에 브레이크를 밟는 것이 늦어져 오늘날의 도요타 사태를 초래한 것이 아닐까? 그리고 이는 우리 기업들도 반드시 기억하지 않으면 안 되는 금과옥조이다.

또 하나는 제품을 만드는 일, 즉 제조는 공장에 한정되어서는 안 된다는 생각이다. 전략·개발·생산·판매가 일체가 되어 전체최적(全體最適)의 일환으로 생산이 이루어져야 한다. 'TPS는 세계 최고의 생산 시스템'이라는 자부심이 오히려 전략이나 판매에 방심을 초래해 부분최적(部分最適)에 그친 것은 아닐까? 도요타의 경험이 우리 경영자들에게 반면교사가 되었으면 한다.

일본이 말하는
일본이
따라잡힌 이유

지금 일본 산업계의 화두는 '이노베이션 딜레마(The Innovator's Dilemma)'
이다. 기술적으로 앞선 일본 기업들이 메모리반도체에서 한국 기업
에 따라잡혔는데, 그 교훈을 살리지 못하고 액정이나 비메모리반도
체인 시스템 LSI에서도 한국이나 대만 기업에 따라잡히는 이유가
도대체 무엇인가? 이런 현상을 어느 정도 설득력 있게 설명해주는
개념이 바로 '이노베이션 딜레마'이다. 후발 기업들이 선발 기업을
따라잡는 과정에서 왜 이노베이션 딜레마가 발생하는지 일본 기업
들의 사례를 통해 알아보자.

이노베이션 딜레마란 우수한 제품을 파는 거대기업이 그 제품의
기술적 개량·개선에 정신이 팔려 고객의 또 다른 수요를 등한시한
결과, 그 제품보다는 열등하지만 새로운 특징의 제품을 파는 후발 기
업 앞에서 힘을 잃어가는 이유를 설명하는 마케팅 이론의 일종이다.

하버드 비즈니스 스쿨의 클레이튼 크리스텐슨(Clayton M. Christensen) 교수가 1997년에 《혁신 기업의 딜레마: 미래를 준비하는 기업들의 파괴적 혁신 전략》에서 처음으로 제시한 개념이다. 클레이튼 교수가 하드디스크 드라이브(HDD) 산업의 따라잡기(catch up) 과정을 사례로 들어 설명한 개념인데 그 밖의 전자산업에도 그대로 적용되는 경우가 많다.

변화된 시장 니즈를 무시한 일본 기업들

D램(DRAM)을 예로 들어 설명해보자. 1980년대 D램의 주요 용도는 전화 교환기나 대형 컴퓨터였다. 그래서 일본 기업들은 고도의 기술로 고장이 잘 나지 않는 D램을 만들어 미국 기업을 제치고 반도체 대국이 될 수 있었다. 이때 일본에는 고성능·고품질 반도체를 만드는 기술문화가 정착된다. 발주 업체에서도 보통 25년 정도를 보증하는 품질과 신뢰성을 요구했다. 그런데 문제는 D램의 수요가 전화 교환기에서 PC로 바뀌었다는 점이다. 따라서 시장에서는 고품질보다는 싼 가격의 반도체를 요구하게 되었다. 그럼에도 고품질 반도체를 만들려는 일본 기업들의 기업문화는 변하지 않았고 이 때문에 D램의 제조원가가 비싸져 결국 경쟁력을 잃었다는 것이다.

일본 기업의 제조원가가 비싸지는 이유는 이렇다. 예를 들어 포토마스크(photomask) 매수가 많으면 공정 수가 많아지고 설비비, 재료비, 인건비가 높아지는데 일본 기업 기술자들이 품질에 신경을 쓰다 보니 포토마스크 매수가 미국이나 한국 반도체 기업들보다 2배가량 많아진다고 한다. 고품질을 추구하다 보니 포토마스크 매수가 많아지는 이노베이션 딜레마가 작용해, 시장이 요구하는 비용 삭감에는 감각이 무뎌지고, 현재 일본 기업을 괴롭히는 과잉 품질·고가격 문제가 발생하는 것이다. 일반적으로 볼 때 과잉 기술 및 품질로 인해 일본 기업의 제조원가는 한국 기업보다 20~30% 정도 비싸다.

이런 현상은 D램뿐만 아니라 액정이나 시스템LSI 등 전자산업의 여러 분야에서 발생하고 있다. 또 최근에만 그런 것이 아니라 과거에도 이런 예가 많았다. 1970년대 이후 일본 기업이 컬러TV나 VTR로 미국 기업이나 유럽 기업을 따라잡을 때도 이런 현상이 발생했다.

일본이 계속 따라잡히는 이유

클레이튼에 따르면 기술적으로 앞서가는 기업이 후발 기업에 따라잡히는 과정은 대개 제조장치를 통해 이루어진다. 선발 기업에서는 기존 설비로 생산성 향상을 꾀하기 때문에 주로 점진적 개선이 일어나지만, 후발 기업은 최첨단 제조장치를 도입하기 때문에 생산성이 획기적으로 향상되어 선발 기업을 따라잡을 수 있다는 이야기다. 이를 '프로세스 장치의 플랫폼화(化)' 또는 '대(大)모듈화'라고 한다. 그래서 일본 기업들 사이에서는 한동안 제조장치를 통한 '의도하지 않은' 기술 유출을 경계해야 한다는 목소리가 높았고 제조장치를 스스로 개발하는 기업도 생겨났다.

그럼에도 후발 기업의 선발 기업 따라잡기는 계속해서 일어나고 있다. 최근에는 일본 기업들이 자신만만해하던 비메모리반도체, 즉 시스템LSI 중 액정TV나 휴대전화용 반도체인 ASSP에서 대만 업체인 미디어텍(MediaTek)이 고수익을 올리는 반면, 르네사스테크놀로지(RENESAS Technology) 등 대부분의 일본 업체들은 통폐합을 해야 할 지경에까지 이르렀다. 메모리 사업을 포기하는 대신에 다른 나라 기업이 따라오기 어려울 것이라고 생각한 시스템LSI에서 고품질로 승부하려고 했는데 대만의 파운드리(foundry, 반도체 칩 생산공장으로 일반적으로는 반도체 칩 설계 기능이 없는 생산 전문 업체) 업체에 꼬리를 잡히고 만 것이다. 일본 시스템LSI 업체들은 팹리스(fabless, 공장이 없는 설계 전문 회사)·파운드리·비즈니스 모델을 경시하여 이러한 따라잡기가 발생한 것이다. 이 과정에서도 첨단 제조장치가 큰 역할을 했다.

다음은 누가 따라잡힐 차례?

기술 유출을 경계하는데도 이런 현상이 계속되는 것은 바로 '이노베이션 딜레마' 때문이다. 그렇다면 왜 이노베이션 딜레마가 발생할까? 이유는 이렇다. 제품이 어느 정도 성숙 단계에 들어서면 제품 혁신보다는 효율화로 비용을 삭감하려는 노력이 더 활발하게 이루어지기 때문에 생산 프로세스를 가능하면 제조장치로 자동화하려는 노력이 지속적으로 이루어진다. 이때에 획기적 제조장치가 개발되면 후발 기업들이 이 장치를 도입함으로써 따라잡기가 이루어진다는 것이다.

반면 이미 제조장치를 보유한 일본 기업들은 새로운 장치를 도입하기보다는 기존의 장치를 개선해서 사용하고자 노력하는데, 이는 어찌 보면 경제 합리적 행동을 취한 셈이다. 하지만 그 차이가 이노베이션 딜레마를 발생시키는 주된 요인이다. 또한 새로운 장치를 도입하기 위한 조건, 예컨대 세금 제도가 많은 영향을 미치는 것으로 최근 분석되었다.

일본 기업이 구미 기업을 따라잡았고, 한국이나 대만 기업들이 일본 기업을 따라잡았듯이, 중국 기업이나 동남아시아 기업들이 한국 기업을 따라잡지 못할 이유가 전혀 없다. 지금 성공가도를 달리는 비즈니스 모델일지라도 '이노베이션 딜레마' 때문에 내일을 보장할 수 없다는 것을, 일본 기업의 사례는 잘 보여주고 있다.

따라잡히지 10 않으려는 일본 기업의 전략

선발 기업이 기술에 치중한 나머지 시장 니즈를 도외시하여 후발 기업에 따라잡히고 만다는 '이노베이션 딜레마'를 극복하는 방법은 무엇일까? 제품을 먼저 개발해놓고도 대량 생산에서 한국이나 대만의 기업들에게 시장을 내주고 선발자로서의 이익을 누리지 못하는 일본 기업의 경영자, 그리고 일본 제조업을 열심히 분석하는 연구자들이 지금 후발 기업에게 따라잡히지 않는 방도를 연구하는 데 골몰하고 있다. 일본 기업들도 언제까지 따라잡히기만 하지는 않으려 할 테니까 말이다. 과연 일본 기업들은 지금 무슨 생각을 하고 있을까?

우선 '이노베이션 딜레마'를 좀 더 구체적으로 분해해보자면 다음 몇 가지 문제점으로 나눌 수 있다.

첫째는 기술 유출의 문제이다. 어렵게 개발한 기술이 제조장치 등을 통해 쉽게 유출되어 선발자의 이익을 누릴 수 없는 것이다. 기술 블랙박스 전략을 취하는 데도 한계가 있고 또 팽대(膨大)한 양의 설계를 분업해야 하고 생산비용도 줄여야 하기 때문에 어느 정도의 기술 유출은 불가피한 상황이다. 그럼에도, 어떻게 하면 기술 유출이 어려운 비즈니스 모델을 구축할 수 있을까? 그것이 관건이다.

과잉 기술과 과잉 품질을 극복하는 것이 관건

둘째는 과잉 기술·품질의 문제이다. 일본은 기술이나 장인 정신에 대한, 일종의 맹신이 있다. 그래서 고객이 요구하는 것 이상의 고성능·고품질 제품을 만들고 그 때문에 가격이 비싸져 고객들이 외면한다는 것이다. 결국 문제는 어떻게 하면 고객 관점에서 값 싸고 품질 좋은 제품을 만들 수 있는가이다.

셋째로, 품질이 좋은 제품을 만들더라도 고객만 확보하면 문제가 없다. 전 세계에는 고품질·고가격 명품이 얼마든지 있으니까 말이다. 할리데이비슨 오토바이가 그렇고 스위스제 시계가 그렇다. 기능 이상의 고가격에도 불구하고 비즈니스는 성립된다. 그런데 일본 기업들은 고품질 제품을 만들 줄은 알아도 고가격으로 사주는 시장은 확보하지 못하고 있다. 따라서 일본 제품에 맞는 고객을 창출하거나 아니면 고객이 요구하는 가격의 제품을 만들어 시장을 창출해야 한다는 논리이다.

이와 같은 이노베이션 딜레마를 극복하기 위해 최근 일본 기업들이 벤치마킹 대상으로 자주 거론하는 기업이 바로 인텔과 삼성이다.

인텔과 삼성을 주목하라

우선 일본 기업들은 인텔의 비즈니스 모델에 주목하고 있다. 쉽게 말해 대량 생산을 함으로써 핵심 기술이 제조장치로 이전되어 다른 기업이 따라잡기 쉽게 되는 것이 아니라, 인텔의 PC용 프로세스나 퀄컴의 휴대전화 플랫폼처럼 핵심 기술이 블랙박스가 되어 그 내용을 알 수 없을 뿐만 아니라 대량 생산을 할수록 이익도 증가하는 비즈니스 모델을 만들어야 한다는 것이다. 즉 일본 기업의 장기인 핵심 부품 및 소재가 플랫폼의 중핵이 되어 많이 팔리면 팔릴수록 일본 기업의 이익도 많아지는 비즈니스 모델을 창출해야 한다는 것이다.

일본이 경쟁력을 가진 제품 중에서 이런 비즈니스 모델로 성공을 거두고 있는 제품이 바로 디지털카메라이다. 디지털카메라는 삼성이 비교적 두각을 나타내고 있지만 일본 기업들이 시장을 석권하고 있는 제품이다. PC는 성능이 10배가 되어도 재설계를 할 필요가 없지만 디지털카메라는 성능 향상을 위해 화소수를 2배로 올리려면 이에 따라 렌즈, 셔터, 센서 계통을 모두 재설계해야 한다. 따라서 후발 기업들이 쉽게 따라잡기가 어렵다. 즉 부품·소재 간의 상호의 존성이 높은 제품을 재빨리 표준화하여 세계에 확산시키는 것이 일본 기업이 생각하는 비즈니스 모델이다.

그러나 일본 기업들 간에 경쟁이 치열해지면 핵심 기술을 블랙박스화하더라도 고수익을 올릴 수가 없으므로 일본 시장에서 닦은 기술을 글로벌 시장에 확산시키는 전략이 필요하다. 이 전략을 실현하기 위해 일본에서 주목하는 기업이 바로 삼성이다. 제품 개발 직후에는 고성능을 중시하는 일본 시장에서만 제품을 출시하여 개발 투자비를 회수하고 감가상각이 끝날 때쯤 해외 시장을 본격 공략하되, 일본 시장용 제품과는 달리 불필요한 기능이나 성능을 삭제한 재설계(re-design) 제품으로 공략하는 것이다. 그리고 브랜드력과 강력한 서플라이 체인(공급망)을 구축하여 세계 시장점유율을 올리는 것이다.

최종 제품에서 역산하여 비용을 절감하라!

비용 절감의 문제에서도 인텔과 삼성의 예를 참고하고 있다. 반도체의 경우에 일본 기업들은 성능을 최우선으로 하기 때문에 프로세스 플로(process flow)가 길어지고 복잡해진다. 이것이 그대로 양산 공장으로 이관되므로 비용도 높아진다. 그런데 인텔은 최종 제품부터 역산하여 이익이 나는 프로세스 플로를 구축한다는 것이다. 먼저 PC의 가격을 산정하여 세트 원가를 예상하고, 이에 따라 반도체 가격과 원가를 산정하며, 다시 이를 실현시키는 수율(收率)을 정하므로 자연히 플로가 짧아질 수밖에 없다는 이야기다. 이러한 플로 때문에 인텔에서는 기술자들에게도 항상 비용의식이 자리 잡고 있다. 또한 삼성은 개발 부대가 그대로 양산 부대로 이관되는 조직 체계가 형성되어 생산 현장을 모르는 개발자들도 비용의식이 강하다.
　마지막으로, 시장 개척 시에도 삼성을 배워야 한다는 이야기가 나오고 있다. 최근 화제가 된 책《시장 만들기를 망각한 일본 기업》

의 저자인 마케팅 전문가 이이즈카 미키오(飯塚幹雄)는 일본 기업들에게 신흥국 시장 공략, 기술자 의식, 인재 육성 등을 삼성에게 배우라고 제언한다.

최근 들어 한국 기업들이 보여준 성공이 일본 기업들의 경계심을 더욱 높이고 있다. 부품이나 소재의 상호의존적 블랙박스 전략을 강화하려는 움직임이 엿보인다. 더불어, 일본 기업들이 지금까지 소홀히 해왔던 신흥 시장에서의 치열한 결전도 예상된다. 노무라총합연구소는 공공연히 LG의 인도 시장 공략법을 벤치마킹하라고 제안할 정도다. 이제 한국과 일본 기업 간 경쟁이 새로운 단계에 접어들었다. 우리 기업들에게 지금까지와는 다른 전략이 필요한 시점이라는 생각이 든다.

⑪ 일본 기업의
포스트 크라이시스
전략

금융위기 때 심각한 타격을 입은 일본 기업들이 서서히 위기 상황에서 벗어나기 시작하고 있다. 그렇다면 그들은 현재 어떤 전략을 구상 중일까? 이전과는 크게 다른 전략으로 전환하고 있는 것이 감지된다. 일본 기업들의 포스트 크라이시스(post-crisis), 즉 위기 이후 전략을 한번 살펴보자.

사실 금융위기 이전까지 일본 기업들은 전후 최장의 호황을 구가했다. 특히 도요타나 캐논 같은 제조업체들은 사상 최대의 업적을 기록했다. 이를 두고 전문가들은 "일본 제조업의 부활"이라며 극찬했다.

이번 금융위기 당시, 부실 채권이 별로 없었는데도 일본이 받은 영향은 당초 예상보다 훨씬 심각했다. 2009년 1/4분기 미국의 GDP 성장률은 전년 동기 대비 −6.1%였지만 일본은 −15.2%였다.

일본의 GDP에서 수출이 차지하는 비중이 16.3%로 미국의 8.9%보다 높다는 점과 급격한 엔고를 원인으로 들기도 하지만, 문제는 수출 의존도(수출/GDP)가 일본보다 훨씬 높은 한국이나 중국 또는 독일보다도 일본이 훨씬 더 심각한 타격을 입은 것이다.

그 이유를 분석해보면, 우선 일본은 수출에서 차지하는 부가가치의 비중이 크기 때문이다. 비교적 값이 싼 원재료를 수입해 높은 기술력으로 가공, 부가가치를 훨씬 높인 제품으로 수출하기 때문에 수출 감소로 인한 타격이 상당히 크다는 것이다. 일본의 소재·부품·장치 업체들의 경쟁력이 다른 나라보다 높은 탓에 타격이 더욱 컸다는 이야기다. 게다가 일본의 주요 수출품은 자동차와 전자 같은 기계산업 제품인데 불황 때에는 이러한 내구재 구입을 미룬다는 점도 한 요인이 되었다.

고급 시장만 겨냥할 수는 없다

고부가가치화를 위해 신흥국 시장보다 미국이나 EU 같은 고급 시장에 주력한 것도 큰 타격을 입은 이유 중 하나다. 그래서 브랜드 가치를 중시하는 도요타나 마쓰시타 같은 명문 기업일수록 타격이 더 컸던 것이다. 도요타는 인도 정부가 합작회사를 설립하자는 제안을 딱 잘라 거부한 적이 있다. 인도 시장의 미래가치보다는 당장의 브랜드 가치 저하를 우려한 탓이다. 물건을 싸게 만드는 데 별로 자신이 없는 일본 기업들은 높은 기술력으로 부가가치가 높은 제품을 고급 시장에 수출하겠다는 전략을 갖고 있었다. 이를 위해 기술이 해외로 유출되는 것을 극도로 경계하여 '블랙박스' 전략이니 '해외 공장의 국내 U턴'이니 하는 전략을 구사했다. 그래서 캐논은 해외 공장을 국내로 회귀시키고 셀 생산 방식을 도입했다. 샤프나 도시바는 선택과 집중 전략을 구사한다며 한국을 능가하는 대규모 설비투자를 감행하기도 했다.

그런데 이런 전략들이 이번 금융위기로 허점을 드러내기 시작한 것이다. "선진국 시장이 증발"해버렸기 때문이다. 일본 기업들이 수요가 증발했다는 식의 표현을 쓰는 것은 금융위기가 종식되어도 이전의 수요가 회복되지 않으리라는 판단 때문이다. 미국 가계의 부채 조정은 단기간에 쉽게 끝나지 않을 것이며 소비 패턴도 크게 바뀔 것이다. 반면 신흥국은 중산층 구매력이 점점 커져 시장이 새롭게 생성되고 있으니 고부가가치 제품 전략이 반드시 최선은 아님을 깨닫게 되었다. 위기 이후 산업이나 제품의 경쟁우위가 크게 바뀔 것이라는 전망과 함께, 세계적 파워 시프트가 예상되는 시점이다.

'볼륨존' 전략으로 전환 중인 일본 기업들

이런 배경에서 최근 일본 기업들의 전략이 크게 바뀌고 있다. 블랙박스 전략으로 일본 국내에서 기술을 고수하겠다던 샤프가 중국 기업과의 합작을 적극 검토 중이다. 한국에 반격을 가하기 위해 대형 설비투자를 계획한 도시바가 반도체 부문의 자회사화를 검토하고 있다. 또한 중국 기업들이 자사 제품의 오토바이를 복사한다며 치를 떨던 혼다가 중국 기업과 협력해 값싼 제품을 생산해내겠다고 한다. 중국 업체들과 치열한 경쟁을 벌이던, 세계 최대 에어컨 업체인 다이킨(DAIKIN)도 중국 업체와의 협력 체제를 구축해 신흥국 시장용 제품 생산에 몰두한다는 방침이다.

일본 기업들의 이러한 전략 변화는, 쉽게 말해 선진국 시장보다 신흥국 시장을 중시하겠다는 것이다. 최근 일본에서는 '볼륨존'을 중시하는 전략을 구사해야 한다는 말이 자주 나온다. 신흥국의 중산층 시장을 노리라는 이야기다. 특히 세대 소득이 1만 달러 이상인 가구에서 내구재를 본격 구입하고 있으므로 일본 기업 입장에서는 지금이 아주 좋은 기회라는 것이다. 노무라총합연구소는 신흥국의 고급 시장에서는 일본 제품의 인지도가 상당히 높으니 이 시장을 집중 공략하라는 구체적 전략까지 제시한다.

고부가가치 전략을 포기하고 볼륨존 전략으로 전환할 때도 기업은 제조업의 해외 수요에 기대어 활로를 모색할 수밖에 없다. 왜냐하면 고령화로 인해 내수를 기대하기 어렵고, 서비스산업으로 전환해야 한다고 아무리 떠들어도 성과가 없기 때문이다.

신흥 시장의 새로운 경쟁자, 일본 기업에 대비하라!

해외 활로 모색을 위해 일본 기업들은 현지 시장용 제품 개발에 몰두할 전망이다. 혼다의 이륜차를 모방한 중국의 저가격 이륜차 때문에 베트남 시장을 중국 기업에 내준 혼다는 동남아 시장용 저가 이륜차 개발에 성공하여 베트남 시장을 재탈환했다. 파나소닉은 중국에 '중국생활연구센터'를 설립해 아주 생생한 중국 소비자 정보를 수집하고 있다. 일반적으로 중국 소비자들은 남에게 자랑하기 위해 대형 냉장고를 거실에 놓는 것으로 알려졌는데, 이 연구소가 수집한 정보에 따르면 중국은 부엌이 비좁아서 대형 냉장고를 놓을 수가 없다고 한다. 이런 상황에서 파나소닉이 국제 규격보다 5센티미터 좁은 55센티미터 냉장고를 발매하여 10배 매출을 올렸다는 이야기가 지금 일본에서 널리 회자된다.

기술을 중시한 나머지 가격이 싼 제품은 잘 만들지 못하던 일본 기업들이 과연 신흥 시장에서도 통할 값싼 제품을 만들 수 있을까? 일본 기업들의 변화된 전략을 예의주시할 필요가 있을 것이다. 그러나 지금으로서는 일본 기업 단독으로 시장을 공략하기보다는 현지 기업과 협력하여 활로를 모색할 가능성이 더 크다. 혼다, 다이킨 등이 좋은 사례이다.

당연히 향후 신흥국 시장에서 한국 기업 대 일본 기업의 경합이 거세질 것이다. 사실 지금까지는 일본 기업들이 신흥 시장을 별로 중시하지 않은 탓에 우리 기업들이 신흥 시장에서 점유율을 늘리기가 쉬웠던 측면이 없지 않다. 그러나 앞으로 일본 기업들이 현지 기업들과 협력하여 공격을 가해 온다면 우리 기업들이 자칫 샌드위치가 될 가능성도 배제할 수 없다. 우리 기업들 또한 새로운 각오와 전략으로 맞서야 할 때가 아닌가 싶다.

5장

시스템
재발견

이 장에서는 변화하는 일본의 시스템에 대해 살펴보기로 한다. 지금까지 일본의 발전을 지탱해온 일본적 시스템이 '잃어버린 10년'을 거치면서 서서히 경색되어 새로운 시스템을 모색하고 있다는 느낌이다. 아무리 환경이 바뀌었다고는 하지만 한번 성공을 거둔 시스템이기 때문에 이를 바꾸기도 쉽지는 않을 것이다. 그러나 아무리 과거에 성공적이었다고 해도 경색된 시스템으로는 더 지탱해낼 방도가 없는 듯하다. 특히 민주당 정권이 들어선 후에는 일부 기득권자를 제외하고는 시스템 변화에 대한 공감대가 확산되고 있다.

1980년대까지 일본은 자신들의 시스템이 세계에서 가장 성공적인 것이라고 스스로 평가했다. 정계, 관계, 재계가 서로 협력해 일본의 발전을 견인한다는 일명 '철의 삼각형', 종신고용·연공서열·기업별 노조의 '3종의 신기'가 일본 기업의 생산성을 극대화시켰다는 기업 시스템, 일본 국민 대다수가 중류 의식을 가지고 있다는 '1억 총중류'가 일본 발전의 원동력이라는 발상이었다. 따라서 이를 전 세계로 확산시키는 것이 곧 세계 발전에 기여하는 길이라고 자찬했다. 그러나 버블 붕괴, 아시아 금융위기, IT 버블 붕괴, 미국발 금융위기를 거치는 동안 새로운 시스템이 필요하다는 것을 절감하는 듯하다.

그동안 일본의 발전을 지탱해온 일본적 시스템이 각 분야에서 어떤 문제를 일으켰는지 그래서 어떤 방향으로 변화를 모색하고 있는지 살펴보고 시사점을 얻고자 한다.

국가 시스템 혁신에 골몰하는 일본 ⓿¹

먼저 일본의 정치 시스템부터 살펴보자. 일본적 시스템의 가장 큰 변화는 2009년 9월 16일에 발족한 하토야마 민주당 정권의 출범일 것이다. 하토야마 정권은 제2차 세계대전 이후 지금까지 65년간 일본을 이끌어온 자민당 정권과는 상당히 다른 국가 시스템을 예고하고 있다. 두 번이나 여당이 바뀌는 정권 교체를 경험한 우리야 그런 일이 새삼스러울 게 없지만, 일본 국민들은 처음 맞는 정권 교체가 상당히 혼란스러운 모양이다. 특히 이번 선거에서 정권을 잡은 민주당에 대해, 정책상 자민당과 별 차이가 없는 중도 우파 정도로 생각했던 일본 국민들은 정책이 본격 추진되자 한편으로는 당혹감을 나타내기도 한다. 과연 신정권 출범은 일본의 국가 시스템을 어떻게 바꿔놓고 있을까?

일본 국민들이 '탈(脫)관료', '정치 주도'를 내건 민주당에 뜨거운

지지를 보낸 것은 그동안 자민당 정권의 관료주의 국가 시스템에 염증을 느낀 탓이다. 일본 국민들은 전후의 폐허 속에서 온 힘을 다해 오늘날의 일본을 일구어낸 자민당 정권의 성과를 어느 정도 평가하지만 일본의 미래를 이끌어갈 미래의 국가 시스템으로서는 적합하지 않다는 평가를 내리고, 새로운 시스템을 선거 공약으로 내건 민주당 정권을 선택한 것이다.

관료 주도에서 정치 주도로

간단히 말하자면 자민당 정권하에서 일본의 국가 시스템은 관료 주도로 이루어졌다. 관료 주도로 법안이 입안되고 정치가는 단지 국회에서 통과시키는 역할만 한 것이다. 정치가들이 법안을 입안할 실무 능력을 갖지 못한 것은 물론이고 정책 결과에 대해서도 전혀 책임을 지지 않는, 말 그대로 관료주의 시스템이었다. 이러한 관료주의가 일본의 발전을 저해한다는 인식이 일본 국민들 사이에 널리 확산되어 정권 교체라는 결과로 나타난 것이다.

민주당은 정치가가 관료를 주도하는 국가 시스템을 구축하겠다는 매니페스토(manifesto, 정책 공약)를 내걸었는데, '5원칙, 5책(策), 5대 중점 분야'가 그 골격이다.

: : 5원칙
1. '관료에게 맡기는 정치'에서 '정치가 주도하는 정치'로.
2. 정책 결정 과정을 내각 체제 아래서 일원화.

3. 각 부처 주도에 의한 부처 이익 중시 행정에서 총리 관저 주도의 국익 중시 행정으로.
4. 종적(縱的) 이권 사회에서 횡적(横的) 네트워크 중시 사회로.
5. 중앙 집권에서 지방 주권으로.

:: 5책

1. 대신(大臣, 장관), 부(副)대신, 정무관의 정무 3역(役)을 중심으로 정치를 주도하여 정책을 입안·조정·결정.
2. '각료위원회'를 필두로 정치가 스스로 의사결정을 하도록 하고 기존의 '사무차관회의'는 폐지.
3. 관저 기능을 강화하고 총리 직속 '국가전략국'이 새로운 시대의 국가 비전을 책정.
4. 사무차관·국장 등 간부 인사에서 업적 평가에 의거한 새로운 인사제도를 확립.
5. 국민적 관점에서 행정 전반을 혁신하는 '행정쇄신위원회' 설치.

:: 5대 중점 분야

1. 세금 낭비: 세금은 관료나 일부 정치가의 것이 아니다. 국민의 세금을 국민의 손에 돌려주어야 한다.
2. 육아·교육: 육아 걱정을 없애고 모두에게 공평한 교육의 기회를 제공한다.
3. 연금·의료: 연금·의료·간병의 불안을 없애고 누구나 안심하고 살 수 있도록 한다.
4. 지역주의: 지역의 일은 지역이 정하도록 한다. 활기가 넘치는 지역사회를 만든다.
5. 고용·경제: 국민들이 살고 있는 지역사회의 공장 등을 지원하여 안심하고 일할 수 있게 한다.

하토야마 정권의 '정치 주도' 공약은 크게 정치가의 재량과 책임을 무겁게 하고 상대적으로 관료의 역할과 책임을 가볍게 한 것이라고 할 수 있다. 따라서 정권 출범 이후 민주당 정권의 주된 업무는 관료사회 개혁과 함께 관료사회로 인한 각종 낭비를 바로잡는 것이다. 이를 현실정치에 반영하기 위해 '국가전략실'과 '행정쇄신회의'를 신설한 것이 민주당 정책의 큰 특징이다.

실질적 성과를 장담하기 어려운 민주당의 개혁

문제는 '정치 주도'가 어느 정도나 이루어질까 하는 것이다. 국민들은 총론에는 동의하더라도 자신들의 이해관계와 관련된 각론에서는 반대를 할 수도 있다. 국가전략실과 행정쇄신회의와 같은 정치 주도를 위한 신설 조직들이 기존의 국가 시스템과 정합적으로 기능하도록 하는 것도 큰 과제이다.

국가전략실은 행정 조직도에서 보자면 자민당 고이즈미 정권의 '경제재정자문회의'와 비슷하다. 경제재정자문회의는 고이즈미 정권 초기에는 총리 직속 의사결정기구 역할을 수행했으나 이후 그 역할이 축소되면서 권위도 저하된 바 있다. 하토야마 정권의 국가전략실도 아직은 일본의 미래를 위해 큰 비전을 제시한다는 본래의 취지에 알맞은 기능을 다하고 있지 못하다.

반면 행정쇄신회의는 '지교시와케(事業仕分け, 공개예산심의)'를 실시하여 일본 국민들의 주목과 큰 지지를 받고 있다. 지교시와케란 예산의 투명성을 확보하고 그 효율성을 높이기 위해 예산 수립 과정 및 효과를 공개적으로 검증하는 것을 말한다. 국가 예산 수립 과정 및 효과를 투명하게 짚고 넘어가겠다는 의지의 표현이라고 할 수 있다.

자민당 정권하에서 국가 예산은 주로 재무성(구 대장성) 주계국(主計局)이 관장하던 업무였다. 그리고 정책·예산의 효과 등에 대한 평가·감사는 총무성의 행정평가국과 예산행정위원회에서 담당했다. 예산 배분과 평가가 모두 관 주도로 이루어진 셈이다. 예산 집행의 감독 기능이 미흡했다고 할 수 있다. 행정쇄신회의의 지교시와케는 이러한 예산 성립의 프로세스를 투명화한 것이다. 그런데 문제는 그 효과이다. 당초 지교시와케를 통해 3조 엔의 예산 삭감을 목표로 했으나 실적은 6,900억 엔 삭감에 그쳤다. 막상 뚜껑을 열어보니 별로 삭감할 것이 없었다는 모양새여서, 국가 예산의 투명성은 포퓰리즘이 아니라 시스템으로 정착되어야 한다는 숙제를 남겼다.

또한 행정쇄신회의는 2010년에 "독립 행정법인을 쇄신한다"고 언명했다. 일본에 만연한 낙하산 인사의 온상이자 기득권의 상징이기도 한 독립 행정법인 개혁에 착수한다는 이야기다. 상당한 반발이 예상되는데, 과연 실질적 개혁 성과를 올릴 수 있을지 의문이다.

더는 뒤로 물러설 데가 없는 일본

하토야마 정권에 대한 공통된 비판은 일본의 미래에 대한 비전이 없다는 것이다. 조직적 측면에서 국가전략실을 마련하기는 했지만 곤경에 처한 일본 국민들에게 용기를 불러일으키고 새로운 미래 비전을 제시할 수 있을지는 미지수이다. 하토야마 정권의 스태프들은 자민당 정권하에서의 구태를 바로잡지 않으면 미래도 보장되지 않는다는 생각에 따라 우선은 그 일에 매진하고 있는 듯 보인다. 그러나 국민들에게 장기 비전을 제시하기가 좀처럼 쉬운 일은 아닐 것이다.

언뜻 보기에 일본의 미래는 하토야마 정권의 성공 여부에 달린 것 같다. 아무리 과거에 강대국이었다고 하지만 '잃어버린 10년'을 겪고 난 일본은 상황이 좀 다르다. 이제 더는 뒤로 물러설 여유가 없는 것이다. 일본이 과연 진정한 개혁을 이루어낼 수 있을지 귀추가 주목된다.

디플레이션이
지속되는
이유

일본의 경제 시스템은 어떨까? 일본 정부는 2009년 12월 25일 임시 내각 회의에서 2010년 일본 경제 전망치를 발표했는데 GDP의 실질성장률은 1.4%, 명목성장률은 0.4%였다. 불황의 늪에서 조금씩 벗어나는 플러스 성장이기는 하지만 한국 경제와 달리 명목GDP가 실질GDP보다 낮다. 내년에도 물가 하락이 계속될 것이라는 의미다.

2009년 9월 일본의 소비자물가는 전후 두 번째로 급락한 −2.2%를 기록하여 일본 정부는 디플레이션을 선언했다. 2008년 8월에 2% 수준이던 물가가 1년여 만에 −2%대로 급락한 것이다.

1990년 말 이후 일본에서는 자본주의 국가는 좀처럼 경험하지 않는 디플레이션 경제가 지속되고 있다. 명목GDP와 실질GDP의 역전은 1998년 이후 13년 내내 계속되고 있다. 매년 명목소득이 줄어든다는 것은 국민들에게 큰 고통이다. 지금 일본은 '가격 파괴'로는 부족해 '가격 붕괴'라는 용어까지 쓸 정도로 심각한 디플레이션을 겪고 있다. 그런데 현재 일본에서 진행 중인 디플레이션이 단지 일본만의 문제는 아니어서 우리 기업과 한국 경제에도 상당한 시사점을 던져준다. 일본이 왜 디플레이션 경제에서 벗어나지 못하는지, 특히 기업의 입장에서 분석해보도록 한다.

끝없는 가격 경쟁으로 이노베이션을 기피

디플레이션이 심각했던 2009년 일본에서는 '1,000엔 청바지 전쟁'이 한창이었다. 유니클로가 2009년 3월에 990엔 청바지를 발매해 100만 장을 팔아 저가 청바지 전쟁에 불을 지폈는데, 같은 해 10월에는 돈키호테라는 업체가 '정열 가격'이라는 이름으로 690엔 청바지 20만 장을 팔아치웠다. 가격 붕괴 현상은 청바지에서만 일어난 게 아니다. 일용품에서 가전제품까지 거의 모든 상품으로 번지고 있다. 일본능률협회 조사에 의하면 일본 기업의 약 80%가 가격 경쟁에 휘말리고 있다. 그리고 가격결정권은 이미 제조업체를 떠나 유통이나 소비자 측으로 넘어갔다는 분석이다.

유통이나 소비자가 가격결정권을 갖게 되면 어떤 현상이 일어날까? 《닛케이 비즈니스》는 영국의 사례를 들어 "기업이 신제품 개발, 즉 이노베이션의 여력을 잃어갈 것"이라고 예상한다. 영국 슈퍼마켓에서는 좀처럼 신제품을 보기 어려운데, 제조업체보다 유통이 주도권을 쥐고 있다 보니 제조 측이 유통 측에 휘둘려 신제품 개발

여력을 잃은 탓이라는 분석이다. 가령 음식을 싸는 랩의 경우, 일본에서는 20년 전에나 쓰이던 불편한 제품이 영국의 슈퍼마켓에서는 지금도 팔리고 있는데 편리하지만 가격이 비싼 신제품은 영국의 유통업계가 선호하지 않기 때문이라는 것이다. 따라서 영국 슈퍼마켓에서는 PB(Private Brand) 제품이 많고 NB(National Brand) 제품은 점점 설 자리를 잃어가고 있다고 한다. "이것이 바로 끝없는 가격 경쟁의 귀결"이라는 것이 《닛케이 비즈니스》의 주장이다.

여기서 중요한 포인트는 일본의 디플레이션이 어떤 성격인가 하는 점이다. 현재 일본에서는 모든 제품과 서비스의 가격이 일제히 같은 비율로 떨어진 것이 아니라, 상대가격이 변하고 있는 것이다. 동일한 비율로 가격이 내려가는 디플레이션이라면 화폐 공급량을 늘리는 방식으로 어느 정도 처방이 가능하지만 상대가격이 변화하는 디플레이션은 경제 행동이 바뀌어야만 치유가 가능하다.

상대가격 하락이 디플레이션의 원인

최근 일본의 물가 하락 내용을 보면, 서비스는 0.4% 하락한 데 비해 재화는 4%, 내구소비재는 4.9%나 하락하는 등 상대가격 변동이 심각하다. 특히 박형TV는 33%, PC는 50%나 하락했다. 요컨대 공업제품 가격의 한없는 추락이 일본 디플레이션의 큰 특징이다. 더욱이 공업제품 가격의 하락이 일시적 현상이 아닌 장기적 추세라는 사실이 문제다. 예컨대 전자제품의 가격 하락은 급경사를 보이고 있다.

와세다 대학의 노구치 유키오(野口悠紀雄) 교수가 1970년대 이후 소비자물가지수(총무성 통계국)를 분석한 결과, 2008년의 브라운관 TV 가격은 1970년의 9% 즉 11.4분의 1인 것으로 조사되었다. 그리고 현재 공업제품 가격은 1970년대에 비해 약 10분의 1 수준인 데 비해, 서비스 가격은 5배 정도 상승한 것으로 나타났다. 공업제품 가격 대비 서비스의 상대가격이 50배 정도 오른 것이다. 이렇게 된 이유는 냉전 체제 붕괴로 인한 값싼 노동력의 유입과 IT의 진보 때문이다.

상대가격이 이렇게 변화한다면 경제주체들은 어떤 경제행동을 보일까? 아마도 소비자들은 싼 공업제품으로 서비스를 대체하려 할 것이다. 갑자기 비를 만났을 때 우산을 사는 것이 택시를 타는 것보다 합리적일 테니까 말이다. 그리고 기업들은 공업제품을 계속 생산하기보다는 서비스를 파는 비즈니스 모델로 사업을 전환하려 할 것이다. 대표적 기업이 바로 IBM이다. IBM은 컴퓨터 생산에서 소프트웨어 서비스로 사업의 중심축을 옮겼다. 나아가 국가 차원에서도 산업구조를 서비스업 위주로 재편해야 할 것이다.

디플레이션을 부추긴 엔저 정책

그러나 일본은 이러한 경제합리성에 따라 산업구조를 바꾸지 못했고, 그것이 일본 경제의 큰 실패 요인이라고 노구치 교수는 분석한다. 산업구조를 바꾸지 못했기 때문에 2000년대 들어 지속적으로 디플레이션이 일어났다는 이야기다. 일본 기업들이 비즈니스 모델을 바꾸지 못한 탓도 있고, 일본 정부 역시 이러한 기업, 즉 공업제품을 만드는 기업을 보호하기 위해 1990년대 중반 이후 엔저 정책을 구사하여 조금이라도 엔고가 일어나면 곧장 심각한 디플레이션에 빠지게 되었다는 것이다. 엔저 정책이 기업의 사업 전환 기회를 없앰으로써 구조 전환을 지연시켰다는 의미다.

최근 일본에서는 한국 기업들이 좋은 실적을 내는 것을 두고 원저/엔고 때문이라고 주장한다. 하지만 이런 현상은 과거 일본의 자동차가 미국의 자동차에 대항할 때도 마찬가지로 일어났다고 노구치 교수는 주장한다. 즉 한국의 원화 가치가 낮은 게 문제가 아니라 그동안 일본이 엔저 정책을 구사한 게 문제라는 것이다. 심하게 말하면, 일본은 지금까지 엔저로 경기를 지탱해오다 금융위기로 인해 어쩔 수 없이 엔고 국면으로 바뀌니까 미국보다 더 심각한 금융위기 후유증을 앓고 있다는 것이다.

일본의 디플레이션은 우리에게도 많은 것을 생각하게 한다. 첫째는 기업이 가격 경쟁에 휘말려 적정 이윤을 내지 못하면 제품 개발이나 이노베이션을 제대로 하지 못해 결국 제조 기반이 무너질 가능성이 있다는 점이다. 최근 일본에서 도산 기업이 줄을 잇고 있다는 점, 영국이 유통은 강하지만 제조는 약한 점이 좋은 반면교사가 될 수 있을 것이다. 제조 기업은 끊임없는 이노베이션으로 유통이나 소비자에게 주도권을 빼앗기지 않도록 한다. 그래야 소비자에게 좋은 제품을 제공하는 동시에 기업 자신도 적정 이윤을 확보하는 선순환을 지속할 수 있다.

둘째는 장기적 과제의 필요성이다. 기업은 주력 사업을 무엇으로 할지를, 국가는 산업구조를 어떻게 가져가야 할지를 항상 고민해야 한다. 공업제품에 비교우위가 있는 것은 한국도 일본과 마찬가지이다. 그리고 공업제품 가격은 향후에도 지속적으로 하락할 것이 예상된다. 현재는 한국 기업들이 공업제품에서 비교우위를 누리고 있지만 머지않아 중국이나 아세안(ASEAN) 기업들에게 따라잡힐 가능성도 배제할 수 없다. 일본 기업처럼 비용 절감과 제품 개발보다 정부 정책에 더 의존하려는 발상을 한다면 그 시기는 더욱 앞당겨질 것이다. 그 어느 때보다 기업과 정부 정책의 분발이 요구되는 이유다.

엔고, 기회로 활용하자!

일본의 경제 변수 중 한국 경제에 가장 큰 영향을 미치는 것이 바로 엔 환율이다. 몇 년 전 엔저/원고 국면이었을 때 금리도 싼 일본 엔화 대출을 받고 좋아하던 친구가 얼마 후 엔고/원저에다 일본 금리마저 오르자 상당히 괴로워하던 생각이 난다. 이제 엔 환율은 우리 제품의 수출 경쟁력뿐만 아니라 실제 생활에까지 침투해 들어온 느낌이다.

엔화의 향배를 알아내기란 결코 쉽지 않다. 금융위기 이전 미국의 쌍둥이 적자가 눈덩이처럼 불어났는데도 달러화 가치는 높게 유지되었고, 금융위기 직후까지 위기의 진원지가 미국이었는데도 안전자산이라는 이유로 고(高)달러 기조가 계속되었기 때문이다.

그런데 향후에는 엔고 국면이 지속될 것으로 예측된다. 사실 지금까지는 엔이 실제 가치 이하로 평가절하되고 있었다고 보아야 한다. 그동안 미국은 경상수지 적자가 확대되는 와중에도 '강한 달러' 정책으로 세계의 자금을 미국으로 끌어들임으로써 자본의 수지 균형을 맞추었다. 한편 일본은 '잃어버린 10년'에서 벗어나기 위해 저금리와 엔저 정책으로 수출 확대를 노려 전후 최장의 호황을 유지해왔다. 이런 상황에서 국가 간의 금리 차를 노린 '엔 캐리 트레이드'가 엔을 빌려 달러 등 외화를 샀기 때문에 엔저를 유지할 수 있었던 것이다.

하지만 이제는 국가 간의 금리 차도 근소해졌고 금융위기도 어느 정도 수습되었으며, 미국의 재정 적자에 대한 부담이 커지면서 달러보다는 엔을 선호하는 움직임이 선명해지고 있다. 더욱이 미국 경제가 완연한 회복세를 보이지 못하고, 두바이 사태 등 불안정한 요소들이 세계 곳곳에서 불거지면서 미국이 금리를 인상하는 출구 전략을 실시할 가능성은 아직은 낮아 보인다.

일본의 안정적 금융 시스템이 엔화 가치를 높였다

일본이 비록 실물경제는 어려운 상황이라고 해도 금융 시스템은 다른 선진국보다 안정된 상태이고, 자산 신용도 측면에서도 달러보다 높게 평가받고 있다. 따라서 일본이 미국을 돕기 위해 달러나 미국의 채권을 계속 보유하거나 추가로 사들이지 않는 한 달러 가치 하락은 불가피할 듯하다. 만약 미국에 대한 불안이 깊어져 중국이나 일본이 미국의 자산을 내던진다면 달러 가치 급락, 엔 가치 급등까지도 점쳐지는 상황이다.

● 엔의 실질실효환율(명목, 실질)

명목실효환율

실질실효환율

주 : 1973년 3월=100.
자료 : 일본은행.

    그렇다면 과연 엔이 어디까지 올라갈 것인가가 관건이다. 또 엔의 적정 수준은 어느 정도인지도 알아볼 필요가 있다. 이런 판단에 도움이 되는 자료를 소개한다. 위 도표는 엔의 실질실효환율 추이를 나타낸 그래프다. 실질실효환율이란 일본의 무역 상대국과의 환율을 무역액으로 가중 평균하고 각국 간의 물가상승률 차이를 조정한 지표로, 위 그래프는 1973년 3월을 100으로 한 지표이다. 수치가 높을수록 엔고를 의미하는데, 실질실효환율과 실제 환율(명목실효환율) 사이에 상당한 갭이 있음을 보여준다.

27% 정도 저평가되어 있는 실질실효환율

이 도표는 우리에게 몇 가지 사실을 알려준다. 첫째, 단기적으로는 현실의 환율이 이론치에 비해 엔고로 가는지 엔저로 가는지 알기가 쉽지 않다는 것이다. 2009년의 경우 현실적으로 엔고인 듯 보였지만 실질실효환율은 엔저로 움직이고 있다는 것이다. 즉 그래프에 의하면 2009년 초의 실질실효환율은 128.9였다. 그러나 2009년 11월의 실질실효환율은 118.4에 그쳐 엔저로 움직이는 것으로 나타났다. 실제 환율만 보면 자칫 이를 반대로 보기 쉽다는 것이다.

둘째, 중기적으로 보면 2007년 7월 91.3을 저점으로 이후에는 실질실효환율이나 실제 환율이 엔고 방향으로 움직인 것이 사실이다. 그 이유는 금융위기로 '엔 캐리 트레이드'의 환류가 전개되었기 때문이다.

셋째, 장기적으로 보면 지금은 오히려 엔저 상황이라는 것이다. 이 도표를 보면 1달러가 80엔을 하회한 적이 있는 1995년 이후로 엔저 트렌드가 지속되었으나 실제 2007년부터는 엔고 트렌드로 이행했다는 점이다. 단지 이런 상황이 급격히 진행된 탓에 엔고가 상당한 수준에 와 있는 것처럼 보이지만 1995년 수준에는 아직 도달하지 않았다. 즉 실질실효환율로 보면 아직 '14년 만의 엔고' 수준까지는 이르지 못했다는 것이다. 2009년 11월의 실질실효환율이 118.4였으므로 1995년 6월의 162.4에 비하면 아직 27%나 싸다.

와세다 대학의 노구치 유키오 교수는 그 당시에는 정책 개입으로 환율이 왜곡되었을 가능성이 있음을 감안하더라도 향후에는 엔고가 15% 수준으로 유지되는 것이 적정하다(1달러＝80엔보다 15% 정도 엔고의 의미)고 분석한다. 즉 실질실효환율이라는 이론치로는 1달러＝80엔 이하의 엔고가 당연하다는 것이다.

이러한 이론치를 바탕으로 실제 환율이나 무역 또는 달러와의 관계 등을 고려한 현실감 있는 환율 수준을 알아보기 위해 실질실효

● 엔의 구매력 평가와 실제 환율의 비교(1달러당)

연도	구매력 평가 (A)	실제 환율 (B)	B/A
1995년	99.79	99.79	1.00
1996년	96.67	105.81	1.09
1997년	93.81	118.18	1.26
1998년	94.17	129.45	1.37
1999년	92.71	113.14	1.22
2000년	89.37	105.21	1.18
2001년	85.57	117.10	1.37
2002년	83.12	132.66	1.60
2003년	80.78	118.67	1.47
2004년	78.86	106.39	1.35
2005년	76.89	103.27	1.34
2006년	73.43	115.33	1.57
2007년	72.01	120.59	1.67
2008년	69.26	107.60	1.55
2009년	69.58	90.35	1.30

주 : 수치는 1995년 1월을 기준 시점으로 했을 때 각 연도의 1월 치를 나타냄.
자료 : 노구치 유키오(2009).

환율과 실제 환율을 비교한 수치의 추이를 살펴보자.

위의 표는 1995년 1월의 구매력 평가와 실제 환율을 기준 시점으로 했을 때 그 이후의 환율을 나타낸 표이다. B/A 수치가 1 이상이면 저평가, 1 이하이면 고평가되었다고 할 수 있다.

이 표를 보면 그동안 실제 환율은 이론치인 실질실효환율보다 엔저였음을 알 수 있다. 실제 환율과 실질실효환율 사이의 괴리율이 2007년에는 67%나 된다. 그 덕택에 일본의 수출품이 가격경쟁력을 유지할 수 있었던 것이다. IT 버블 후인 2002년에도 괴리율은 60%

였다. 그리고 이후 "일본 제조업이 부활했다"는 말이 나온 시기와 괴리율이 높은 시기가 일치한다. 일본이 엔저 정책으로 자국 제품의 경쟁력을 유지했다는 주장이 허구가 아니라는 증거이다.

2007년 이후 괴리율이 점차 축소되었지만 아직도 엔화는 저평가되어 있다고 보아야 한다. 노구치 교수는 1달러＝60엔대가 되어도 이상할 게 없다고 주장한다.

엔고는 부품산업의 대일 의존도를 줄일 절호의 기회

급격한 엔고가 우리 경제에 미치는 영향도 간과할 수 없다. 일본으로부터 부품을 수입하는 기업이나 엔화 차입 기업에는 큰 부담으로 작용할 것이다. 그러나 일본 제품과 경쟁하는 기업에는 큰 기회인 것도 사실이다. 무엇보다도 이번 엔고는 부품산업의 대일 의존도를 낮출 절호의 기회이다. 그동안 정부는 부품산업 육성, 대일 무역적자 시정 정책을 추진했지만 안타깝게도 별 성과를 얻지 못했다. 대일 적자의 60% 이상을 부품·소재가 차지한다는 점을 감안하면 현재의 엔고는 우리의 부품산업을 획기적으로 육성할 수 있는 좋은 기회이다. 정부는 물론 기업들도 이번 기회를 통해 부품·소재 국산화율을 끌어올리기 바란다.

일본의 전자산업, 왜 쇠락하는가? 04

향후 일본의 산업 전망은 어떨까? 2010년에는 일본의 GDP가 중국에 추월당해 세계 3위가 될 것으로 보인다. 중국이 10% 남짓한 고성장을 이어가니 당연하다며 대수롭지 않게 볼 수도 있지만, 문제는 1위인 미국과의 격차가 점점 벌어진다는 점이다. 현재 환율(1달러=90엔 기준)로 환산해보면, 1980년대에는 미국과 일본의 GDP가 비슷했는데 지금은 미국이 일본의 2배 이상이다. '잃어버린 10년'이 시작된 1990년대부터 격차가 벌어졌는데, IMF의 향후 예측치에 따르면 앞으로 5년간은 일본의 저성장이 지속되어 미국과의 GDP 격차가 더욱 확대될 전망이다.

일본 경제가 왜 이렇게 되었을까? 이유야 여러 가지이겠지만 아마도 일본 전자산업의 부진이 가장 큰 원인으로 작용하지 않았나 싶다. 왜냐하면 일본의 주력 산업인 자동차산업이나 산업기계산업은 아직 건재한데 유독 전자산업만 부진을 면치 못하기 때문이다. 심지어 2009년 3/4분기에는 삼성전자의 영업이익이 일본의 대형 전자업체 9개사의 영업이익 합계보다 2배 이상 많았다. 이 정도라면 현재 일본 전자업계가 얼마나 부진한지 충분히 상상할 만하다. 그렇다면 왜 유독 전자산업이 부진할까? 이는 1990년대에 본격화된 'IT 혁명'이라는 큰 환경 변화에 일본 업체들이 잘 대응하지 못했기 때문이라고 생각된다. 기업 환경이 크게 변할 때는 이를 활용하려는 벤처 정신, 기업가 정신 같은 것이 왕성해야 하는데 일본의 전자업계에는 바로 그런 정신이 부족하다.

미국기업의 벤처 정신이 일본기업에는 없었다

미국과 일본의 전자 기업들을 비교해보면 이런 점을 금세 파악할 수 있다. 미국에서 성공한 세계적 IT 기업들의 창업 시기를 보면 HP가 좀 오래되어 1938년이지만, 대부분은 1970년 무렵이거나 그 이후이다. 인텔이 1968년, MS가 1975년, 애플이 1977년, 델이 1984년, 야후와 아마존이 1994년, 구글이 1998년이다. 즉 미국의 전자업체들은 대부분 벤처기업으로 시작했고, 이후 IT 혁명을 잘 활용하여 기업 역사가 짧은데도 불구하고 오늘날에는 세계 톱을 달리는 기업이 된 것이다.

반면 일본의 IT 기업들은 좀 다르다. NEC가 1899년, 도시바가 1904년, 히타치가 1910년 등 100년 기업이 즐비하다. 비교적 젊다는 기업이 파나소닉과 소니와 산요인데 그래도 각각 1935년, 1946년,

1950년이다. 대부분 최하 60년 이상 된 기업이지만 오랜 역사에도 불구하고 오늘날 세계적으로 업계 톱으로 꼽히는 기업을 찾아보기 어렵고, 근래 들어서는 적자로 허덕이는 기업도 적지 않다.

사실 일본의 전자업체들이 대기업이어서 기업가 정신을 살리지 못한 것만은 아니다. 예를 들어 1927년에 창업한 미국의 대기업 IBM은 IT 혁명을 잘 활용하고 자기 혁신을 거듭하여 지금도 탄탄한 경쟁력을 확보하고 있지 않은가. 반대로, 일본에서도 비교적 역사가 일천한 교세라(1959년)나 일본전산(1973년) 같은 '교토 기업'은 좋은 성과를 내고 있다. 양국의 더 큰 차이는 미국이 벤처 정신, 기업가 정신을 업계 전체로 확산해 산업 전체를 비약적으로 발전시킨 것과 달리 일본은 일부 기업에서만 기업가 정신이 드러났을 뿐 대부분의 기업은 변화에 둔감했던 데 있다.

IT 혁명의 가장 큰 특징은 스피드이다. 기술 혁신이 초스피드로 일어나고 눈 깜짝할 사이에 기술 표준화와 일용품(commodity)화가 진행되는데 일본의 대기업들은 의사결정 속도가 늦어 이에 신속하게 대응하지 못했다. 또한 물건을 잘 만드는 일(모노즈쿠리, ものづくり)만 지나치게 중시하다 보니 소프트웨어적 측면을 경시했다는 분석도 있다.

연구개발만 있고 소비자를 감동시키는 제품이 없다

일본 기업들이 엄격히 분리된 사업부제 조직하에서 소비자가 원하는 제품, 소비자를 감동시키는 제품을 만들어내지 못한 것도 원인으로 작용했다. 이전 제품보다 약간 더 좋은 제품 만들기, 다른 회사보다 조금 더 나은 제품 만들기에만 급급하다 보니 소비자들이 진정으로 즐거워할 제품을 만드는 감각을 잃어버리고 만 것이다. 그래선지 요즘의 일본 제품에서는 1980년대의 '워크맨'처럼 소비자를 감동시키는 놀라운 제품은 찾아보기가 어렵다.

연구개발비는 늘어나도 이를 통한 수익은 늘지 않고 오히려 연구개발비를 밑도는 '역전 현상'도 생기고 있다. 사실 일본 기업들의 연구개발비가 세계 최고 수준이어서 일본 기업들의 기술 수준이 높이 평가되곤 했던 것이다. 그런데 최근 일본 기업들의 연구개발 효율이 저하되어, 영업이익이 연구개발비를 하회하는 현상이 일어난다는 지적이 자주 들리고 있다. 일본 기업들의 연구개발비가 기술력, 나아가 상품개발력과 반드시 상응하지는 않고 있다는 이야기인데, 이 역시 우리 기업에 주는 시사점이 크다. 연구개발 효율의 중요성을 다시금 일깨워주는 대목이 아닐 수 없다.

갈라파고스화(化)로 경쟁력 상실

일본 기업들이 1980년대까지의 성공 신화에 젖어 환경 변화에 냉철하게 대응하지 못했다는 분석도 나온다. 좋은 실적을 내고 있는 애플은 과거 도산 직전까지 가본 적이 있는 기업이다. 스티브 잡스는 내분으로 추방되었고 MAC의 OS는 윈도우 때문에 시장점유율이 5% 미만으로 떨어지는 지옥을 경험해야 했다. 어디, 미국 기업인 애플사에만 국한되는 이야기이겠는가. 한국 기업들도 경제위기에서 벗어나기 위해 혼신의 힘을 다했고 국내 시장은 너무 좁아서 해외 시장을 개척하지 않을 수 없었다. 지옥을 맛본 기업들의 위기의식은 이토록 남다른 것이다. 반면 일본 업체들은 전후의 성공 신화에 취해 있었고, 넓은 국내 시장에 만족하여 독자적으로만 진화하는 갈라파고스화가 이루어졌다는 분석이다.

일본에는 '갈라파고스화'란 말이 널리 회자되고 있다. 남미에서 약 900킬로미터 정도 떨어진 갈라파고스 섬에는 독자적으로 진화한 생물이 수십 종이나 된다. 육지와 멀리 떨어져 있어서 육지 환경 변화의 영향을 받지 않고 독자적으로 진화한 결과이다. 다윈이 진화론의 아이디어를 이 섬에서 얻었다는 일화는 유명하다. 지금의 일본 제품들도 갈라파고스 섬에서 독자적으로 진화한 생물들처럼 기술이나 서비스가 일본 국내에서만 독자적으로 진화한 끝에 세계 표준과 상당히 괴리가 생겨버렸다는 것이다. 대표적 사례가 일본의 휴대폰이다. 일본의 휴대폰은 기술적으로는 우수하지만 국제표준과는 거리가 있다.

현재 드러나는 일본 기업과 한국 및 미국 기업의 차이는 기술력의 차이가 아니라 정신력의 차이라는 견해도 있다. 최근 일본 기업의 젊은 사원들 사이에서는 신흥국에 가서 물건을 팔아보겠다는 개척 정신을 가진 젊은이들이 아주 적다. 똑같은 월급을 받는데 무엇 때문에 후진국에 가서 고생을 하느냐는 생각이다.

일본 전자업체들의 부진이 우리에게 주는 교훈은 무엇일까? 사업 환경이 큰 변화를 겪는 시기에 과거의 성공 체험에 안주해 기업가 정신을 발휘하지 못하면 결국 쇠락의 길을 걸을 수밖에 없다는 점이다. 더욱이 이런 사실을 쇠락하고 난 후에야 알아차린다는 게 문제다. 1980년대 말 일본이 미국을 따라잡자 분석가들은 "일본은 이제 따라잡을 목표가 없어졌으므로 어려움에 직면할 것"이라고 예언했는데 결과적으로 그것이 적중하고 말았다. 2등일 때가 1등일 때보다 유리한 것이다. 요즘 한국 기업들의 제품이 세계 1등을 하는 사례가 늘고 있다. 우리 기업이 일본 기업과 같은 우를 범하지 않을까 우려하지 않을 수 없다.

무너지는 '일본적 경영'의 신화

지금까지 우리가 상식으로 알고 있던 '일본적 경영'에 대해 반론을 제기하고 나선 사람이 있다. 호세이(法政) 대학의 고이케 가즈오(小池和男) 명예교수가 2009년 2월에 출간한 《일본 산업사회의 신화》가 바로 그런 내용인데, 이 화제의 책이 담은 내용을 짚어가며 1970~1980년대를 풍미한 '일본적 경영'을 한번 반추해보자.

'일본적 경영'이란 무엇인가?

'일본적 경영'이란 말 그대로 일본 기업들의 독특한 경영 방식을 지칭한다. 일본적 경영의 주된 특징으로는 종신고용제, 연공형(年功型) 임금제와 승격제, 잡(job) 로테이션, 고용 안정 방침, 후생복리의 6가지를 들고 있는데 1958년 J. C. 아베글렌(J. C. Abegglen)은 《일본의 경영》이라는 저서에서, 1972년 《OECD 보고서》는 일본적 경영의 '3종 신기(神技)'라며 종신고용제, 연공제, 기업별 노동조합을 들기도 했다.

일본적 경영이 지닌 의사결정상의 특징으로는 집단적 의사결정, 집단 책임, 품의제도, 소집단 활동, 제안제도 등을 꼽는다. 그리고 기업 간 거래 관계에서의 특징인 계열 거래나 주식 상호 보유를 일본적 경영의 특징으로 들기도 한다.

일본적 경영을 구미식 경영과 비교하며 그 특징을 강조하는 학자들은 대부분 일본 기업이 지닌 이러한 경영 방식이 장점으로 작용해 일본 기업의 세계적 경쟁력 확보에 일조했다고 주장해왔다. 그래서 일본 기업의 실적이 좋아지면 '일본적 경영론'이 부상했다가 반대로 실적이 나빠지면 잠잠해지곤 했다.

'잃어버린 10년' 이후 일본 기업의 실적 부진과 함께 약간의 흔들림은 있었으나 아직도 일본 기업의 고용 관행에서 일본적 경영이 근간을 이룬다는 주장이 적지 않다. 일본 기업이 미국 기업과 달리 장기적 관점을 갖고 기업을 경영할 수 있는 까닭은 종신고용 덕분이라는 견해도 있다. 종신고용은 기업 내에 기술을 축적시키므로 일본 기업의 기술력 증진, 나아가서는 경쟁력 강화로까지 이어진다는 논리이다. 가령 누군가가 노동 시장을 유연하게 해야 한다고 주장하면 "종신고용이 노동 의욕의 원천이다"라는 반론이 여전히 튀어나오는 것이다. 사실 금융위기 이전까지만 해도 실적이 좋았던 도요타나 캐논은 종신고용을 비롯해 일본적 경영이 가진 장점을 강조하곤 했다.

"일본적 경영론은 신화에 불과하다"

고이케 교수는 오랫동안 일본적 경영의 특징으로 여겨지던 종신고용, 연공서열 등의 고용 관행이 실은 신화에 불과하다고 주장한다. 일본 노동경제학계의 석학인 고이케 교수의 주장이기에 더욱 무게가 실리고 있다. 그는 "일본에는 예로부터 전해 내려오는, 증거가 별로 없는 신화가 다수 존재하는데도 일본 기업이나 정부가 자꾸 그 신화에 기반을 두고 대응책을 세워 문제의 심각성을 키우는 폐해를 방지하기 위해" 일본적 경영의 신화에 대해 언급하기로 했다는 집필 취지를 밝혔다. 예를 들면 일본 기업의 회사원들은 집단주의적 행동을 한다는 오해 때문에 개인별로 차이를 두는 정책을 취하기가 쉬운데 이런 정책이 단기적 관점의 경영으로 이어져 장기에 걸친 인재 양성에 소홀해지기 쉽다는 것이다.

고이케 교수는 "일본의 샐러리맨들이 미국의 샐러리맨들보다 회사를 좋아하는 '회사인간'이어서 회사 일을 열심히 한다"는 것도 신화라고 주장한다. 미국과 일본의 샐러리맨들에 대한 설문조사를 들여다보면 일본 샐러리맨보다 미국의 샐러리맨이 훨씬 더 '회사인간'임을 알게 된다는 것이다. 설문조사 결과의 일부를 소개해보면 다음과 같다.

- 회사를 좋아지게 하려고 정해진 일보다 더 많은 일을 한다. (일본 54.3%, 미국 74.3%)
- 나의 가치관과 회사의 가치관이 같다. (일본 19.3%, 미국 41.5%)
- 지금 아는 사실을 입사 시에 알았더라도 입사했을 것이다. (일본 23.3%, 미국 69.1%)

이 설문조사를 기준으로 한다면, 일본의 샐러리맨은 적어도 구미의 샐러리맨보다는 회사를 좋아하지 않고, 입사한 다음에도 후회를 많이 하는 듯 보인다.

일본 기업이 구미 기업보다 더 개인주의적이고 경쟁적이다!

일본적 경영의 첫 번째 신화는 집단주의적 기업문화에 관한 것이다. 지금까지는 일본 기업 종업원들의 일하는 방식이 집단주의적이라고 평가되곤 했다. 일본 기업에서는 명확한 직무가 없는 경우가 많고 업무 분담도 애매해서, 직장 동료가 결근하면 그의 업무를 대신해주기도 한다는 것이었다. 그러나 일본의 전통 스포츠인 검도, 유도, 스모는 전부 개인 경기이고 집단 스포츠는 거의 없다. 왜 그럴까? 어쩌면 일본인들은 집단 내에서도 치열한 개인별 경쟁문화를 가진 것은 아닐까? 기업에서 사원을 평가할 때 A, B, C, D, E의 랭크가 있고 이에 10%, 20%, 40%, 20%, 10%의 직원을 대응시키는 것은 명백히 개인주의적 방식이라는 것이다. 미국 기업에서는 소송을 우려한 탓인지는 몰라도 90%가 B, C라는 점이 다르다.

두 번째 신화인 종신고용의 경우, 통계를 보면 구미 기업보다 일본 기업의 40~50대 종업원 이직률이 더 높고 정년까지 직장에 남아 있는 비율도 더 낮다. 반면 미국은 블루칼라의 경우 선임자의 권리가 워낙 강해 해고(레이오프)를 당하는 순서도 나중에 입사한 순서이다.

세 번째 신화인 연공 임금에 대해서도 고이케 교수는 일본의 전통이 아니라고 주장한다. 일반적으로 일본 기업의 임금은 비교적 평등하고 연공서열적이지만 직무의 폭이 넓어서 그에 따른 차이는 아주 심하다는 것이다. 인사고과에 따른 차별도 미국 기업보다 일본 기업이 훨씬 심하다고 한다. 고이케 교수는 이런 사실을 일본 전통에서도 찾아볼 수 있다면서, 에도(江戶) 시대에 일본의 공무원들은 직책에 따라 녹봉에 상당히 차이가 있었으며 유능한 공무원은 점점 승진하고 보수도 많이 받았다는 것이다. 따라서 연공제 임금도 일본의 전통적 제도는 아니라는 결론이다.

결국 일본의 샐러리맨은 출세의 지름길이 되는 '본류(本流) 포스트'를 놓고 치열하게 경쟁할 수밖에 없는데, 단지 평가 방식이 감점법이어서 리스크를 감수하는 자보다는 조정형 인재가 출세하기 쉬워 이러한 인사제도가 생산성 향상에 그다지 기여하지 못했다는 주장이다.

또한 고이케 교수는 "일본의 회사원들은 일하기 좋아하고 장시간 노동을 꺼리지 않는다"는 신화도 비교 자료가 잘못된 탓이라고 주장한다. 구미에서는 화이트칼라의 경우 애초 노동 시간에 대해 언급된 자료가 아예 남아 있지 않은데, 이는 고도의 전문지식을 구사하는 두뇌노동자가 시간에 얽매이는 것은 부자연스럽다는 생각 때문이다. 실제 기록이 남아 있는 자료는 대부분 블루칼라에 관한 것인데, 미국 블루칼라와 일본 화이트칼라의 노동 시간을 비교했을 때 일본 직장인이 장시간 노동을 하는 것으로 나온 건 당연한 결과라는 논리이다.

문화가 아니라 인센티브 구조가 제도를 만든다

고이케 교수의 목표는 우리가 상식으로 알고 있는 "일본인은 일하기 좋아하고 회사를 좋아한다", "연공제 임금은 일본의 사회적·문화적 산물이다", "일본 샐러리맨은 장시간 노동을 한다", "기업별 조합은 일본에만 있다", "일본의 산업이 발전한 것은 일본 정부의 정책 때문이다"라는 신화를 부정하려는 것이다. 그리고 "일본인들이 열심히 일하는 것은 합리적 동기부여 덕분이다", "연공제 임금은 전후라는 시기에 적합하도록 만들어진 제도이다", "화이트칼라는 구미에서도 장시간 노동을 하므로 국제적 비교가 쉽지 않다", "직장 단위의 노사관계는 구미에서도 중요한 역할을 수행한다", "일본 기업은 정부에 의존하지 않고도 기술 혁신이 가능했다"라는 주장을 편다.

이 책을 읽어보면, 최근 일본 기업들의 실적 부진과 함께 그간 금과옥조로만 여겨지던 일본적 경영의 '3종 신기'가 한꺼번에 와르르 무너져 내리는 느낌이다. 이전에 관료 주도하에 구축된 일본적 경제 시스템의 주요 특징들이 일본 전통문화의 산물이 아닌, 1940년대의 전시 체제하에서 만들어진 것이라고 주장하니까 말이다. 결국 경제학이나 경영학에서 말하는 바, 즉 "문화보다는 합리적 동기부여로서의 인센티브가 제도를 만드는 데 더 중요한 역할을 한다"는 생각을 떨쳐버릴 수 없다.

한국에서도 한동안 '한국적 경영'의 필요성이 제기된 적이 있다. 예를 들어 '빨리 빨리' 문화가 기업의 빠른 의사결정을 가능하게 했고 또 IT 발전에 적합했다는 문화론이 그것이다. 전술한 일본의 사례를 보면 '과연 그럴까?'하고 고개를 갸웃하게 된다. 한국 기업의 발전에 대해 문화론적 설명보다 저간의 인센티브 구조를 밝혀 보는 것이 급선무 아닌가 생각해본다.

노벨상 수상 국가 일본의 이공계 기피 현상

일본은 서구를 모방해서 발전해왔다는 말을 종종 듣는다. 그런데 독창적 연구 업적을 보여준 사람에게 수여하는 자연과학 부문 노벨상을 수상한 일본인이 무려 13명에 이른다. 수상자 수가 미국, 영국, 독일, 프랑스, 스웨덴, 스위스 다음인 세계 7위라고 한다. 유색인종에 대한 편견 그리고 영어 논문이 아닌 탓에 동양인들의 수상이 더욱 어려웠던 제2차 세계대전 이전 시기를 제외하면 프랑스와 같은 4위이고 또 21세기에는 7명으로 미국, 영국 다음인 3위를 차지한다. 노벨상 수상자만 놓고 보면, 일본은 서구를 모방해서 발전했다고 단정 짓기가 쉽지 않을 것 같다. 과연 일본에 자연과학 부문 노벨상 수상자가 많은 이유는 무엇일까? 그 배경을 살펴보기로 하자.

2008년 가을 베이징올림픽에서 우리가 일본보다 많은 금메달을 땄다며 우쭐해할 때 그 마음을 다소 가라앉히는 소식이 하나 들려왔다. 그해 노벨물리학상을 일본인들이 다 휩쓸었고 노벨화학상 수상자 3명 중에도 일본인 학자가 한 사람 포함되어 그해 노벨상 수상자를 총 4명이나 배출했다는 소식이었다. 일본의 저력에 놀라지 않을 수 없었다.

물리학상 수상자인 난부 요이치로(南部陽一郎), 고바야시 마코토(小林誠), 마스카와 도시히데(益川敏英)는 우주가 왜 지금과 같은 모습을 하게 되었는지에 대한 '표준이론' 구축에 공헌한 것이, 화학상 수상자 시모무라 오사무(下村脩)는 '녹색 형광 단백질 GFP의 발견과 개발'에 공헌한 것이 수상 이유였다.

1949년 유카와 히데키(湯川秀樹)가 물리학상을 수상한 이래로 2008년 수상자까지 포함하면 일본은 총 16명의 노벨상 수상자를 배출한 나라가 되었다. 물리학상 7명, 화학상 5명, 생리의학상 1명, 문학상 2명, 평화상 1명이다. 자연과학 분야가 13명으로 압도적이고 경제학상 수상자가 없다는 점이 특징이다.

과거의 업적으로 평가받는 노벨상

왜 일본에서, 그것도 최근 들어서 유독 '과학 3상(물리학상, 화학상, 생리의학상)' 분야에서 수상자가 다수 배출되는가? 일본이 경제 대국이 된 덕분에 과학기술 분야에 많은 예산을 투입할 수 있게 되어서일까? 꼭 그렇지만도 않은 것 같다. 노벨상은 올림픽과는 달리 현재 실력이 아닌, 과거의 업적에 대해 시상하는 것이기 때문이다. 예컨대 2008년 수상자의 경우에도 대부분 30, 40대에 연구한 업적에 대해

일본 최초의 노벨상 수상자 유카와 히데키. 1949년 물리학상을 수상했다.

상을 받은 것인데, 1960~1970년대 당시 일본은 선진국이라고 할 수 없던 때였다.

흔히 자연과학 연구라고 하면 첨단 장비를 갖추고 세계적 학자들이 모인 곳에서만 제대로 된 연구를 할 수 있을 것으로 생각하지만 일본 물리학의 경우는 좀 다른 배경을 지닌다. 일본은 유카와 히데키 이후 소립자(素粒子) 물리학 분야에서 세계적 존재감을 나타내고 있다. 지금까지 6명의 수상자가 소립자 분야에서 수상했을 정도이니까 말이다. '물질은 무엇으로 이루어졌는가'를 연구하는 소립자물리학은 고도의 실험 장비가 없더라도, 그저 연필과 종이만 있으면 이론 연구가 가능한 분야라는 이야기까지 있다. 구미의 기초과학에 뒤지고 있던 과거 일본의 과학자들이 열심히 이론 연구에 매진해 큰 산맥을 일군 셈이다. 그래서인지 수상자 중 일본 국내파 학자가 많다. 2008년 수상자인 마스카와가 수상을 위해 스톡홀름에 가려는데 해외여행을 한 번도 한 적이 없어 여권조차 없었다는 에피소드도 있다.

어쨌든 최근에 노벨상 수상자가 갑자기 늘어나는 데는 그만한 이유가 있다. 이렇듯 아이디어는 젊을 때 냈을지라도 이를 증명하려면 첨단 장비가 필요하게 마련인데, 최근 일본 정부가 여기에 막대한 예산을 쏟아 부었다는 것이다. 참고로 '과학 3상'의 수상 조건은 다음 4가지이다. 첫째 새로운 발견일 것, 둘째 인류에 공헌하는 발견일 것, 셋째 실험으로 증명할 것, 넷째 연구자가 생존해 있을 것.

요컨대 일본은 근래 들어 셋째 조건을 충족시키기 위한 노력을 했고 그것이 좋은 이론과 연계되어 결실을 맺은 것이다.

이론뿐만 아니라 실험으로 증명하는 게 중요하다

우리도 이런 노력을 들이기만 하면 과학 분야에서 노벨상 수상자를 배출할 수 있을까? 구체적으로 어떻게 해야 할까? 우선은 선진 학문을 열심이 도입하는 일이 중요하지만 일본 사례에서 보듯이 우리가 잘할 수 있는 분야에서 성과를 이룩하는 것이 효과적일 듯싶다. 일본의 물리학 수상자들은 대부분 유카와 히데키의 동료, 후배, 제자 또는 영향을 받은 사람이다. 자유로운 분위기에서 서로 창조성을 발휘하여 토론하는 과정에서 아이디어가 생겨나고 이를 증명하기 위해 국가가 재정적 뒷받침을 해주는 것이 일본이 생각하는 '노벨상 비즈니스 모델'이 아닌가 한다.

이와 관련해 《일본에 노벨상이 온 이유》의 저자 이토 겐(伊東乾) 도쿄 대학 교수는 다음과 같이 조언한다. "한국인이 자연과학 분야에서 노벨상을 타고 싶다면 노벨상 그 자체를 추구하지 마라. 장기적 안목과 철학으로 최신 과학기술 분야에서 국제적 브랜드를 구축하라. 창의적 분야에서 과학 인프라를 준비하라. 지속가능한 발전의 시각으로 개도국을 지원하라. 동아시아뿐만 아니라 아프리카나 남아메리카 등 후진국 및 세계를 위해 지도적 역할을 수행하라."

그는 노벨상은 노벨상만의 독특한 논리를 갖고 있으므로 이를 파악하는 일이 중요하다고 덧붙인다. 그는 유카와가 노벨물리학상을

탄 배경에는 일본이 원자폭탄 피해국이었다는 과학자들의 인식이 자리 잡고 있었다고 말한다. 한국도 유엔 사무총장을 배출한 국가로서 국제적 인식이 무르익고 있다는 희망적 조언도 덧붙였다. 가까운 장래에 우리나라에서도 과학 분야의 노벨상 수상자가 배출되기를 기대한다.

과학 및 이공계를 기피하는 일본의 젊은이들

한편 일본에서도 젊은이들이 과학기술로부터 멀어지는 '과학 기피', '이공계 기피' 현상이 나타나고 있다. 2003년 국제수학·이과교육 조사(TIMSS: Trends in International Mathematics and Science Study)에서 중학교 2학년생을 대상으로 실시한 조사에 따르면 장래에 이과(理科) 관련 직업을 갖고 싶다는 일본 젊은이는 약 20%로 미국의 절반 정도에 불과했다고 한다. 또 이과 과목 수업이 재미있다고 대답한 중학교 2학년생은 18%로 국제 평균인 46%의 절반에도 못 미치는 수준이다.

어린이용 과학 잡지가 연이어 폐간되는 등 일본 젊은이들도 과학에 대한 흥미와 가치를 잃어가는 것이 요즘의 현실이다. 게다가 젊은 연구자들이 해외로 유출되는 경우도 빈발하고 있다. 2008년 노벨화학상을 받은 시모무라도 해외로 유출된 인재 중 한 사람이다. 일본 젊은이들의 과학 및 이과 이탈 이유는 "장래 수입이 적다", "승진이 늦다", "너무 바쁠 것 같다" 등이다. 이런 분위기 때문에 일본 과학자들의 역량 저하, 나아가 기업의 제조 기반 붕괴를 우려

하는 목소리가 적지 않다.

권위주의, 대함거포주의가 과학 연구의 질 저하를 초래한 일본

일본의 과학기술 연구 시스템을 문제점으로 지적하는 사람도 많다. 일본 과학기술 연구계에 만연한 권위주의와 대함거포주의, 즉 기득권을 지키고 거대 장비를 독식하려는 연구자들의 이기심에 싫증을 내는 사람이 많다는 이야기다. 최근 일본에서는 과학자들의 기자회견이 줄을 잇고 있는데, 이는 새로 정권을 잡은 민주당이 기존의 사업 예산을 근본적으로 재검토하는 정책인 '지교시와케'를 써서 자신들과 관련된 과학 예산이 삭감되었기 때문이다. 이 회견에는 노벨상 수상자들도 동참했는데 국민들은 그다지 동의의 시선을 보내지 않고 있다. "노벨상을 받은 업적은 존경하지만 그것과 예산 씀씀이는 별개"라는 반응인 것이다. 일본인들이 상황을 분별하는 시각이 상당히 냉철해졌음을 읽을 수 있는 대목이다.

일본은 13명의 자연과학 부문 노벨상 수상자를 내고도 과학 및 이공계 기피 현상을 드러내고 있으나 우리는 수상자를 내기도 전에 과학 기피 현상이 나타나고 있으니 이를 어찌 해석해야 할지 모르겠다. 어쨌든 최근에는 한국에서도 노벨상 수상자를 배출하기 위한 노력이 시작되고 있다. 만약 한국이 일본의 노벨상 수상 시스템으로부터 시사점을 얻는다 할지라도 일본의 과학 연구 시스템을 잘 분별해서 도입할 필요가 있을 것이다.

‘스모’를 통해 살펴보는 일본적 시스템의 강점과 약점

일본의 국기(國技)인 스모(相撲)는 1,400년여의 역사를 가진, 세계에서 가장 오래된 흥행 격투기로 알려졌다. 그 유래는 풍년 기원 행사와 황실 호위이고, 오늘날과 같은 모습으로 조직화된 것은 1684년이라 하니 스모의 긴 역사가 가히 놀랄 만하다. 그만큼 스모는 일본 고유의 시스템이 투영된 스포츠이지만 최근에는 스모의 이런 역사성으로 인해 오히려 문제가 발생하는 사례가 종종 있다고 한다. 예를 들어 대회에서 우승한 선수가 너무나 기쁜 나머지 양손을 치켜드는 것도 문제가 되는데, 이기든 지든 감정을 드러내지 않고 절제하는 것을 미덕으로 여기는 전통 때문이다. 국가의 전통과 시스템이 녹아든 스포츠인 스모를 통해 일본적 시스템의 강점과 약점, 시사점 등을 살펴보자.

격투기가 계속해서 흥행하기란 결코 쉬운 일이 아니다. 과거 일본의 프로레슬링이 단명(短命)으로 끝났고, 아마 한국 씨름도 그 점에

선 예외가 아닌 듯싶다. 그렇다면 스모가 300년 이상 흥행을 지속해 온 비결은 무엇일까? 가장 큰 요인으로 꼽히는 것은 인기를 끄는 스타급 선수(리키시, 力士), 즉 인재를 지속적으로 발굴하고 육성해내는 스모계의 시스템이다. 선수 양성, 보수 체계 등이 전통에 따라 행해지는 아주 독특한 스포츠가 스모이다. 경쟁을 유발하면서도 전통을 지켜나가는 자기 완결성을 지닌 특이한 시스템이 내재하는 것이다.

협회는 회사, 오야카타는 관리자, 선수는 사원

우선 스모의 조직과 운영 체계를 살펴보자. 스모의 최고 조직은 문부과학성 소관인 재단법인 일본스모협회(日本相撲協會)이다. 선수의 랭킹과 보수를 결정하며, 연 6회(도쿄 3회, 지방 3회) 개최되는 대회(바쇼, 場所)의 대진권과 심판권을 가지며 입장권 수입(2006년에는 약 100억 엔)도 귀속되는 등 스모 전체를 관리하고 통제하는 권한을 가진 조직이다. 문화를 지키는 비영리 법인이자 스모계의 권력이 집중된 곳이기도 하다.

 실제로 선수 발굴과 육성은 협회 산하의 스모베야(相撲部屋)라고 하는 일본적 조직 특성을 지닌 곳에서 이루어진다. 베야의 책임자인 오야카타(親方) 또는 도시요리(年寄)가 중학교를 졸업한 어린 인재를 발굴하여 긴 시간에 걸쳐 선수로 육성시킨다. 오야카타는 선수 생활에서 은퇴한 후에도 스모협회에 남은 자에게 자격이 주어지고 정년까지 종신고용이 보장된다. 선수들은 베야에서 의식주를 같이 하며 공동으로 훈련한다. 주료(十兩)라는 일정 등급에 오르기 전까지는 무보수이다. 오야카타에게 특별한 사정이 있지 않은 한 소속 선수들이 다른 베야로 이적할 수 없고 은퇴 선수의 복귀도 불가능하다. 제자를 스스로 육성하기보다 다른 베야로부터 스카우트하는 일에 더 몰두하지 않도록 하고, 유력 선수가 한곳에 몰려 고객집객 효과를 떨어뜨리는 일이 없도록 예방하기 위함이다.

따라서 전국의 각 베야는 우수 선수를 육성하기 위해 치열한 경쟁을 벌인다. 우수 선수가 배출되어야 베야의 수입이 늘기 때문이다. 베야는 협회로부터 선수 1인당 연간 200만 엔의 '육성비'를 받지만, 선수들의 의식주를 해결하기에는 턱없이 모자라는 금액이다. 그래서 각 베야는 주료 이상의 우수 선수 배출에 열심이다. 협회로부터 추가로 '양성장려금'을 받고 다니마치(谷町)라고 불리는 스폰서도 늘리기 위해서다. 또한 주료 이상 선수 개인에게도 협회로부터 보수가 지급된다. 한마디로 말해 인재 양성에 대해 고정급과 능력급으로 인센티브를 부여하는 시스템인 것이다. 실력이 떨어지더라도 곧바로 은퇴시키지 않고 가능하면 현역으로 지낼 수 있게 한다.

이처럼 협회가 베야의 자유도와 자원 배분에 제한을 가하는 것은 베야 간 과당 경쟁이 전통을 훼손할 우려 때문이다. 전통을 유지하기 위해 경쟁 제한적 제도를 도입한 셈이다. 이 시스템을 기업 조직에 비유하자면 협회는 회사, 오야카타는 관리자, 선수는 사원이라고 할 수 있겠다.

스모에서 더욱 특이한 점은 주료 이상의 선수가 되어야만 일생 동안 스모계에서 생존할 수 있고 오야카타가 될 수 있도록 한 제도다. 이는 경쟁에서 이긴 선수에게 두터운 노후 보장을 해주는 제도

랭킹	선수 수	연 보수(만 엔)
요코즈나(横綱)	2	4,551
오제키(大關)	4	3,723
세키와케(關脇)	2	2,633
고무스비(小結)	2	2,633
마에가시라(前頭)	32	2,059
이상 마쿠우치(幕內)	소계 42명	
주료(十兩)	28[이상 세키도리(關取)급]	1,622
마쿠시타(幕下)	120	90
산단메(三段目)	200	60
죠니단(序二段)	256	48
죠노구치(序ノ口)	77	42
합계	723명	

주 : 선수 수는 2007년 9월, 연 보수는 2006년 1월을 기준으로 함.
자료 : エコノミスト(2007.11.6.); ウィキペディア("大相撲").

로서, 보수를 장기에 걸쳐 조금씩 지불하는 연공제 시스템의 일종
이라고 할 수 있다.

연공제와 종신고용제로 체제를 유지하는 스모업계

베야의 오야카타가 되려면 아무리 지도력이 있다 해도 반드시 '도
시요리가부(年寄株)'를 선배에게서 물려받아야 한다. 105주(株)뿐인
도시요리가부는 오야카타에게는 은퇴 자금과 같은 것으로 버블기
에는 1주당 약 3억 엔이나 했다고 하며, 요즘도 그 가치가 1억 엔은
훌쩍 넘을 것이라고 한다. 그러므로 퇴직하는 오야카타와 은퇴한

선수 사이에 거래가 이루어지는데, 당연히 '초과 수요' 상태이다.

오야카타가 되면 협회 운영에 참가하게 되고 100만 엔 전후의 월급도 받게 된다. 예를 들어 35세에 선수 생활을 은퇴했다면 이후 그의 생애소득은 3억 6,000만 엔으로 일본의 보통 피고용자들의 평균 생애소득인 1억 3,000만 엔의 약 3배이다.

결국 스모의 조직과 운영은 흥행을 좌우하는 스타 선수를 양성하기 위해 경쟁과 인센티브를 장기에 걸쳐 적절히 부여하되 전통을 지키기 위해 일정한 제약을 가하는, 그야말로 일본적 시스템의 대표 사례라고 할 수 있다. 인재를 육성하기 위해 인센티브를 부여한다는 점에서 교토의 하나마치 시스템과도 흡사하다.

일본의 전통 조직들은 대체로 이런 시스템이 작동한다는 특징이 있으며 바로 그 시스템 덕분에 오랜 기간 동안 살아남을 수 있었을 것이다.

글로벌화의 영향으로 흔들리는 일본의 전통 스모 시스템

그런데 이 시스템이 삐걱거리고 있다. 몇 년 전 베야에서 훈련 중이던 선수가 선배에게 구타를 당해 사망한 사건이 발생했고, 이전까지는 상상도 할 수 없었던 오야카타와 선수 간의 싸움질, 승부 조작설, 선수의 마약 투입 사건 등이 빈발하고 있다.

스모에는 다른 스포츠처럼 트레이드 제도가 없다. 따라서 선수를 열심히 발굴하고 육성하는 것이 베야의 중요한 역할이다. 그러나 최근 기량이 좋은 외국 선수를 스카우트하여 선수 육성의 시간과 비용을 절약하려는 경향이 일었다. 일본 전통 조직인 스모 시스템이 글로벌화의 영향을 받은 것인데, 기량이 좋은 외국인이 일본의 국기인 스모계 석권을 우려해 현재 각 베야마다 1명의 외국인 선수만 허용했다. 그러나 이미 상위 랭크의 약 30%를 외국인이 점령한 상태다. 장기적 인재 발굴 및 육성이라는 고유의 스모 시스템이 근래 들어 전혀 먹혀들지 않는다는 뜻이다.

젊은 선수들의 가치관 변화도 시스템 유지에 장애 요인으로 작용한다. 고진감래를 통해 스타 선수로 성공하는 것 자체에 대해 요즘 젊은이들은 큰 매력을 느끼지 못할 뿐만 아니라, 스모 선수를 지망하는 사람이 거의 없다. 또한 이전까지는 스모계의 고유 관행으로 여겨지던 폐쇄적 조직 체계 및 운영에 대해 반발이 일어나고, 일반 대중 역시 그런 방식을 외면하기 시작했다. 밀실 조직으로 운영되는 협회, 오야카타의 지도력과 관리 능력 부족, 책임 회피, 승부 조작 같은 문제점이 속속 드러나면서 현재 일본 스모계는 큰 위기에 직면해 있다.

'잃어버린 10년' 이후 일본 정부나 기업은 글로벌화와 투명성 제고를 위해 개혁을 추진하고 새로운 조직과 시스템으로 거듭났으나 일본적 시스템 색채가 농후한 스모계는 전통에 연연하며 개혁에 나서지 못하고 있기 때문은 아닌가 싶다.

어느 조직이든 언제 어디서나 최적(最適)일 수는 없을 것이다. 항상 시대의 흐름과 조화되기 위해 노력하지 않으면 결국 뜻밖의 위기에 직면할 수밖에 없다는 사실을 오늘날 일본의 스모계가 대변해 주는 듯하다.

08 진화하는 국제도시 도쿄의 현재와 미래

::

::

::

::

::

::

::

::

::

::

::

::

::

::

::

::

::

초대 유럽부흥개발은행장을 역임한 자크 아탈리(Jaques Attali)는 저서 《21세기의 역사》에서 "자본주의가 발전함에 따라 베네치아, 제네바, 런던, 뉴욕이 차례차례 중심도시로 떠올랐으며, 1980년대 이후에는 비록 도쿄가 그 기회를 놓치기는 했으나 여전히 강력한 중심도시의 후보"라고 밝힌 바 있다. 실제로 요새 일본에서는 도쿄를 둘러싼 논의가 부쩍 활발해진 느낌이다.

슘페터(J. A. Schumpter) 연구의 권위자인 스탠퍼드 대학의 이마이 겐이치(今井賢一) 명예교수는 "다양한 기술·문화의 변환 장치"로서 도쿄의 우위성을 강조한다. 그는 "세계의 모든 하드·소프트 기술과 문화를 흡수, 수정하고 복제를 넘어선 재창조로 변환하여 다시 전 세계로 발신하는 능력에서 도쿄를 능가할 도시는 없다"고 평가하면서, 요리를 잘하는 식당에 부여되는 미슐랭 별점도 파리나 로

마보다 도쿄의 음식점이 훨씬 더 많이 받았다는 점을 들었다.

'일극집중'에서 '도심회귀' 트렌드로

나리타 공항의 국제선을 하네다 공항으로 옮긴다는 구상도 이러한
견해와 무관하지 않을 듯하다. 얼마 전까지는 도쿄의 일극집중(一極
集中)이 주요 논제가 되고는 했으나 이젠 별로 논제가 되지 못하고
있다. 오히려 일본 "전 국토의 도쿄화", 즉 리니어 모터(linear motor,
시속 500킬로미터 이상을 달리는 자기부상열차)로 전국의 주요 도시를 1시
간 이내로 묶어야 한다는 주장이 나올 정도이다. 쉽게 말해 도쿄와
오사카를 1시간 거리로 하겠다는 발상이다. 왜 이런 상황으로 변화
된 것일까? 소위 '도심회귀' 현상이 새로운 트렌드로 부상하고 있기
때문이다.

　2005년 국세조사(國勢調查)에 의하면 도쿄 도심, 즉 지요타(千代田),
주오(中央), 미나토(港) 3구(區)의 인구가 1995년까지는 감소하다가
10년 만인 2005년에는 21.5%나 증가했다(도쿄 23구 전체는 4.3% 증
가). 인생의 변곡점에 선 20대 후반~30대 전반 세대가 도심에 살고
싶어 하기 때문이었다. 이들은 통근과 육아가 편리하며 여가도 충
실하게 보낼 수 있는 환경인 도심부에 살기를 희망한다. 따라서 이
런 트렌드는 당분간 지속될 전망이다.

　일본 정부는 이러한 변화에 적극 대응하고 있다. 일본 정부는 '도
시재생법'을 통해 도쿄의 재개발을 활성화하고 있으며 이를 위해
대담하게 규제 완화를 추진하였다. 2002년에 시행된 도시재생법은

도심부 재개발을 유도해 수익성 및 편리성 향상과 도시 환경 개선에 기여하는 효과를 낳고 있다.

'도쿄 재생'을 넘어 '라이프스타일 재생'으로 가는 도쿄집중

몇 년 전만 해도 도쿄에 출장 가면 긴자, 신주쿠, 시부야, 아카사카, 이케부쿠로 같은 번화가에서만 일본의 첨단 트렌드가 느껴지곤 했다. 그런데 최근 몇 년 사이에는 도쿄의 새로운 트렌드를 읽을 수 있는 신명소가 속속 등장하고 있다. 이들 신명소는 이전까지는 사람이 별로 모이지 않던 재개발 지역이었다는 공통점이 있다. 도쿄 시내이기는 하지만 그리 주목받지 못하던 지역이 새롭게 변신하여 신명소로 각광받기 시작한 것이다. 일본인들의 '도심회귀'와 '도쿄 집중' 현상으로 인해 지금도 고도성장기를 방불케 하는 대형 재개발이 이루어지고 있다.

고도성장기에는 일본 사람들도 직장과 주택이 떨어진 '직주분리형(職住分離型)' 생활이 보편적이었으나, 요즘에는 직장과 주택이 가까운 '직주근접형(職住近接型)' 생활을 추구하기 시작했다. 도쿄는 생활 인프라가 잘 정비되어 편리할 뿐만 아니라, 도난 등 리스크를 피하기 쉽고 고실업 시대에 취업 기회를 얻을 수 있는 최적의 장소라는 생각이 작용해서다. 그리고 젊은 층일수록 자기 시간의 가치를 중시하기 때문이기도 하다. 이런 트렌드에 대해 어떤 사람들은 '도쿄 재생'이 아닌, '라이프스타일 재생'이라고 보고 있다. 나아가 최근에 집중적으로 신명소가 등장하는 것은 그동안 버블 붕괴로 인

도쿄 롯폰기의 구 방위청 자리에 세워진 대형 복합 시설 미드타운의 전경.

한 지가 하락으로 "지금이 재개발 적기"라고 판단하기 때문이라는 분석도 있다.

새로운 트렌드로 떠오르는 도쿄의 5대 신명소

그럼 최근에 신명소로 떠오른 도쿄의 다섯 지역을 한번 살펴보자. 첫째는 역시 롯폰기(六本木)이다. 롯폰기에는 이미 그 유명한 '롯폰기힐즈'가 있지만, 2007년 3월에 불과 500m 정도 떨어진 구(舊) 방위청 자리에 대형 복합 시설 '도쿄미드타운'이 개장했다. 오피스, 숍, 레스토랑, 호텔(리츠칼튼), 미술관(산토리)은 물론이고 임대주택도 있으며, 디자인 관련 산업과 인재를 육성하기 위한 '디자인허브'와 일본의 세계적 디자이너인 잇세이 미야케(三宅一生)의 리서치센터 '21-21디자인사이트'도 자리 잡고 있다. 이렇게 해서 롯폰기는 도쿄 최대의 복합 타운으로 재탄생했다.

'도쿄미드타운'은 '고급스런 도심의 일상', '라이프스타일 박물관'을 지향하며 롯폰기힐즈와 경쟁하고 있다. 또 부근에는 일본 최대의 전시 공간을 자랑하는 '신국립미술관'도 오픈하였다. 이미 롯폰기에는 외국계 투자은행, 첨단 IT업체들이 모여드는 개발 효과가 나타나고 있다는 소식이다.

두 번째 신명소는 도쿄역 주변이다. 도쿄역과 황거(皇居, 천황이 사는 곳) 사이의 마루노우치(丸の內) 일대는 미쓰비시 그룹의 거점 지역인데 부동산 회사인 미쓰비시 지쇼(地所)가 1988년부터 재개발하고 있다. 2018년까지 20년에 걸쳐 9,500억 엔을 들여 이 일대의 '도시 재생'을 추진하고 있다. 이미 2002년에 마루노우치 빌딩을 개장했고, 2007년 4월에 '신(新)마루노우치 빌딩'을 열었다. 그리고 2008년부터는 제2단계 개발을 시작했으며 2009년에는 파크빌딩을 준공했다. 마루노우치는 대형 복합 시설이라기보다는 최첨단 오피스 가(街)를 지향한다. '오픈', '네트워크', '인터랙티브' 오피스를 표방하며 세계에서 가장 활발한 오피스 지역으로 변모시킨다는 전략이다. 앞으로 일본의 오피스 가가 어떻게 변화해가는지를 보여주는 장소가 될 것이다.

세 번째 신명소는 한국에도 잘 알려진 아키하바라이다. 현재의 아키하바라는 예전처럼 전자제품을 싸게 파는 지역을 지칭하는 것이 아니다. 만화, 애니메이션, 게임, 피규어, 메이드 카페 등 다양한

도쿄의 인공섬 도요스 개발 지구에 위치한 라라포트 쇼핑몰.

분야에서 오타쿠족의 활동 거점으로 변모하여, 일본의 오타쿠 문화를 동경하는 전 세계 젊은이들이 이곳으로 모여들고 있다. 또 물류 창고 부지를 재개발하여 인텔리전스 빌딩들이 들어서면서 많은 IT 관련 업체가 이곳에 둥지를 틀고 있다. 아키하바라가 일본 놀이문화와 소프트웨어의 최첨단 지역으로 거듭나자 그동안 이곳을 외면하던 일본의 젊은이들도 다시 모여드는 추세다. 아키하바라가 일본 젊은이들의 트렌드를 읽을 수 있는 곳으로 이전의 명성을 되찾은 것이다.

네 번째 신명소는 도쿄의 워터프론트라고 할 수 있는 '도요스(豊州)' 개발 지구이다. 2006년 10월에 개장한 '도요스 라라포트'에는 각종 문화 및 상업 시설이 들어섰으며, 야외 광장에서는 도쿄만(灣) 조망도 가능하다. 특히 어린이들의 직업 체험 테마파크인 '키자니아 도쿄'가 이곳에 자리 잡고 있다. 키자니아 도쿄는 아이들뿐만 아니라 어른들에게도 인기가 있어서 사전 예약 없이는 입장이 어려울 정도라고 한다. 새로운 스타일의 테마파크 트렌드를 보여주는 곳이라고 할 수 있다.

마지막 신명소로는 하마리큐(濱離宮)와 시오도메(汐留) 재개발 지구를 소개할 수 있다. 도쿄에서 정원이라 하면 메이지신궁(明治神宮)이나 신주쿠어원(新宿御苑)을 떠올렸을 뿐 도쿠가와(德川) 장군 가문의 정원인 하마리큐에 갈 기회는 별로 없었을 것이다. 지금까지는 교통이 너무 불편해 접근하기가 쉽지 않았던 탓인데, 최근 지하철과 모노레일이 연이어 개통되면서 접근성이 높아져 강과 해안에 면한 일본의 아름다운 정원을 즐기기가 한층 쉬워졌다. 그곳의 배후 지역에는 1995년부터 재개발이 진행된 초고층 빌딩들이 거의 완성 단계에 들어서 소프트방크(ソフトバンク株式會社), 덴쓰(電通) 같은 거대기업들의 거점으로 다시 태어나고 있다.

치열한 국제도시 경쟁에서 이기기 위한 도쿄의 미래 도시 구상

도쿄에서 신명소가 계속 탄생할 수 있는 것은 적극적인 재개발 정책 덕분이다. 이대로 가다가는 상하이, 홍콩, 싱가포르 같은 국제도시보다 뒤처지고 만다는 위기의식이 강하게 작용하여 수십 년 전부터 개발에 착수한 성과가 나타나고 있는 것이다.

부동산 개발회사인 모리비루(森ビル)의 모리 미노루(森稔) 사장은 저서 《힐즈, 도전하는 도시》에서 재개발을 통해 자신이 도달한 '도

시론'에 대해, "초고층 빌딩에 다양한 기능을 부여하는 복합화와 녹색을 풍부하게 확보할 수 있는 '수직 정원도시' 모델"이라고 설명하고 있다. 아울러 이러한 도심 모델이 유럽이나 미국의 도심과는 차별화되는 아시아형 도시의 미래상이라고 설파한다. 단순한 구미 모방이 아니라 전통과 역사, 기술 발전과 집적을 조화시키고 공존시키는 도시 모델이라는 것이다.

　'분산이냐 집중이냐' 하는 단선적 논의에서 벗어나 우리 도시의 미래를 어떤 모습으로 가꾸어나갈지 고민해보려 한다면, 수십 년간 도쿄 재개발에 인생을 걸어온 저자의 목소리도 한번 경청해볼 만하다.

09 고급 관료직을 거부하는 최고 엘리트들

일본에서 '최고 엘리트'라고 하면 국가공무원 채용 1종시험(한국의 기술고등고시를 제외한 행정고등고시)에 합격하고 본성(本省)인 중앙부처에 근무하는 공무원을 말한다고 볼 수 있다. 일본에서는 이들을 '커리어(상급직)'라고 부르고 그 외의 공무원들은 '논커리어(일반직)'라고 부르며 철저히 구별 짓는다. 심지어 재무성(구 대장성) 건물 안에는 커리어만 드나들 수 있는 커피숍과 그렇지 않은 커피숍이 따로 있을 정도라고 한다.

엘리트 중에서도 엘리트라고 할 수 있는 이 커리어들 사이에서 요즘 적지 않은 의식 변화가 일고 있다. 일본 인사원(人事院, 공무원의 인사를 관리하는 내각 기관)에 따르면 2002년부터 2006년까지 특수 법인이나 지자체 등으로 이전하는 낙하산 인사를 제외한 퇴직자 수가 292명으로 해마다 평균 60명꼴이다. 예전 같으면 커리어 한 사람이 가업(家業) 등의 이유로 퇴관을 하기만 해도 소문이 크게 났을 정도이니 이변이라고 하지 않을 수 없는 것이다. 오죽하면 각 성과 청의 인사 담당자가 일류 대학이나 정책대학원 등에 PR 활동을 하러 다니느라 분주하다는 이야기까지 들린다.

이러한 트렌드는 지원자 숫자로도 파악된다. 2007년 1종시험 지원자 수는 2만 2,435명으로 전년 대비 14.6% 감소했을 뿐만 아니라 역대 최소였다. 그리고 커리어의 산실이라 할 수 있는 도쿄대 법학부 출신이 1990년대 전반까지는 150~200명 정도가 안정적으로 합격했지만, 1990년대 후반부터 감소하기 시작해 1998년에는 100명 이하로 줄어들고, 2006년에는 68명으로 도쿄대생의 관료 경원(敬遠) 현상이 심화되는 추세이다.

관료와 재계의 협력으로 만든 '일본주식회사'

지금까지 일본에서는 정치가보다는 관료가 나라의 중심을 잡아왔다. 이를 '관료 신화'라고 한다. 패전 후 GHQ(연합군 최고사령부) 관리하에 있던 일본 관료들이 고도성장을 계기로 부활한다. 1960년대 초반 이케다 하야토(池田勇人) 내각에서 '국민소득 배증 계획'으로 일본 경제의 비전을 제시하고 견인한 주도자는 관료였다. 이들은 '특정산업진흥법' 등으로 중소기업 기반도 다졌다. 1960년대 후반에는 일본 국내 시장의 대외 개방 문제를 슬기롭게 넘겼으며, 이후 자동차와 반도체 등 미국과의 통상 마찰도 잘 해결했다.

그래서 1970년대 미국에서는 관료와 재계가 잘 협력하는 일본을 가리켜 '일본주식회사'라고 불렀고, 미국의 일본정책연구소 소장이던 찰머스 존슨(Chalmers Johnson)은 1982년 《통산성과 일본의 기적》이라는 저서에서 일본의 산업 정책을 신랄하게 비판한 바 있다. 이케다 하야토, 사토 에이사쿠(佐藤榮作), 후쿠다 다케오(福田赳夫), 오히라 마사요시(大平正芳) 등 역대 총리도 경제 관료 출신으로서 재계와 협력하여 산업 정책을 마련했으며 행정 지도와 인허가 등을 통해 재계와 더불어 일본 경제의 고성장을 이끌어왔다.

　당연히 일본의 젊은이라면 누구나 국가 발전을 주도하는 커리어에 도전하고 싶어 했고, 일본 최고 학부인 도쿄대 법학부 출신자가 많았다. 그런데 왜 일본의 엘리트 구도가 균열을 보이는 것일까? 표면적으로는 관료의 부정행위로 인한 이미지 악화, 민간기업의 상대적 약진, 작은 정부의 추진 등으로 인한 미래에 대한 불안감이 작용한 탓이고, 하토야마 정권 탄생 이후에는 '정치 주도'에 의한 관료 경시 풍조 등이 그 배경으로 보인다.

　일본의 마이니치(每日) 신문이 2007년에 실시한 퇴관 관료들의 인터뷰를 보면 보다 근본적인 이유가 드러난다. 퇴관 관료들은 이 인터뷰에서 관료직을 그만둔 이유로 일본 관료사회의 문제점을 꼬집고 있는데, 그 내용은 "정책 만들기에 몰두할 수 없어서", "국익(國益)보다 국익(局益) 우선이어서", "과거의 정책을 세부 조정하는 일에 이젠 지쳐서", "의견 조정(네마와시, 根回し)에 정력을 너무 많이 소비해서", "80점이나 90점도 아닌, 100점짜리 보고서를 쓰고 나면 환경이 변해버리고 소용이 없어지는 비효율이 싫어서", "실패를 두려워하는 감점법(減點法) 평가가 싫어서" 등이다.

'룰메이커' 보다는 '플레이어' 가 되고 싶다

요컨대 환경이 급변하여 조직의 역할이 바뀌었으나 관료 체제는 옛 날 모습을 답습하는 데 대한 불만이 표출되고 있는 것이다. 인터뷰 중 "룰을 만드는 사람보다는 플레이어가 되고 싶다"라는 표현에서 알 수 있듯이 시장이 경제를 주도하고 또 글로벌 스탠더드를 수렴하는 이 시대에는 관료가 룰을 만들어 국가 발전을 견인하는 역할이 굳이 필요치 않다는 인식이 생겨난 것이다. 자신이 설 곳은 '관' 이 아니라 '시장'이라는 생각인 듯하다.

관 주도에 의한 초(超)LSI연구조합의 성공이 일본에 반도체산업을 꽃피운 경험은 이제 과거가 되었고, 1982년 1,000억 엔을 투자한 인공지능 프로젝트 '제5세대 컴퓨터' 프로젝트의 실패 이후 최근까지 국가 주도의 프로젝트는 거의 실패를 겪고 있다. 관료 주도의 프로젝트가 시장의 움직임을 잘 반영하지 못했다는 반증이 아닐까? 특히 민간기업과의 접점이 많고 정보 수집 기회가 많은 경제 관료들과 외국 유학 경험자들의 퇴관율이 높은 것도 일본 관료사회의 진부함을 말해준다고 볼 수 있다. 그렇다면 이들이 원하는 직종은 무엇일까? M&A 등을 취급하는 컨설팅 회사, 국제변호사, 민간기업 등 시장 기능이 작용하는 자리를 선호하며, 2004년에 개설된 로스쿨도 인기를 모으고 있다.

일본의 젊은이들이 진정으로 원하는 미래는?

도쿄대생들의 가장 큰 의식 변화는 자신이 하는 일이 사회에 어떤 도움이 되는지를 알고 싶어 한다는 점이다. 즉 자신이 하는 일에서 보람을 느끼고 싶어 한다. 예를 들어 기업에 취직을 했더라도 "불평만 하는 고객들을 즐겁게 해주기 위해 왜 내가 혼신의 힘을 다해야 하느냐"고 항변하는 것이다. 이런 고객을 위해 일하느니 차라리 기아에 허덕이는 방글라데시 주민들을 위해 일하는 편이 훨씬 보람차다는 이야기다. 이것이야말로 엄청난 의식 변화이다. 어릴 때는 계급 격차도 소득 격차도 별로 없는 일본을 위해 일하고 싶어서 공무원이 되었지만 이제 그런 일에서는 전혀 보람을 느끼지 못하는 것이다. 그 탓에 요즘에는 도쿄대 법학부 졸업생들 중 일부만이 관료의 길을 걷는다. 그 외의 우수 학생들은 대부분 외국계 컨설팅 회사에 입사한다.

이런 변화를 인지한 일본의 역대 정권은 그것에 대응하기 위해 커리어의 낙하산 규제 등 관료사회 개혁을 들고 나왔다. 하토야마 정권도 예외가 아니다. 그러나 일본의 관료들이 강력히 저항하고 있어서 앞으로 가스미가세키(霞が關, 도쿄 지요다 구의 관청 밀집 지역으로 관료를 상징)와 나가타쵸(長田町, 국회의사당 및 총리 관저가 있는 곳으로 정치가를 상징)의 대전이 예상되는 상황이다.

일본의 관료사회가 본질적으로 변화될 계기가 마련되기도 했다. '정치 주도'를 내세우는 하토야마 정권의 각오도 각오이지만, 이미 국가 주도의 시대는 가고 시장 주도의 시대가 왔기 때문이다. 이런 상황은 한국도 마찬가지다. 앞으로는 시장 주도의 국가 시스템을 얼마나 빨리 정비하느냐가 경쟁력의 관건이라는 생각이 든다. 또한 기업 경영자들도 국가가 뭔가 해주기를 기대하지 않는 편이 오히려 시장경제 시스템을 더 빨리 정착시키는 지름길이 아닐까 싶다.

오늘날의 도쿄대 출신들은 "더는 관료직에 미련이 없다"고 말한다. 관료가 하는 일의 95%는 조정하는 일이어서 새로운 일이나 자신이 하고 싶은 일은 거의 없는 현실이라며 불만을 토로하기도 한다. 과거의 도쿄대 출신들은 관청이나 금융기관을 지향했지만, 이젠 종합상사를 상당히 선호한다. 몇 년 전과는 달리 종합상사의 실적이 향상되었을 뿐만 아니라 종합상사의 글로벌한 특성을 높이 평가하기 때문이다.

또한 이들은 외국 기업이나 IT 기업도 선호한다. 그러나 최근 일본 전자산업의 부진과 세계적 금융위기로 인해 외국계 금융 회사나 IT 기업에 대한 선호도는 하락하고 있다. 일본 젊은이들이 지닌 장래에 대한 불안은 엘리트층이나 하류층이나 매한가지인 것 같다.

진검 승부 앞둔 한·일 기업 재발견

::

::

::

::

::

::

::

향후 한국 기업과 일본 기업은 새로운 경쟁 단계로 돌입할 것이다. 따라서 우리 기업들도 지금까지와는 전혀 다른 전략을 구사할 필요가 있다.

자본과 기술이 일본 기업보다 열위였던 한국 기업들이 1990년대 중반 이후 일본 기업의 강점 분야이던 반도체, 액정 패널, 박형TV, 휴대전화, 조선, 철강 등에서 일본 기업을 따라잡은 요인은 무엇일까? 이 시기에 한국 기업의 기술력이 일본 기업을 앞지른 덕분일까? 물론 그런 분야도 있었겠지만, 나는 이것이 1990년대 중반 이후 한국 기업들의 전략적 승리였다고 생각한다.

1990년대 후반부터 일본 기업들은 버블 후유증인 3대 과잉(인력, 설비, 차입금) 때문에 대형 투자의 여력이 없었고, 대형 설비투자에 의한 대량 생산보다는 이익률이 높은 고부가가치 사업 구조로 재편하는 것이 유행이었다. 당시 일본 기업들은 의사결정 구조상 과감하고 신속한 결단을 내릴 수 없는 상황이었고, 이익률이 높은 자국

내의 시장과 구미 시장만 중시하고 브릭스(BRICs) 같은 신흥 시장은 소홀히 했다.

반면 한국 기업들은 과감하고 신속하게 '선택과 집중' 전략을 추진했고, 선택한 사업 분야에 대형 설비투자를 집중했다. 나아가서 좁은 국내 시장과 선진국 시장에서의 경쟁력 부족을 감안해 시장을 브릭스 등으로 확대했다. 바로 이런 전략이 2000년대 들어 큰 성과를 가져온 것으로 보인다. 한국 기업들은 처음부터 세계 시장을 겨냥했기 때문에 브랜드 및 디자인 강화에도 상당한 노력을 기울여 그 결실을 맺을 수 있었다. 삼성이 소니의 브랜드 파워를 추월한 것도 바로 이 무렵이다.

한국 기업들의 역전을 뒷받침해주는 또 하나의 관점은 '선택 능력'에 능한 한국 기업과 '통합 능력'에 능한 일본 기업의 전략적 차이이다. 초기 디지털 시대에는 어떤 사업을 할지가 굉장히 중요했는데, 거의 모든 사업에 손을 대고 있던 일본 기업들은 핵심 사업을 선택해 집중하기가 어려웠다. 그러나 한국 기업들은 상황이 달랐다. 1990년대 후반 한국에서 "1, 2등 하는 사업 빼고는 다 버려라"라는 잭 웰치의 말이 크게 유행한 것은 우연이 아니다.

결국 일본 기업들은 1980년대의 성공 체험에 젖어 1990년대의 글로벌화·디지털화라는 환경 변화에 효율적으로 대응하지 못했고, 반면 남다른 위기의식으로 무장되어 있던 한국 기업들은 장기를 살리고 일본 기업의 허점을 찌르는 전략을 구사하여 성공을 거둔 것이 아닐까?

글로벌 금융위기를 겪고 난 후 양국 기업의 모습 역시 확연하게 차이를 드러내고 있다. 일본 기업들은 매출액 감소에다 이익이 사상 최저 수준을 맴도는 불황의 긴 터널에서 벗어나지 못하고 있다. 반면에 한국 기업들은 금융위기 직후 일시적으로 위기감이 돌기는 했으나 어느샌가 위기를 기회로 삼아 새롭게 도약하고 있다. 일본의 간판 기업인 도요타와 JAL이 각각 대규모 리콜 사태와 파산 신청으로 심각한 위기에 처한 반면 한국의 몇몇 기업은 위기를 성공적으로 극복하며 빼어난 실적을 올리고 있다.

2008년을 강타한 글로벌 금융위기의 큰 특징은 선진국의 경기 침체와 신흥국의 부상이라고 할 수 있다. 그러므로 선진국에 주로 의존하던 일본 기업과 신흥국까지 중시한 한국 기업이 금융위기 이후 보여준 차이는 어쩌면 당연한 결과인지도 모르겠다.

삼성전자의 2009년 3/4분기 영업이익이 일본 전자업체 9개사의 이익을 합친 것보다 2배나 많은 날이 올 줄 과연 누가 상상이나 했겠는가? 일본 제조업체의 평균 영업이익률이 장기 금리 수준인 1.3% 정도라 하니 기업을 경영하느니 차라리 국채를 사는 편이 낫겠다고, 와세다(早稲田) 대학의 노구치 유키오 교수는 꼬집는다.

그렇다고 일본 기업들이 이대로 주저앉지는 않을 것이다. 생존을 위해 안간힘을 쏟을 게 분명하다. 현재 일본 기업들 사이에서 도출된 합의는 신흥 시장을 적극 공략하는 '볼륨존' 전략을 쓰겠다는 것이다. 비용을 삭감하면서, 과잉 품질에 집착하지 않고 신흥국 시장의 니즈에 맞는 상품을 개발해 공략하겠다는 방침을 내놓고 있다. 이 전략으로 성공을 거둔 사례는 이미 유명해졌다. 혼다는 베트남 시장용 이륜차를 개발해 중국 제품을 몰아냈고, 스즈키 자동차는 인도 시장에서 50% 가까운 시장점유율을 차지하고 있다. 일본 기업들도 마음만 먹으면 얼마든지 신흥국 시장용 제품을 만들어낼 수 있다는 방증이다. 더욱이 '저가 제품 생산'이야말로 고도의 기술을 필요로 하는 분야라는 주장도 제기되고 있으니, 기술적으로 앞선 일본 기업들이 그런 제품을 생산해내지 못할 이유가 없다.

한편 일본 기업들은 현지 기업들과의 제휴 전략을 구사함으로써, 어느 정도의 기술 유출은 감수하겠다는 입장으로 선회(旋回)했다. 이미 샤프가 액정 패널 제조 공장을 중국으로 이전하고 생산 노하우까지 함께 제공한다는 전략으로 나오고 있다. 에어컨업체 다이킨은 에너지 절감 기술인 인버터 기술을 중국 업체에 제공하며 에어컨 싸게 만들기에 돌입했다.

그렇다면 앞으로 어떤 상황이 전개될지도 불 보듯 뻔하다. 지금까지 신흥국 시장에서 개가(凱歌)를 올린 우리 기업들과 중국·일본 연합전선 간의 치열한 격돌이 예상되는 것이다. 일본 기업들이 전력으로 달려든다면 이를 막아내기가 수월하지만은 않을 것이다. 두 나라의 미래를 건 '한·일 기업 격돌!'의 상황이 전개되는 것이다.

이제 우리 기업들은 예전과는 다른 차원에서 일본 기업들과 전쟁을 치러야 한다. 일본 기업보다 기술이 열위인 것은 물론이고 부품·소재 산업에서도 취약하며 자본력에서도 결코 앞설 리 없는 상황인 데다, 우리가 어떤 전략을 구사할지도 일본 기업에게 이미 간파당해 이전보다 훨씬 더 불리한 조건이다. '고유가 시대'라는 상황 또한 일본 기업에 더 유리하다는 분석이다. 그동안 축적해온 에너지 절약 및 대체에너지 관련 기술이 마침내 빛을 발할 것이기 때문이다. 엔고 덕택에 일본 기업들은 유수의 외국 기업들과 M&A를 하기도 좋아졌다. 지금까지 우리가 누려온 외부 환경이 조금씩 일본 기업에 더 유리하게 기울어가는 것 같다는 인상을 받는다.

더는 시간이 없다. 우리 기업들도 새로운 전략, 또 다른 수를 심각하게 고민하고 모색해야 할 때다. 이전에 쓴 전략들은 경쟁자 일본 기업들에게 이미 읽혀버린 느낌이다. 일본 기업들이 성공 신화에 젖어 허우적거리는 사이에 우리가 어느 정도 반사이익을 누렸다면 앞으로는 실력만으로 진짜 승부를 내야 한다. 우리 기업들이 분발하리라 믿는다.

- 이우광(2008).《일본시장 진출의 성공비결, 비즈니스 신뢰》. 제이앤씨.
- 후지모토 다카히로 외(2007).《모노즈쿠리 경영학》(고기영, 이형오 역). 대림인쇄.

- 加護野忠男(2009. 2. 2).《'意味のある無駄'のススメ》. PRESIDENT.
- 內田樹(2007).《下流志向：學ばない子どもたち働かない若者たち》. 講談社.
- 飯塚幹雄(2009).《市場づくりを忘れてきた日本へ》. しょういん.
- 百峰徹(2007). "スマイルカーブの現象の檢證と立地競爭力の國際比較". 日生基礎研究所所報(Vol. 46).
- 山田昭男(2004).《樂して, 儲ける！─發想と差別化でローテクでも勝てる！》. 中經出版.
- 森稔(2009).《ヒルズ 挑戰する都市》. 朝日新聞社出版局.
- 三浦展(2005).《下流社會：新たな階層集團の出現》. 光文社新書.
- 上條典夫(2009).《ソーシャル消費の時代》. 講談社BIZ.
- 西尾久美子(2007).《京都花街の經營學》. 東洋經濟出版社.
- 小池和男(2009).《日本産業社會の〈神話〉-經濟自虐史觀をただす》. 日本經濟新聞出版社.
- 小川紘一(2009). "製品アーキテクチアのダイナミズムを前提としたビジネスモデル・イノベーション". MMRC DISCUSSION PAPER SERIES(No. 262). 東京大學ものづくり經營研究センター.
- 勝見明(2009).《なぜ, セブンでバイトをすると3カ月で經營學を語れるのか?》. プレジ

デント社.

- 新原浩朗(2006).《日本の優秀企業研究：企業經營の原点―6つの條件》. 日經ビジネス文庫.

- 深澤眞紀(2007).《平成男子圖鑑：リスペクト男子としらふ男子》. 日經BP社.

- _____(2009).《草食男子世代―平成男子圖鑑》. 光文社知惠の森文庫.

- 野村總合研究所(2005).《オタク市場の研究》. 東洋經濟新報社.

- _____(2006. 2).《ITソリユシヨソフロソティア》.

- エコノミスト(2007. 11. 6.). "ベールに包まれた'大相撲ビジネス'の內實". pp.88~91.

- 牛窪惠(2008).《草食系男子'お讓マン'が日本を變える》. 講談社.

- 伊東乾(2008).《日本にノーベル賞が來る理由》. 朝日新聞社出版局.

- 日經ビジネス(2007. 10. 15). "特集：伊勢丹のつくりかた―强さの源泉は顧客解析力". pp. 26~43.

- _____(2009. 6. 1). "特輯：ユニクロ：柳井イズムはトヨタを超えるか".

- _____(2009. 10. 26). "特集：カイゼンを壊せ―市場半減でも利益陪增の極意". pp. 20~34.

- _____(2009. 3. 16). "トヨタショックモノ作り危機現場力死守最後の戰い". pp. 26~37.

- ジャック・アタリ(2008).《21世紀の歷史―未來の人類から見た世界》. 作品社.

- "全公開!日本人の給料"(2009. 11. 16).《プレジデント》. pp. 29~112.

- 佐藤悌二郎(1992. 11). "不況における松下幸之助の研究".《THE21》. PHP研究所.

- 週刊東洋經濟(2008. 7. 6). "激動の世界經濟を生き抜くゴールデンキ―成長の7鍵".

- _____(2007. 9. 8). "經營統合にかけた起死回生策：低迷招いた三越'空白'の10年". pp. 30~31.

- _____(2009. 12. 19). "アラサー世代は今も迷い續ける". pp. 70~71.

- 週刊ダイアモンド(2009. 11. 14). "Special Feature：民主黨經濟". pp. 30~75.

- 中島隆信(2008).《大相撲の經濟學》. 筑摩書房.

- 中村伊知哉(2003).《日本のポップ産業》. Stanford Japan Center.

- 淺沼萬里(1990). "日本におけるメーカーとサプライヤーとの關係―關係特殊的技能概念の抽出と定式化".《經濟論叢》. 145券(1·2號). pp. 1~45.

- 漆紫穗子(2008).《女の子が幸せになる子育て》. かんき出版.

- 坂本光司(2008). 《日本でいちばん大切にしたい會社》. あさ出版.
- 後藤哲也(2005). 《黑川溫泉のドン後藤哲也の'再生'の法則》. 朝日新聞社.
- クレイトン・M・クリステンセン(2001). 《イノベーションのジレンマ―技術革新が巨大企業を滅ぼすとき》(伊豆原弓 譯). 翔泳社; 增補改訂版版.
- 《NIKKEI ELECTRONICS》(2008. 7. 14). "特輯: 走らないクルマが…, クルマをたなくとも…". pp. 52~73.

- Corporate Japan's cartoon hero(2008. 8. 7). *The Economist*.

- 久保克行(2008). "日本の會社は誰のために經營されてきたのか?". REITI コラム第7回. http://www.rieti.go.jp/jp/projects/cgp/07.html
- 堀内彰宏(2009). 〈30代未婚男性, 4人に3人が"自分は草食男子"- 草食男子と肉食女子に關する意識調査〉. http://bizmakoto.jp/makoto/articles/0903/06/news052.html
- 毎日jp(2009). "時代を驅ける: 松久信幸/1-6". http://mainichi.jp/select/opinion/kakeru/
- 社團法人日本自動車工業會(2008). "變化する若者クルマへの期待". http://www.jama.or.jp/lib/jamagazine/200805/01.html
- 社會實情 データ圖錄. http://www2.ttcn.ne.jp/honkawa/
- 松本すみこの團塊消費行動研究所(2009). "中古年のシングル男性市場獨り者向けサービスの開拓". NikkeiBP.com. http://www.nikkeibp.co.jp/article/column/20090930/185193/
- 辻本久一(2007). "企業が取り組む省エネ對策の傾向とその事例". 財團法人省エネルギーセンター. http://www.eccj.or.jp/succese/all/index.html
- 野口悠紀雄(2009). "1ドル60円臺でも不思議ではない!". DAIAMONDonline. http://diamond.jp/series/noguchi_economy/10048/
- _____(2009). "物價下落の實態は相對價格の變動". DAIAMONDonline. http://www.diamond.jp/series/noguchi_economy/10045/
- 日經ビジネスONLINE(2008). "人は變えられない, 目標は傳わらない: そんな時には'心のスイッチ'を入れましょう". http://business.nikkeibp.co.jp/article/skillup/20081007/172917/

- _____(2009). "逆風の企業戦略：まねしていいですよ. 我々は先を行くから―エフピコの快走はとまらない". http://business.nikkeibp.co.jp/article/manage/20090708/199534/

- _____(2009). "社員の幸せを露骨に追求する會社：年功序列, 終身雇用, 低成長―伊那食品會社が問う'會社とは何か'". http://business.nikkeibp.co.jp/article/manage/20090409/191444/

- 帝國データバンク(2008). "特別企畫：長壽企業データ特性分析＆長壽企業アンケート調査". http://www.tdb.co.jp/report/watching/press/k080502.html

- 竹井善昭(2009). "マーケティングの常識が變わった!?：モノが賣れない時代に'社會貢献'が賣れるワケ". DAIAMONDonline. http://diamond.jp/series/social_consumer/10001/

- 中村伊知哉(2003). "サービス産業の國際競争力：日本のポップパワー". http://www.iciya.org

- フリー百科事典〈ウィキペディア(Wikipedia)〉. "御木本幸吉". http://ja.wikipedia.org/wiki/%E5%BE%A1%E6%9C%A8%E6%9C%AC%E5%B9%B8%E5%90%89

- _____. "課長島耕作". http://ja.wikipedia.org/wiki/%E8%AA%B2%E9%95%B7%E5%B3%B6%E8%80%95%E4%BD%9C

- _____. "大相撲". http://ja.wikipedia.org/wiki/%E5%A4%A7%E7%9B%B8%E6%92%B2

- AllAbout住まい(2006). "ウォシュレット開發のスローリー". http://allabout.co.jp/house/toilet/closeup/CU20061207A/

- BML(BASIC MANAGEMENT LABORATORY). http://www.basicm.jp/b_001.html

- Chikirinの日記(2009). "JALが潰れる理由＆潰れない理由". http://d.hatena.ne.jp/Chikirin/20090925

- gooResearchポータル(2008). "マンガ文化とビジネス：コミック誌の賣上は長期低落傾向に". http://research.goo.ne.jp/database/data/000619/

- INSIGHT NOW!(2008). "ディズニーランドより樂しい？'キッザニア東京'". http://www.insightnow.jp/article/2089